メルロ=ポンティの倫理学

誕生・自由・責任

Merleau-Ponty's Ethics:
Birth, Freedom, and Responsibility

川崎唯史
Tadashi Kawasaki

[illegible] Mais ni pour l'artiste, ni pour le public, le sens de l'oeuvre n'est formulable autrement que par l'oeuvre elle-même ; ni la pensée qui l'a faite, ni celle qui la reçoit n'est tout à fait maîtresse de soi. On verra par l'exemple de Cézanne dans quel risque s'accomplit l'expression et la communication. C'est comme un pas dans la brume, dont personne ne peut dire s'il conduit quelque part. Même nos mathématiques ont cessé d'être de longues chaînes de raison. Les êtres mathématiques ne se laissent atteindre que par procédés obliques, méthodes improvisées, aussi opaques qu'un minéral inconnu. Il y a, plutôt qu'un monde intelligible, des noyaux rayonnants séparés par des pans de nuits. Le monde de la culture est discontinu comme l'autre, il connaît lui aussi de sourdes mutations. Il y a un temps de la culture, où les oeuvres d'art et de science s'usent, quoiqu'il soit plus lent que le temps de l'histoire et du monde physique. Dans l'oeuvre d'art ou dans la théorie comme dans la chose sensible, le sens est inséparable du signe. L'expression, donc, n'est jamais achevée. La plus haute raison voisine avec la déraison.

ナカニシヤ出版

はじめに

二つのテクストを対置することから始めよう。一つは現象学者の村上靖彦の著作から、大阪市西成区釜ヶ崎の「こどもの里」代表で、西成の子ども支援のパイオニアである荘保共子さんの語り、もう一つはアメリカの社会学者R・ディアンジェロが主に白人の読者に向けて書いた『ホワイト・フラジリティ――私たちはなぜレイシズムに向き合えないのか?』からの引用である。

> わからないいんだけど、要するに、私の知らなかった世界ですよ。うん。それを教えてもらったんです。うん。知らなかった世界だとか、ものの見方であるとか。そういうことを。だから知らなくて、結果として、ねえ、子どもたちを支援したって思ったのに害してたっていうことはあるんだけれども、本当にそういうことがあるっていうことは、私、本当に知らなかったのでね。だから、そういうことに気づかせてもらったというか。（村上 二〇二一：七六）

リベラルな白人こそが非白人に日常的に最も深刻な危害を加えていると私は信じている。私の定義するリベラルな白人とは、自分を全く、あるいはそれほど人種差別的ではないと思っている人や、「彼らの仲間だ」、もう「わかっている」と考えている人のことだ。リベラルな白人は、非白人にとって最もやっかいなのだ。なぜなら彼らは、自分はすでに境地に達したと思っていて、周囲からもそう見られるために力を注ぐからだ。（ディアンジェロ 二〇二一：一八）

対比させたいのは話題になっている人（荘保さんと「リベラルな白人」）の属性ではもちろんなく、引用に表れている世界や社会や他人への態度である。前者では、未知の世界や自分とは異なるものの見方というものがあり、それを子どもたちから教わったことが語られている。後者の引用では、人種差別を維持し続けている当のリベラルな白人が、自分は人種差別について知るべきことをすでに知っていると自負しており、かたくなに認識を変えようとしないことが指摘されている。

本書はメルロ＝ポンティが倫理についてどのように思考したかを追跡する研究書であるが、その作業を行う第二部に先立って、メルロ＝ポンティが主体というものをどう理解していたかを第一部で検討している。そして第一部は、第二部より（少しだけだが）長い。しかも著者である私は、読者のあなたに第一部を読んでから第二部に進んでもらうことを望んでいる。どうしてこんなことになっているのか、右の引用と第一部の内容を結びつけながら説明したい。

メルロ＝ポンティが『知覚の現象学』で目指したのは、当時のフランス哲学界において支配的だった主体についての見方を改訂することだった。主知主義とか反省的分析と呼ばれるその見方においては、主体は時空を超えた永遠の存在であり、身体に縛りつけられることのない自由で純粋な意識であり、世界を地図のようにその面前に展開して隈なく明晰に認識することができるとされる。

興味深いのは、メルロ＝ポンティが単にその見方を否定するのではなく、その主体は重要な事実を忘れてそのように思い込み、すべてを知る絶対的意識だとうぬぼれているのだ、と述べていることである。重要な事実とは、自分がある日どこかで誰かから生まれたということ、つまり誕生の事実である。自分自身の始まりである誕生を忘れたまま行われる哲学的反省は不完全であり、自分が生まれてきた者であることを自覚した上でしか根本的な反省はなしえないとメルロ＝ポンティは言う。『知覚の現象学』は、誕生の事実から主体を考え直す試みなのである。

そうした根本的な反省を通じてメルロ＝ポンティ自身の主体論が展開される。ここで注目したいのは、主体には知らないことがあるという論点である。たとえば私は身体をもって生まれるので、つねに限られた領野の中で知覚せざるをえない。私は世界を一から構成するのではなく世界へと生まれてくるので、最初から世界のありようを把握しているわけではない。私は過去の人々が作ってきた人間の世界へと生まれるので、その歴史や論理は誰かに教わらなければ分からない。私は特定の状況下で生まれ育つので、異なる境遇や社会に生きる人のことがすぐに理解できるわけではない。誕生の事実を真剣に考慮することで、世界を見渡す主観という幻想は打ち砕かれ、世界の探索と他人との交流を通じて教わる主体という実像が見えてくるのである。

主体が純粋で万能に思えるのは生まれ育てられてきたことを忘れているからであり、その事実を覚えていれば、社会や経済や文化といったさまざまなものに媒介され、つねに何らかの状況に巻き込まれており、多くを知らないままであるような存在として主体を考えなければならなくなる。本書の第一部で辿るのは、『行動の構造』と『知覚の現象学』においてメルロ＝ポンティがこのような主体概念の改訂を行った軌跡である。

その追跡にかなりの紙幅を割く最大の理由は、改訂後の主体概念がメルロ＝ポンティの倫理学を理解する上で不可欠だからだが、それだけではない。主体と世界の関係をどう考えるかという問題そのものにも倫理的な含意があると思われる。主知主義的な哲学が想定する主体は、世界に対して「私はすでに知っている」という態度を取る。この態度は、「リベラルな白人」だけでなく「良心的な」マジョリティ一般に見られるものだろう。ディアンジェロは、こうした態度で生きていること自体に倫理的な問題があることを示唆している。この態度に留まる限り、自分の言動が差別的であることを指摘されてもそれを認められずに否認することになるし、学習を通じて自分の認識を改善する機会をつかむこともできないだろう。他方のメルロ＝ポンティ的な主体も、差別に加担してしまう危険を初めから免れているわけではないが、自分が社会に織り込まれた存在であることを忘れなければ、無知に気づき、知らなかったことを学ぶことに対して開かれている。誕生の事実を重視することからは、無知を自覚して生きるという倫理的な帰結も生じるのである。

本書の第二部で取り上げる倫理学的なテクストにおいても、知らない、分からないということが鍵になっている。メルロ＝ポンティは、既定の規則を守ってさえいれば道徳的に正しくあることができるという考えを批判する。それは実のところ、自分の置かれた状況から目を背け、問題を遠ざけて心の安寧を得ようとすることではないかというのである。メルロ＝ポンティによれば、確実に正しく行動する方法は存在しない。何をするのが正しいかは個々の状況によって異なる。何らかの原則に頼るとしても、それをどう解釈し適用するかで結果はまったく異なる。まっとうな意図で行動しても、複雑な現実の中で予想しない帰結を生むこともある。自分とは異なる仕方で他人から行動を解釈され、非難されることもある。道徳は、「どこかに向かって進んでいるのかどうか誰も言えない、霧の中の歩み」（SNS 8/2）なのである。

だからこそ私たちは問題を投げ出したり、時間が過ぎるに任せたり、ルールは守っているのだから悪くないと開き直ったりしたくなる。メルロ＝ポンティはそうした私たちの弱さも一つの現実として記述している。しかし他方で、霧の中で目を凝らし、周囲の様子をよく見ながら、正解の保証はなくとも解決を試みる行為もまた現に存在するのだと彼は書いている。メルロ＝ポンティの倫理学は、既存の道徳が失効した状況において、即興で新たな道徳が創造される瞬間に最大の注意を向けるのである。

ここから予想されるように、メルロ＝ポンティの倫理学は、人々に行為の指針を示そうとするものではない。むしろ反対に、私たちの実際の生においてどのように道徳的な困難が経験され、どのような行為によって価値が紡ぎ出されるのかを記述することに重きが置かれる。その意味で、本書が辿るのは一つの現象学的な記述倫理学の歩みである。哲学には、現実のものごとを「よく見ることを私たちに繰り返し教える以外のいかなる機能もない」（PhP 520/II-375）とメルロ＝ポンティは書いていた。倫理学も同様であることが伝われば、本書の役割は果たされたことになるだろう。

目次

目　次

凡　例

- メルロ＝ポンティとボーヴォワールの『招かれた女』からの引用については以下の略号を用いる。邦訳がある場合はスラッシュの前後に原書／邦訳の頁数を記す。邦訳が複数巻にわたる場合は頁数の前に巻数または上下を記す。
- 引用に際して邦訳を大いに参考にしたが、必要に応じて訳し直している。
- 略号は以下の通り（アルファベット順）。書誌情報は「参考文献」を参照されたい。

AD：*Les aventures de la dialectique*（『弁証法の冒険』）
CS：*Psychologie et pédagogie de l'enfant. Cours de Sorbonne 1949–1952*（『ソルボンヌ講義 1949–1952』）
EP：*Éloge de la philosophie*（「哲学をたたえて」）
HT：*Humanisme et terreur. Essai sur le problème communiste*（『ヒューマニズムとテロル――共産主義の問題に関する試論』）
I：*L'invitée*（『招かれた女』）
IP：*L'institution/La passivité. Notes de cours au Collège de France (1954–1955)*（『制度化／受動性――コレージュ・ド・フランス講義 1954–1955』）
OE：*L'Œil et l'esprit*（『眼と精神』）
PC：*Parcours. 1935–1951*（『道程 1935–1951』）
PD：*Parcours deux. 1951–1961*（『道程Ⅱ 1951–1961』）

PhP : *Phénoménologie de la perception*（『知覚の現象学』）

PM : *La prose du monde*（『世界の散文』）

PrP : *Le primat de la perception et ses conséquences philosophiques*（『知覚の優位性とその哲学的諸帰結』）

RC : *Résumés de cours. Collège de France 1952-1960*（『コレージュ・ド・フランス講義要録 1952-1960』）

RULL : *Recherches sur l'usage littéraire du langage. Cours au Collège de France: notes, 1953*（『言語の文学的用法の研究——コレージュ・ド・フランス講義 1953』）

S : *Signes*（『シーニュ』）

SC : *La structure du comportement*（『行動の構造』）

SNS : *Sens et non-sens*（『意味と無意味』）

UAC : *L'union de l'âme et du corps chez Malebranche, Biran et Bergson*（『心身の合一』）

VI : *Le visible et l'invisible*（『見えるものと見えないもの』）

- その他の文献については、著者、出版年、頁数、邦訳がある場合はその頁数の順で指示する。邦訳が複数巻にわたる場合は頁数の前に巻数または上下を記す。
- 引用内で引用者が補った箇所については〔　〕で示す。
- 引用中、原文でイタリックの箇所には傍点を付す。地の文における傍点は強調を意味する。
- 一部を省略して引用する際には、省略箇所を〔…〕で示す。

序章　メルロ＝ポンティの倫理学へ

本書の目的は、二十世紀フランスの哲学者モーリス・メルロ＝ポンティ（Maurice Merleau-Ponty, 1908-1961）の思想を、倫理学という観点から明らかにすることである。メルロ＝ポンティにおいて倫理学とは何か。メルロ＝ポンティはどのように倫理学を行おうとしたのか。メルロ＝ポンティの倫理学ではどのような問題が論じられるのか。メルロ＝ポンティの倫理学にはどのような意義があるのか――これらの問いに答えることが、本書の課題である。

しかし、これらの問いに先立ってまず答えておかなければならない問いがある。そもそもメルロ＝ポンティに倫理学などあるのか、という問いである。本章でいったんこの問いに「メルロ＝ポンティに倫理学はある」と答えるが、その答えがはたして正しかったのかどうかを証明することは、本書全体の課題となる。その意味で、メルロ＝ポンティに倫理学はあるのかという問いは――彼の印象的なフレーズを借りるなら――本書の「端緒的かつ恒常的かつ終局的な」（PhP ix/I-13）問いである。

以下では、先行研究の検討を通して、メルロ＝ポンティの倫理学を研究する必要性を示した上で（第一節）、メルロ＝ポンティによる倫理学の構想を素描する（第二節）。メルロ＝ポンティ思想の時期区分について、本書の論じる倫理学との関係で論じた後（第三節）、本書の構成について説明する（第四節）。

第一節　メルロ＝ポンティの倫理学を研究する必要性——先行研究の検討

はじめに述べておかなければならないが、メルロ＝ポンティの倫理学に関する研究は、彼が探究した他のテーマをめぐる研究と比べると明らかに少ない。詳しくは後で述べるが、たとえば著作全体としてメルロ＝ポンティの倫理学を主題に据えたものは世界的に見ても三冊しかなく、そのうち一冊は新書版の入門書である。本の一部や論文においてメルロ＝ポンティの倫理学を論じたものはもう少し存在するが、それも多くはない。

一般的に言って、関連する先行研究が少ないということは、その研究にとってチャンスでもあり危険でもあるような両義的状況である。一方では、まだ論じられていない事柄が残されており、研究としての意義を獲得しやすいように見える。他方では、先達が論じるに値しないと判断してきたテーマであり、実際に研究してみてもたいした成果は得られないかもしれない。

したがって、メルロ＝ポンティの倫理学を主題として本を書くことは一つの冒険である。以下では、本書がどのような見通しをもってこの冒険を始めるのかを説明する。

メルロ＝ポンティの歩みと主な研究の流れ

メルロ＝ポンティの倫理学に関する研究が少ない最大の理由は、メルロ＝ポンティが倫理または道徳を論じたテクストがほとんど存在しないように見えることである。

まず、ごく簡単にこの哲学者の歩みを辿っておこう[1]。一九〇八年三月にロシュフォール・シュル・メールで生まれ、高等中学校時代に哲学を志す。一九二六年に高等師範学校に入学し、レオン・ブランシュヴィックやエミール・ブレイエに師事。ジャン＝ポール・サルトル、ポール・ニザン、ジャン・イポリットらとともに哲学を学ぶ。同時期、シモーヌ・ド・ボーヴォワールとも親交を得る。

一九二九年に哲学の高等教育研究資格を取得し、翌年には大学教授資格試験に合格。一九三三年、計画書「知覚の本性に関する研究計画」によって国立学術基金研究助成を獲得し、知覚や身体に関する研究を本格的に開始する。一九三四年の報告書「知覚の本性」では、エトムント・フッサールらの現象学への関心が示されている。一九三八年、最初の著作『行動の構造』を書き上げ、翌年にはベルギーのルーヴァンにあるフッサール文庫を訪れ、遺稿を閲覧する。同じ一九三九年に陸軍少尉として動員されるが、翌年には復員し、パリでサルトルらとレジスタンス・グループ「社会主義と自由」を結成し、ビラ配布などを行う。同じく一九四〇年、シュザンヌ・ジョリボワと結婚。翌年、娘のマリアンヌが生まれる。一九四二年に『行動の構造』を、一九四五年に身体論として知られる『知覚の現象学』を出版。これらの著作によって博士の学位を取得し、同じく一九四五年にリヨン大学講師に就任。同年、サルトル

［1］メルロ＝ポンティの生涯について、詳しくは Garcia（2010）；松葉（二〇一八）を参照。

らと雑誌『レ・タン・モデルヌ』を創刊し、実質的な編集長を務めた。同誌に寄稿した論文を中心として、ソ連のモスクワ粛清裁判を論じた『ヒューマニズムとテロル』（一九四七）、芸術・哲学・政治などに関する論文集『意味と無意味』（一九四八）を出版。

一九四九年、パリ大学文学部（ソルボンヌ）の児童心理学と教育学の教授となり、「幼児の対人関係」などの講義を行う。一九五一年、後に遺稿として出版される『世界の散文』（一九六九）の執筆を開始し、絵画や言語をはじめとする表現の問題に取り組む。一九五三年、コレージュ・ド・フランス教授に就任。同年、哲学者の取るべき政治的立場をめぐってサルトルと対立し、『レ・タン・モデルヌ』誌を去る。一九五五年には政治哲学書『弁証法の冒険』で厳しいサルトル批判を行う。

一九五九年、「肉の存在論」で知られる遺稿『見えるものと見えないもの』（一九六四）に着手。一九六〇年、論文集『シーニュ』を出版。一九六一年、最後の論文「眼と精神」を発表後、五月三日、心停止により急死。享年五三。一〇月にはサルトルらの寄稿した『レ・タン・モデルヌ』特別号「生けるメルロ＝ポンティ」が刊行された。

以上のような経歴と業績ゆえに、メルロ＝ポンティは哲学（現象学、言語論、存在論など）、芸術（絵画、文学など）、政治（共産主義、フランス政治など）を論じた哲学者とみなされ、これらの主題に関するメルロ＝ポンティ研究が蓄積されてきた。明示的に倫理学を主題とする著作が存在しないことが、倫理学研究が盛んに行われない第一の理由である。

また、未完成のまま遺されたこともあってきわめて難解な遺稿を理解したいという動機から、『見えるものと見えないもの』に代表される晩年のテクストに研究の焦点が当てられてきた。たとえば古典的なメルロ＝ポンティ研究であるR・バルバラスの『現象の存在について』（Barbaras 1991）とM・C・ディロンの『メルロ＝ポンティの存在論』（Dillon 1988）は、いずれも存在論を主題に据えており、特にバルバラスは紙幅の四分の三を後期思想の解釈に割いている。このように後期思想を重視する傾向も、倫理学があまり研究されない理由の一つである。後で見るように、倫理や道徳への言及は前期に多く、後期に向かうにつれて減少するからである。

より近年の動向としては、一九九五年の『自然』をはじめとして、コレージュ・ド・フランスやソルボンヌでの講義草稿および受講生のノートが現在に至るまで断続的に出版され続けており、その内容を明らかにしようとする研究も多数行われている（Bimbenet 2004; Hirose 2004; Welsh 2013; 加國 二〇〇二；佐野 二〇一九；酒井 二〇二〇；澤田 二〇二〇）。また、未公刊の草稿に関する研究も進められてきたが、なかでもE・ド・サントベールによる一連の著作は、その圧倒的な緻密さと網羅性によって二次文献の中でも別格の扱いを受けつつある（Saint Aubert 2004, 2005, 2006, 2013）。

こうした専門的な研究を行う人々の間では、メルロ＝ポンティが幅広いテーマを科学の諸領域や多くの哲学者・作家たちとの交流の中で考察していたことが知られているが、倫理がそうしたテーマの一つとして数えられることはまれである。まして一般的には、フッサールから現象学的方法を受け継ぎ、私の身体という独特の存在を初めて本格的に論じ、デカルト的な心身二元論を乗り越えようとした哲学者というイメージが根強く、サルトルやボーヴォワールとともに実存主義運動を担ったことは知られていても、倫理について何かを語った人物とはみなされていないだろう。

メルロ＝ポンティに倫理学なし？

以上ではテクスト解釈としてのメルロ＝ポンティ研究の主な流れを見ただけであり、分析哲学的なスタイルでメルロ＝ポンティの主張を検討する研究（Baldwin（2007）など）や、認知科学、看護学、フェミニズムといった領域へのメルロ＝ポンティ哲学の拡張（松葉・本郷・廣瀬（二〇一八）の第五部を参照）については述べなかった。しかしそれらを考慮に入れたとしても、倫理学がメルロ＝ポンティ研究の主要なトピックになったことがあまりないという事実は動かない。哲学者ごとに主要な研究論文を集成したラウトレッジ社の『主導的哲学者の批判的評価』シリーズのメルロ＝ポンティ篇では、第五部が「倫理と政治」と題されているものの、倫理に関する論文は七本のうち二本にすぎない（Toadvine 2006）。

もちろん、例外は存在する。先述した三冊の著作のうち、J・ハットレイらによる論文集『問いかける倫理――メルロ＝ポンティにおける善の身体化』（Hatley, McLane & Diehm 2006）は「身体化された倫理」をテーマとした一九九八年の国際メルロ＝ポンティ・サークルの大会で発表された論考を中心とする論文集であり、メルロ＝ポンティの存在論、身体論、言語論などから倫理的含意を引き出そうと試みている。A・デリーの『メルロ＝ポンティと間主体性の倫理』（Daly 2016）はメルロ＝ポンティの他者論や後期の可逆性概念に基づいて、現代の心理学や神経科学とも対話しつつ独自の倫理学を提示している。船木亨の『メルロ＝ポンティ入門』（船木 二〇〇〇）は倫理学に焦点を当てた入門書である。また、論文集『メルロ＝ポンティの後期著作とその実践的含意――責任の裂開』（Davis 2001）は、『見えるものと見えないもの』を中心とする後期思想から政治的・倫理的含意を引き出そうと試みており、第三部に倫理に関する五本の論文を収録している。論文集『絡み合い――メルロ＝ポンティとの学際的な出会い』

(Weiss 2008) も、第四部を倫理に関する部として五論文を掲載している。その他、論文や著作の一部においてメルロ＝ポンティと倫理を何らかの仕方で関係づける研究も存在する[2]。

しかし、それらの先行研究のほとんどは、ある共通した前提のもとでなされている点で問題を含んでいる。いわく、メルロ＝ポンティは「身体性、言語、志向性、存在論、美学、そして政治哲学についての私たちの理解に重要な貢献をなした――しかし、明示的に倫理学の領域で書かれた資料については不在が目立ったままである」(Davis 2001: 12)。「メルロ＝ポンティはけっして、倫理学または道徳的価値についての仕事の実質的な一部さえ書かなかった」(Hamrick 2002: 290)。メルロ＝ポンティは「明示的および体系的な仕方で倫理学を示していない」(Maclaren 2006: 142)。「メルロー＝ポンティ〔ママ〕に道徳についての体系的な定式化を求めても無駄であろう」(鷲田 一九八三：二八八)。メルロ＝ポンティの哲学は「倫理学の問題を明示的に挙げることに失敗している」(Hatley 2006: 4)。デリーは少し異なるニュアンスで、「メルロ＝ポンティは倫理学そのものを一度も形成しなかった。しかし、彼がそうしようという意図をもっていたことを明示する重要なテクスト上の根拠が存在する」(Daly 2016: 2) と書いている。

メルロ＝ポンティ自身が倫理学を展開したかどうかに言及せず、メルロ＝ポンティ的な倫理学を独自に構想する研究も少なくないが (Bonan 2003; 箱石 一九九二；大森 二〇一二)、そこでもやはり、倫理学に関してメルロ＝ポンティ自身は論じていないという前提は共有されていると言える。メルロ＝ポンティか

[2] 特に注目されてきた動向としては、メルロ＝ポンティの思想をエコロジーや環境倫理の基礎として解釈するもの (Langer 1990; Abram 1996)、E・レヴィナスのいわゆる顔の倫理とメルロ＝ポンティの思想を比較検討するもの (Reynolds 2002; Mazis 2016) などが挙げられる。

ら影響を受けつつ独自の「応答倫理学」を形成したB・ヴァルデンフェルスは、「モーリス・メルロ＝ポンティの作品における倫理学について語ることにするならば、私たちは主にその黙示的または間接的な形という観点から語るべきである」（Waldenfels 2006: 91）と述べているが、メルロ＝ポンティの倫理学に関する先行研究のほとんどがこの主張に同意するとみなしていいだろう。

船木は例外的に、メルロ＝ポンティの倫理学というものが存在するという前提に立っている。しかし、新書という形式もあってか、船木はメルロ＝ポンティに「普通のわれわれの問」（船木 二〇〇〇：二七）を投げかけるスタイルで叙述しており、メルロ＝ポンティ自身がどのように倫理学を構想していたかについては述べていない。また杉本隆久は、メルロ＝ポンティが倫理的問題を論じたことを認める一方で、体系的な倫理学を構築することは「意図的に回避」（杉本 二〇〇二：六八）したのだと解釈している。

意図はどうあれ、メルロ＝ポンティ自身が実際に倫理学を展開することはなかった、というのがほとんどの先行研究に共通する見方である。多くはないとはいえ先行研究がある中で本書がメルロ＝ポンティの倫理学を研究する最大の理由は、この見方を訂正する必要があるからである。本書の仮説は、メルロ＝ポンティは自分なりの倫理学を構想していたし、ある程度までその構想を実際に展開し、テクストとして公刊した、というものである。「メルロ＝ポンティに倫理学はあるか」という問いに「ある」と答えるには、メルロ＝ポンティ的な倫理学を編み出すだけでは足りない。メルロ＝ポンティ自身による倫理学を再構成することを、本書の最大の課題としたい。

ただし、メルロ＝ポンティに倫理学はあるという本書の仮説には、その倫理学が体系的なものだという含意はない。いま見たように、先行研究の多くがメルロ＝ポンティにおける体系的な倫理学の不在を指摘してきたわけだが、これは実のところ批判ではない。メルロ＝ポンティの哲学もけっして体系的であるとは言えないが、その非体系性または未完成性についてはむしろ積極的に捉えられてきた。メルロ＝ポンティが考えなかったことこそが重要であり、それを思考することが私たちの課題であるとか、メルロ＝ポンティの魅力は彼が言ったこと以上に彼の思考のスタイルにあるといった頻出する言い回しを思い出せばよい。体系的な倫理学の不在を指摘した論者の多くも同様のことを言わんとしていたのであり、実際に彼らはメルロ＝ポンティ的なスタイルを自分なりに引き継ぎ、倫理学を行っている。つまり、体系的な倫理学の不在を指摘するという振舞いは、あるべきものがないことへの批判ではなく、メルロ＝ポンティ自身が倫理学をどう考えていたかを精査することなしに自前で倫理学を行うための前置きなのである。

　本書も、メルロ＝ポンティの倫理学は体系的に再構成できると主張するわけではない。言わんとしているのはただ、メルロ＝ポンティ自身の隠れた構想に従えば倫理学のテクストとして読めるものがそれなりにあるのだし、『知覚の現象学』や『見えるものと見えないもの』といった哲学的な著作に基づいてメルロ＝ポンティ的な倫理学を想像するよりも、彼の書いた倫理学的なテクストを見るほうが優先されるべき作業ではないか、ということである。

　さらに言えば、メルロ＝ポンティ的な倫理学を自分で展開するにしても、メルロ＝ポンティ自身による倫理学から着想を得るほうが、哲学的著作に基づくよりもずっと面白く重要な仕事ができるという見通しもある。その意味では、本書も——メルロ＝ポンティ的な倫理学を自由に展開する者たちからはそう見えるだろうが——「ところどころにある素描的な発言に基づいて、「主人」が言ったかもしれないことを奴隷のように推測するゲーム」（Davis 2001: 13）に終始するつもりはない。この点は終章で論じよう。

第二節　メルロ＝ポンティによる倫理学の構想

本節では、メルロ＝ポンティが倫理学をどのように構想していたのかについて、本書の仮説を示す。前節で引用したデリーも述べているように、メルロ＝ポンティが倫理学を構想していたことを示すテクストはいくつか存在する[3]。まずそれらを検討し、メルロ＝ポンティの倫理学を再構成するための手がかりを得ることにしよう。なお、本書では『知覚の現象学』の構成に繰り返し言及することになるので、ここで表に目次を掲げておく。

序文		
序論	Ⅰ	〈感覚〉
	Ⅱ	〈連合〉および〈追憶の投射〉
	Ⅲ	〈注意〉および〈判断〉
	Ⅳ	現象野
第一部　身体	Ⅰ	対象としての身体、および機械論的生理学
	Ⅱ	身体の経験と古典的心理学
	Ⅲ	固有身体の空間性、および運動性
	Ⅳ	固有身体の綜合
	Ⅴ	性的存在としての身体
	Ⅵ	表現としての身体と発話
第二部　知覚された世界	Ⅰ	感覚すること
	Ⅱ	空間
	Ⅲ	物と自然的世界
	Ⅳ	他人と人間的世界
第三部　対自存在と世界内存在	Ⅰ	コギト
	Ⅱ	時間性
	Ⅲ	自由

表序-1　『知覚の現象学』目次

［3］デリーが挙げているのは「知覚の優位性とその哲学的諸帰結」だけだが、以下で見るように実際はもっと多い。

知覚の優位性の倫理学的帰結

一九四六年、メルロ＝ポンティはフランス哲学会で「知覚の優位性とその哲学的諸帰結」と題した講演を行っている。これは基本的に『知覚の現象学』の要約であり、客観的な認識や判断、あるいは哲学的反省のような知的作用に対して、世界との前反省的な関係である知覚が基礎をなしていること（知覚の優位性）、そして合理性や真理、あるいは哲学する主体（コギト）といった哲学の重要概念は、知覚的意識と知覚された世界から出発して再考されなければならないこと（哲学的帰結）が主張されている。詳しくは本論で述べるが、前半の知覚の優位性に関する主張は『知覚の現象学』第一部・第二部において心理学をはじめとする科学の検討から得られたものであり、後半の哲学的帰結についての見解は同書第三部の第一章「コギト」および第二章「時間性」で展開されたものである。

注目すべきは、ここでメルロ＝ポンティが合理性だけでなく「価値」(PrP 43/5) や「実践」(PrP 63/26) についても『知覚の現象学』の議論から帰結するものがあると述べた上で、「道徳性」(PrP 69/33) について一定の議論を展開している点である。メルロ＝ポンティはI・カントを念頭に置きながら話している[4]ため、これらの術語は倫理学に属するものとみなしていいだろう。したがって、メルロ＝ポンティは知覚の優位性の哲学的帰結だけでなく、倫理学的帰結についても論じていると言える。ここから本書に課される問いは、『知覚の現象学』第一部・第二部における身体、世界、知覚に関する科学の検討を通じた議論はどのような点でメルロ＝ポンティの倫理学の基礎となっているのか、というものである。

また、哲学的帰結に関する議論が『知覚の現象学』第三部第一章・第二章の内容に対応していることから、講演の最後に論じられている倫理学的帰結については同部第三章「自由」に対応するのではないかという予想が生じる。しかし、メルロ＝ポンティが講演で道徳の問題として論じているのは他人との関係であり、特に「愛」(PrP 71/35) の現象である。また、『知覚の現象学』においても、自由が倫理学的な問題として論じられているかどうかは明言されていない。「自由」の章は、メルロ＝ポンティの倫理学においてどのような位置を占めるのだろうか。

この疑問に関して、本書では論文「小説と形而上学」(一九四五) の結語に注目する。後で詳しく論じるように、この論文は一見するとボーヴォワールの小説に対する書評だが、実際にはメルロ＝ポンティ自身の倫理学を展開したものでもある。ここでは結びの一文だけを引用する(翻訳の都合で二文に分けているが、原文では一文である)。

> 価値は、私たちが偶然そうであるところのものに能動的になることのうちに、他人や私たち自身との交流 (communication) のうちにある。この交流について、私たちの時間的構造はその機会を与えており、私たちの自由はその下書きにすぎない。(SNS 52/59)

［4］「道徳的に行為するとは何を意味するのかをメルロ＝ポンティが反省するとき、カントの理論は彼がもっとも真剣に捉える対照的なものである」(Hamrick 2002: 291)。たとえば『知覚の現象学』では、「認識」と「存在」の対に並んで「行為」と「価値」の対が見られたり (PhP 148/I-215)、「思考」と「真理」の対とともに「行為」と「価値」の対が用いられたりしている (PhP 451/II-280)。こうした用語法がカントの理論哲学と実践哲学の区別を踏まえていることは明らかだろう。

私見では、この一文は「小説と形而上学」の結論に尽きるものではなく、この時点でのメルロ＝ポンティの倫理学の構想を示している。まず右の疑問に対しては、道徳的価値が本来的に問われるのは他人または自己自身との交流においてであり、自由それ自体は交流の「下書き」にすぎないとされている。『知覚の現象学』の「自由」の章では、「自由な交流とは何か」以前の「自由とは何か」という問いが主題となっていた。倫理学に着手すると明言されなかった理由はここにあると考えられる。ただし、主題的にではないとはいえ、「自由」の章は自己との交流や他人との交流も論じていることを後に確認する。

次にこの一文から読み取れるのは、「私たちの時間的構造」つまり主体の時間性が交流の条件をなしているということである。これは『知覚の現象学』の「時間性」の章で論じられた事柄にほかならない。同書においてもすでに、交流は時間性によって究極的に説明されると述べられていた（PhP 495/II-340）。「知覚の優位性とその哲学的諸帰結」では明言されていなかったが、知覚の現象学から引き出される哲学的帰結はメルロ＝ポンティの倫理学にとっての基礎でもある、ということになる。

もう一つのポイントは、他人との交流だけでなく自己自身との交流もまたメルロ＝ポンティの倫理学の主題であるということである。詳しくは後述するが、そこには自分の重い過去やコンプレックス、あるいは身体的特性などとの付き合い方が含まれる。「人間はどう生きるべきか」（柘植 二〇一〇：iv）が倫理学の問いの一つであることを踏まえれば、この発想に驚くことはない。他人との関係だけをメルロ＝ポンティ倫理学の主題とみなす研究は多いが[5]（Bonan 2003; Daly 2016）、本書では「小説と形而上学」の結語に従って自己自身との交流も取り上げる。

いったん要約すると、メルロ＝ポンティの倫理学を十分に理解するためには、まず『知覚の現象学』

第一部・第二部における知覚の優位性に関する議論を踏まえておく必要がある。また、そこから帰結する哲学的な主張（『知覚の現象学』第三部「コギト」「時間性」）も、倫理学の基礎として検討しなければならない。『知覚の現象学』最終章「自由」は、倫理学の「下書き」であると同時に、実質的には倫理学の先取りとして読めることも見込まれる。そして、「自由」の章に続いて自己自身との交流や他人との交流における道徳の問題を論じた諸論文が、メルロ＝ポンティの倫理学を構成する主要なテクスト群となるだろう。そこで本書では、第一部で『知覚の現象学』における知覚の優位性とその哲学的帰結についての議論を倫理学の基礎として読解した上で、第二部で「自由」の章以降のテクストを倫理学の展開として検討していく。ただし、この再構成は「小説と形而上学」の結語を倫理学の構想とみなす解釈に依存している。読者には、本書全体を読んだ上でこの解釈の当否を検討していただければ幸いである。

その他のテクスト上の根拠

メルロ＝ポンティ自身による倫理学の構想を把握するために、前項では「知覚の優位性」講演および「小説と形而上学」を取り上げた。本項ではその他のテクスト上の根拠を挙げることで、倫理学が構想

[5]「知覚の優位性とその哲学的諸帰結」では他人の知覚が「道徳性を基礎づける」（PrP 70/34）と語られており、R・ボナンやデリーはこの発言を根拠として他人との関係だけを倫理学の主題と解しているが、「小説と形而上学」の結語だけでなく、次項で引用する『行動の構造』の道徳に関する一節も、そうした狭い倫理学理解を支持しないと思われる。ただし、メルロ＝ポンティが他人との交流を倫理学の中心的なテーマと考えていたことは確かであって、本書も他人との交流に関する考察により多くの紙幅を割くことになる。

されていたという解釈を補強しておきたい。

まず、一九四一年の研究の進捗を報告する文書で、メルロ＝ポンティは『知覚の現象学』（この時点では『知覚的意識』と題されていた）の結論を次のように構想していた。

> 著作の結論は、得られた結果を最初の問題と突き合わせる。結論は、精神が条件づけられていることを明らかにし、一七世紀の合理主義的楽観主義の諸限界を明らかにし、道徳性の諸源泉は所与ではなく獲得すべきものであることを示す。（Noble 2014: 84）

実際に出版された『知覚の現象学』はこのような結論で閉じられていないが、少なくともその準備中には道徳を論じる意図があったことが分かる。科学の検討を通じた知覚の優位性の発見に基づく哲学的諸問題の再考が、ここでは「得られた結果を最初の問題と突き合わせる」と表現されている。その作業の最後に倫理学の再検討が予定されている。

この順序での議論は、簡略的ながらすでに『行動の構造』が試みていたものである。そこでメルロ＝ポンティは、第一章から第三章で行動に関する科学を批判的に検討し、第四章第一節でデカルトおよびその継承者としての批判主義の限界を明らかにする。その上で、第四章第二節では、心的構造や社会的構造への意識の決定論と、それらの構造を単なる意識の対象とみなす批判主義の両方を退ける議論——次著の最終章「自由」で取り上げ直されることになる——が展開され、その終盤、つまり著作全体の最後から二番目の頁において、道徳に関して右の引用と同趣旨の見通しが示される。

> 批判主義的発想の哲学は、あらゆる対象の背後に自分の自由によって思考する主体を見出す反省に、道徳を基礎づける。もし反対に、現象という資格においてであれ、意識と意識の堅固な諸構造の現実存在を認めるなら、私たちの認識は私たちが何者であるかに依存することになるし、道徳論も、自分自身についての心理学的・社会学的批判から始まることになる。人間があらかじめ道徳性の源泉を所有しているという保証はなくなり、自己意識も権利上人間に存在するのではなく、自分の具体的存在の解明によってのみ獲得されるもの、また人間が当初その間で引き裂かれていた——心と身体という——孤立した弁証法の能動的統合によってのみ確証されるものとなる。（SC 240/332）

心身問題という哲学的な問いに対して、諸々の秩序なり弁証法の統合としての意識という回答を科学の検討に基づいて与えた上で、その延長線上で批判主義とは異なる新たな道徳性の理解が組み立てられつつあることが確認できる（詳しくは第一章第二節を参照）。

次に、「人間における形而上学的なもの」（一九四七）を見よう。この論文は、メルロ＝ポンティにとって形而上学という語がどのような意味をもつかを説明しながら、『知覚の現象学』出版後の研究の方向性を示したものである。『レ・タン・モデルヌ』誌を主要媒体としていたこの時期において、学術誌『形而上学・道徳雑誌』に掲載された論文であり、当時のメルロ＝ポンティのアカデミックな関心を知ることができる。ここでメルロ＝ポンティは、後述する『真理の起源』において『知覚の現象学』で十分に論じられなかった「真理」の問題に取り組むことを予告しているが（SNS 115/138）、同時に「道徳性」、「価値」、「行為」、「評価」、「善悪」といった倫理学的な問題にも取り組む意志を示している（SNS 116–

117/139)。

もう一つはさらに後年のものである。一九五一年、コレージュ・ド・フランス教授に立候補するにあたって、メルロ＝ポンティは同教授だったM・ゲルー宛に文書を送っている。「メルロ＝ポンティの一未公刊文書」として死後公開されたこのテクストにおいて、メルロ＝ポンティは前期の研究の意義と限界を確認するとともに、その後に開始された新たな研究についての計画を明らかにしている。詳しくは次節で紹介するが、そこで予告される『真理の起源』と『世界の散文への序説』という二つの著作は、表現の現象を研究することを通じて真理の問題に取り組むと同時に、「ある道徳の原理」(PD 48/149) を発見することになると言われている。「人間における形而上学的なもの」で示された見通しがこの時点でも維持されていることが分かる。一九五一年にこうした構想が示されている以上、倫理学の試みは戦後の数年に限られるとか、倫理学への関心は言語論への集中によってかき消されたというような推測は許されないだろう。メルロ＝ポンティは実際よりもずっと長く人生が続くと考えていたのであり、倫理学の著作の執筆はその長い人生の中に含まれていたはずなのである。

他者論・政治哲学と倫理学

メルロ＝ポンティが『行動の構造』出版以前から、少なくとも一九五一年まで倫理学の構想をもっていたことを確認してきた。ここで、他者（他人）の問題と倫理学の関係について、本書の考え方を示しておきたい[6]。他者はメルロ＝ポンティの思想においてもっとも重要な問題の一つであり、ほぼすべてのテクストに登場する論点である。他者論という枠組みでメルロ＝ポンティの哲学を論じる研究も多数に上る（Johnson & Smith 1990; Bonan 2001; 酒井 二〇二〇）。酒井麻依子の整理によれば、メルロ＝ポンティの他者論で取り組まれる問題は、（一）私たちはいかにして他者を知覚しうるのか、（二）私たちは他者をどのようなものとして知覚するか、（三）私たちは他者とどのように交流しうるか、の三つに大別される（酒井 二〇二〇：二八）。

これまで述べてきたことから、第三の問題が倫理学に属することは明らかであろう。愛、暴力、対話、作品を介した読者や鑑賞者との交流などがここに含まれる。

第一の問題については、「知覚の優位性」講演で「他人の知覚は道徳性を基礎づける〔…〕」（PrP 70/34）と言われている。それゆえ、上述の哲学的帰結や自由論に加えて、他人の知覚の問題――『知覚の現象学』では第二部第四章で論じられる――も、倫理学の基礎として検討する必要がある。第一部第五章でこの問題を取り上げる。

第二の問題と倫理学の関係はより複雑である。他人を特定の何者かとして知覚することは、肌の色や容姿に基づく差別のように、倫理学の問題となる場合もあるが、特に問題とならない場合もある。また、メルロ＝ポンティは、社会的・歴史的・政治的文脈において他人から特定の仕方で自分の行為を意味づ

［6］「他者（l'autre）」と「他人（autrui）」の区別は、レヴィナスなどにおいては重要な問題だが（小手川（二〇一五）第六章を参照）、メルロ＝ポンティは基本的に「他人」という語を用いているため、本書でもそれに従う。「他我（l'alter Ego）」という語は、他人の問題が哲学的な問題であることを説明する場合（PhP vi/I-9）や他人の主体性を焦点とする場合（PhP 408/II-221）などに使われる。「他者」は人間に限らない他なるものを指す場合（PhP 406/II-218, 487/II-330）にも使われるが、単に「他人」の同義語として用いられることも多い（PhP 208/I-294）。ただし、問題圏の名称としては「他者論」が定着しているため、これを用いる。

けられ、その責任を問われるという事例を重点的に論じている。政治論の中で論じられているため主に政治哲学的な視点から研究されてきた問題だが（Cooper 1979, ch. 3; Whiteside 1988, ch. 6）、メルロ＝ポンティは責任を倫理学の問題としても論じているので、本書でも取り上げる。

要約すると、他者論のうち、他人の知覚の原理的問題は倫理学の基礎をなしており、他人の知覚の諸相、そして交流と責任の問題は倫理学の主題となる。しかし、前述したように自己自身との交流も倫理学の主題であるため、他者論が倫理学を包摂しているわけではない。また、他者論という枠組みでは他人が関わるあらゆる事象を扱うことができるために、倫理の問題に焦点が当たりにくいので、本書ではこの枠組みを用いない。

政治に関するテクストも扱うと述べたが、本書はあくまで倫理学という観点から読解を行う。そのため、マルクス主義、共産主義、ソ連やフランスの政治などに対するメルロ＝ポンティの見解に触れることはあっても、これら自体を主題とはしない。こうした論点については、多数ある政治哲学的な先行研究にあたっていただきたい（Cooper 1979; Kruks 1981; Whiteside 1988; Revault d'Allonnes 2001; 金田 一九九六；松葉 二〇一〇）。

このように言うと、本書はメルロ＝ポンティの思想を非政治化するものだとみなす向きもあるだろう。マルクス主義に関する彼の政治的立場から倫理学を基本的に切り離して論じるという意味ではそうかもしれない。しかし、本書はむしろ、メルロ＝ポンティの倫理学を一つの社会倫理学として提示することで、倫理学をより社会的・政治的な方向へと批判的に拡張することを目指している。その意味で、本書は倫理学をめぐる一つの政治的試みであるとは言えるだろう。

B・スミスが指摘しているように、メルロ＝ポンティの哲学と政治哲学は（しばしば異なる学問領域の研究者によって）切り離されて研究される傾向にある（Smyth 2014: xxxii）。スミスはメルロ＝ポンティの方法論を理解するという文脈でこの分断を問題視するが、倫理学もまた哲学と政治の間に入れられた亀裂の中に落ちていたと言える。「小説と形而上学」のような倫理学的テクストは哲学でも政治哲学でもない何かとして無視されがちであった。また、メルロ＝ポンティの倫理学は『知覚の現象学』から『ヒューマニズムとテロル』および『意味と無意味』へと至る道程の中で展開されているため、これらの著作を切り離すと倫理学の流れが見えなくなる（詳しくは第四章で述べる）。さらに、メルロ＝ポンティにとっては政治こそが重要だという立場からすれば、倫理や道徳は二の次とみなされてきただろう。メルロ＝ポンティ自身による倫理学を発見するためには、見落とされてきた倫理学的テクストによって哲学的テクストと政治的テクストを架橋することが必要なのである。本書はいずれメルロ＝ポンティのマルクス主義的な理論へのコミットメントが倫理学に一つの限界を課していたと論じることになるが、それもこうした架橋によってのみ見えてくる論点である。

第三節　メルロ＝ポンティ思想の時期区分と倫理学

メルロ＝ポンティ自身による倫理学の構想と、他者論・政治論との関係について見てきた。本書はその構想に沿って構成されるが、その説明に入る前に、メルロ＝ポンティ思想の時期区分に関する本書の見方を示しておきたい。やや細かい議論になるため読み飛ばしてもらっても構わない。結論だけをおおまかに述べておくと、本書は基本的に『意味と無意味』までの前期著作における倫理学の展開を扱うが、前期における限界が中期でどのように乗り越えられるかを展望するという仕方で、不十分ではあるが中期倫理学の議論も検討することになる。

本書で時期区分について検討する理由は、特に前期と中期の区分に関する従来の想定が倫理学を考慮に入れていないだけでなく、前期倫理学の存在を見えにくくする効果をもっているからである。とはいえ、以下で提案する新しい時期区分は、倫理学の存在を可視化するためだけに設定したものではなく、メルロ＝ポンティ自身の言っていることと行っていることに照らしてもっとも妥当だと考えられる分け方である。

前期・中期・後期の区別を採用する先行研究では、『行動の構造』と『知覚の現象学』を前期とし、『知覚の現象学』より後から一九五〇年代前半までを中期としている（松葉・本郷・廣瀬 二〇一八：佐野 二〇一九：二〇五‐二〇六：酒井 二〇二〇：二）。一九四〇年代末から五〇年代はじめにかけての表現に関するテクスト――「意識と言語の獲得」講義（一九四九‐一九五〇年度）、『世界の散文』草稿（一九五一年頃）、「言語の現象学について」（一九五二）、「間接的言語と沈黙の声」（一九五二）など――を中期に含めることについてはもちろん異論はない。本書で問題にしたいのは、中期の始まりをどの時点に認めるかである。具体的には、『ヒューマニズムとテロル』（一九四七）と『意味と無意味』（一九四八）を中期に入れるのが適切かどうかを考えたい。

中期思想は、「「表現」、とりわけ「言語」というテーマ」への移行（佐野 二〇一九：二〇五）、または「言語を含めた「表現」全般についての考察の深化」（酒井 二〇二〇：二）によって特徴づけられている。この特徴は『知覚の現象学』より後のテクストすべてに見られるものだろうか。明らかにそうではない。またそもそも、中期を特徴づけるために「表現」や「言語」だけで十分なのだろうか。

　メルロ＝ポンティ自身が研究テーマの変化をどのように述べているか確認しよう。コレージュ・ド・フランス教授立候補のためにおそらく一九五一年に書かれたゲルー宛文書と「資格と業績」に、『知覚の現象学』出版後の六年間の研究をまとめた箇所がある。そこでは、「真理」が当時の主題であることが明記されている。前期における知覚世界の探究を通じてメルロ＝ポンティは「精神と真理の間の新しいタイプの関係」を発見したのであり、いまはその「哲学的意味を決定的なかたちで確定する」ことが課題である。つまり、考察の領域は「知覚されたもの」に留まらず、「精神が真なるものを所有し、みずから対象を定義し、かくして私たちの状況の特殊性から解き放たれた普遍的な知に到達しようと望む認識の領野」に及ぶのだとされる（PD 41/142）。知覚世界への還帰において主体が「知覚の黙せる世界」にいるかのように記述されたのは「方法的な抽象」の結果にすぎず、知覚主体は「真理へと定められた主体」でもある（PD 22–24/16–17）。

> 知覚する人間は、事物に到達するためにその身体が与える自然的手段を行使するだけに留まらず、その知覚すべてが変更されながら、諸事物の本性をわがものにしようとし、知覚が知覚特有の両義性によって暴露すると同時に隠蔽する諸々の真理を取り戻そうとする人間でもある。（PD 22/16）

このように『知覚の現象学』で十分に展開できなかった真理論がここ数年の課題だとした上で、メルロ

＝ポンティはこの「真理の理論」こそが目下執筆中の二冊の本、つまり『真理の起源』と『世界の散文への序説』の対象だと述べる。ゲルー宛文書では、『真理の起源』が真理の問題を「完全なかたちで論じる」包括的な著作とされ、『世界の散文への序説』は「文学的言語」を題材としつつ真理の問題に「もっとも平坦な側面から」アプローチする本だと説明される（PD 42-45/142-145）。『世界の散文』においても、「表現と真理についての一つの理論」を別の本で提供するつもりだと述べた上で、同書ではその探究を「文学におけるパロールのはたらきを明らかにする試み」として開始するだけだと断っている（PM 22-23/31-32）。

したがって、いわゆる中期メルロ＝ポンティの中心的テーマは真理であり、これに十全な仕方で取り組むために言語をはじめとする諸表現が取り上げられているのだと考えられる。

中期を真理論によって特徴づけるとすれば、メルロ＝ポンティがその取り組みの始点を一九四五年と書いていることには留保が必要だと思われる。なるほど、一九四六年十一月の講演「知覚の優位性とその哲学的諸帰結」においてすでに、「何名かの同僚」から『知覚の現象学』では真なるものや知の世界が扱われていないと指摘されたことを紹介して、真理についてかなり長く論じている（PrP 53-59/16-23）。その指摘がいつ届いたのか、メルロ＝ポンティ自身が指摘を受ける前から同じ考えを抱いていたのかは不明だが、一九四五年の時点で真理の問題への心残りがあったとしても不思議ではない。

しかしながら、公刊されたテクストの水準で見るならば、メルロ＝ポンティは『知覚の現象学』出版後すぐに真理論に着手したわけではない。「セザンヌの懐疑」（一九四五）、「小説と形而上学」（一九四五）、「映画と新しい心理学」（一九四五年の講演）といったゲルー宛文書や「資格と業績」で言及されているテクストでさえ、知覚的論理、表現、間主体性といった真理論に不可欠の論点を含んでいるにしても、真理の問題をテーマとしているわけではない。

真理が重要な主題として位置づけられるのは、一九四七年に『フランス哲学会報』に掲載された「知覚の優位性」講演と、同年に『形而上学道徳雑誌』上で発表された「人間における形而上学的なもの」においてである。後者のある注で、メルロ＝ポンティは初めて『真理の起源』の構想を公にしている。この注は一九五一年の二つの文書を先取りするものである。

> むろん、知覚的信念が、言語や概念や文化的世界で出会われるような顕在的真理へと移行していく次第を精細に記述する必要があろう。私たちは『真理の起源』に捧げられる著作でそれを行うつもりである。(SNS 115/138)

それゆえ、真理論への取り組みを中期のメルクマールとするならば、中期の始まりは一九四五年よりも一九四七年と考えるほうが適切だと思われる。そうすると、『ヒューマニズムとテロル』と『意味と無意味』に収められたテクストを初出年でみた場合、その大部分は中期ではなく前期に属することになる[7]。

[7] 一九四七年以降を初出とするテクストは、『ヒューマニズムとテロル』の「序文」、「プロレタリアから人民委員へ」の後半、「行者とプロレタリア」、「結論」および『意味と無意味』所収の「ひんしゅくを買う作家」、「映画と新しい心理学」、「人間における形而上学的なもの」である。ただし『ヒューマニズムとテロル』は一九四六年開始の連載の続きであり、「映画と新しい心理学」は一九四五年の講演をもとにしている。また「ひんしゅくを買う作家」は週刊誌に載った短文であり、真理の問題にも触れていない。

より実質的に、「表現と真理」という視点の有無でみた場合には、「人間における形而上学的なもの」だけが例外的に中期に属することになるだろう。

　中期と後期の区分についてはどうだろうか。『真理の起源』というタイトルは一九五九年二月の研究ノートにも見られるが（VI 225/244）、三月から『見えるものと見えないもの』に改められる。しかし、『見えるものと見えないもの』においても真理は明らかに重要な問題であり続けている。それゆえ、中期と後期を区分するのであれば真理よりも表現に注目するほうがいいだろう。その場合は、表現の概念から制度化の概念に移行した一九五四‐一九五五年度のコレージュ・ド・フランス講義が一つの契機となるだろう。しかし制度化講義でも、感情の制度化に始まって作品の制度化、知の制度化、そして歴史的制度化へと上昇していく次第が論じられており、こうした上向的な構成が中期に構想されていた『真理の起源』のそれと重なることは明らかである。したがって、一九五〇年代半ばに中期の終わりを見るとしても、厳密にどの時点で終わるのかを確定するのは、前期の終わり以上に困難だと思われる。

　さて、本書で主に扱うのは、こうした区分法に従えば前期思想における倫理学である。前期倫理学は、『知覚の現象学』を基礎とし、その最終章「自由」を実質的な皮切りとして、『ヒューマニズムとテロル』や『意味と無意味』で本格的に展開される。もちろん、倫理学だけがこの時期の唯一の主題だと主張するつもりはない（たとえば「映画と新しい心理学」は明らかに倫理学ではない）。しかし、大部分のテクストは倫理学の試みとして理解することができるし、丸ごと倫理学として読むべき論文も複数ある。

　これに対して、中期思想および後期思想は、そもそもその中で倫理学がどのような位置を占めるのかも定かではない。しかし、少なくとも中期のテクストには前期倫理学の関心を引き継いでいるとみなせる箇所が少なからず存在する。その議論は、表現という概念を取り入れたことによって、前期倫理学の限界を乗り越えてもいる。そこで本書では、中途半端になることを自覚しつつ、いくつかの章の終盤で中期の倫理学的なテクストを取り上げ、前期倫理学との比較を行うことにしたい。中期以降のメルロ＝ポンティがどのように倫理学を考えていたのかについては、終章でわずかに論じはするものの、本格的な解明は今後の研究に委ねざるをえない。

第四節　本書の構成

第二節での検討に基づいて、本書は二部に分かれる。第一部「倫理学の基礎」では、メルロ＝ポンティの倫理学の前提となるいくつかの議論を確認する。第二部「倫理学の再構成」では、第一部の考察を踏まえて、メルロ＝ポンティ自身が倫理学に帰属させていたであろう諸問題を取り上げる。終章では、メルロ＝ポンティの倫理学の意義について検討する。

第一章ではまず、本章で「知覚の優位性」講演に即して簡単に示したメルロ＝ポンティのプログラムについて、『行動の構造』や『知覚の現象学』を参照しつつ改めて確認する。そのプログラムとは、心理学をはじめとする諸々の人間科学の成果がもつ哲学的意味を引き出した上で、既存の哲学における諸概念を批判的に改訂していくというものであり、倫理学はさらにその先で展開されることになる。本書は、このプログラムに沿ってメルロ＝ポンティの歩みを辿っていくが、彼の行った諸概念の改訂すべてを見ていくわけではない。『知覚の現象学』で遂行されるもっとも重要な改訂は、主体性の概念に関するものである。本書はこの概念の改訂を重点的に検討する。

第二章では、『知覚の現象学』第一部・第二部での人間科学の検討から、主体性に関してどのような考えが引き出されていたかを概観する。第一部で重要な役割を演じる「投射機能」は、主体が所与の世界から身を引いて新たな仕方で世界と関係を結ぶ力を示している。他方、同書第二部では、自然的世界と身体との原初的なつながりがさまざまな仕方で論じられる。世界からの離脱と世界との密着という契機が主体性に関して素描されるのである。

離脱と密着という対照的な契機はどのように相容れるのか。主体性という概念はどのように改訂されるべきなのか。これらの問いが『知覚の現象学』第三部前半の核心をなす。「コギト」の章で議論され、最終的には「時間性」の章でその答えが与えられる次第について、本書第三章では「誕生」を鍵概念に設定して読解していく。世界内の単なる一事物でもなく、世界を構成する純粋意識でもなく、身体をもって世界へと生まれてきた者として主体を理解することによって、離脱と密着は主体性の不可欠な二側面となる。誕生した主体という概念の形成によって、人間科学から得られた示唆は哲学の更新に活かされる。

第四章では、メルロ＝ポンティの自由論のうち倫理学の基礎となる部分、つまり「自由とは何か」という問題を論じる。『知覚の現象学』の「自由」の章において、メルロ＝ポンティは二種類の自由――中断の自由と動機づけられた自由――を対比的に概念化している。これらが上述の離脱と密着に対応することを示しつつ、二つの自由概念を明確にする。

第五章では、倫理学のもう一つの基礎である他人の知覚の問題を取り上げる。『知覚の現象学』の「他人と人間的世界」の章は、当該著作の構成上の問題もあって、倫理学の基礎をなす議論が含まれていることが適切に認識されてこなかった。本書ではこの章の成り立ちを明らかにしながら、「共感」とは区別された「交流」の可能性が語られていること、この可能性が倫理学の基礎をなしていることを示す。

前節でも触れたように、メルロ＝ポンティの倫理学では個人対個人の透明な交流ではなく、社会的・歴史的・政治的文脈の入り混じった状況における、場合によっては多数の人間が参与する交流が論じられる。『知覚の現象学』では、断片的な仕方ではあるが、主体を社会的存在として捉える視点が提示されているので、本書ではこれも倫理学の基礎として再構成しておく（第六章）。

以上の基盤整備を経て、第二部ではメルロ＝ポンティの倫理学を再構成していく。第七章は、具体的な諸問題を扱う第八章以降への前置きとして、メルロ＝ポンティの倫理学の一般的な構えを説明する。第一部で見た哲学の場合と同様に、倫理学でも一から体系を構築するのではなく、具体的な作品や出来事から意義を引き出した上で既存の諸概念を批判的に改訂する方針が採られる。また、第一部で確認した主体性のあり方、つまり世界全体を把握する純粋意識ではなく、他人から否応なく行為を見られ評価される者であり、偶然に満ちた世界の中で不確実な見通しのもとで行為するしかない者であることも、彼の倫理学全般の前提となっている。

第八章は、倫理学の問題として自己自身との交流を考察する。メルロ＝ポンティが紙幅を割いて論じているのは、自分の過去およびコンプレックスとどう付き合うかという問題であるが、自分の身体的特性や社会的アイデンティティとの関係性にも一定の示唆を与える議論である。この論点は、『知覚の現象学』における基礎的な記述に基づいて、「セザンヌの懐疑」で展開されるため、本書でもこの順に検討する。

第九章および第十章では、他人との交流のうち、社会的・歴史的・政治的文脈があまり前景化されないものを取り上げる。第九章では、「知覚の優位性」講演でも道徳的な交流の例として挙げられていた愛について検討する。「性質への愛」と「性質を介する愛」といった対比を整理しつつ、容易に暴力となりうる愛において道徳的に交流する可能性を議論する。

第十章では、主に「小説と形而上学」の読解を通して、責任に関するメルロ＝ポンティの基本的な考え方を理解する。責任は、行為者の意図ではなく他人にとっての当該行為の意味に基づいて問われるものとして論じられる。また、第四章で確認した二つの自由が道徳の問題に接続され、一方はあらゆる責任を不可能にする反道徳主義を、他方は責任ある行為としての道徳的交流の可能性を、それぞれ基礎づける概念として再論される。

第十一章では、社会的・歴史的・政治的文脈が特に重要な場面における交流の問題を検討する。まず、『意味と無意味』に収録されたテクストから、歴史の中で他人とともに生きることの諸相に関する記述を引き出し、整理する。その上で、『ヒューマニズムとテロル』のモスクワ裁判論を歴史のうちでの責任と交流をめぐる倫理学的考察として読み直す。

以上のように、本書では『知覚の現象学』、『ヒューマニズムとテロル』、『意味と無意味』が主な読解対象となるが、その後の中期に書かれたテクストにも倫理学的な関心は見出される。第八章、第九章、第十一章でそれぞれの主題に即して中期のテクストを取り上げるが、終章でも中期倫理学について改めて見通しを示す。そして最後に、倫理学や現象学における現代の動向に照らして、メルロ＝ポンティの倫理学の今日的意義を考察する。

第一部　倫理学の基礎

第一章　知覚の本性から主体の本性へ

本章では、『知覚の現象学』において、メルロ＝ポンティがどのような手続きを踏んで哲学を行おうとしていたかを考察する。序章で述べたように、本書はメルロ＝ポンティの遂行したプログラムに沿って進んでいく。実際の歩みを辿り始める前に、メルロ＝ポンティ自身によるテクストをいくつか確認し、彼にとって哲学研究とはどのような作業であったか、また彼は何を目的として心理学などの人間科学を参照したのかといった問いに答えておきたい。『知覚の現象学』に先立つ著作『行動の構造』についても、哲学的プログラムの遂行という観点から概観しておく。本章の考察によって、メルロ＝ポンティの倫理学にとって重要な基礎をなす『知覚の現象学』第三部の位置づけを理解できるようになるだろう。

第一節では、研究の計画や目的が記されたいくつかの文書から、メルロ＝ポンティの哲学的プログラムおよび『行動の構造』と『知覚の現象学』の研究課題が読み取れる箇所を取り上げて検討する。第二節では、そのプログラムが『行動の構造』においてどのように遂行されたかを、同書第四章を中心に確認する。第三節では『知覚の現象学』におけるプログラムの遂行について確認するとともに、このプログラムに対するブランシュヴィックの影響について検討する。最後に第四節では、『知覚の現象学』第三部の位置づけに関してしばしば引き合いに出される現象学的還元について検討し、還元がメルロ＝ポンティの哲学的プログラムに適合するように解釈されていることを示す。

第一節　哲学的概念の改鋳

「知覚の本性」

まず、一九三三年の国立学術金庫の研究助成金申請時に提出された「知覚の本性に関する研究計画」を見よう。この文書はまず、「批判主義的」な学説が知覚を「客観的な宇宙を構成する」ような「知的操作」とみなすことを指摘する（PrP 11/1）。「批判主義」はもともとカントが自分の立場を指すために用いた言葉であり、メルロ＝ポンティは主にフランスにおけるカント的な哲学（ブランシュヴィック、J・ラニョー、アランなど）を念頭に置いている。批判主義は、当時のフランス哲学界において支配的であった立場であり、『知覚の現象学』では「主知主義」と呼ばれることになる。

次にメルロ＝ポンティは、ゲシュタルト心理学や神経学の研究に基づいて、批判主義に見られるような、判断などの知的作用が感覚的質料に形式を与えるという「知覚についての古典的な発想」（PrP 13/3）には根拠がないと批判する。当時の新しい科学的知見によれば、「ゲシュタルト」（PrP 12/1）は感性的認識においてすでに現前しており、「感覚的なものや具体的なものの中には、知的関係に還元できないものが存在する」（PrP 13/3）[1]。以上を踏まえて、メルロ＝ポンティは自身の研究目的をこう表現する。

> 要するに、哲学の現状において必要なことは、知覚の問題をめぐる実験心理学と神経学の諸成果の綜合を試み、反省によってその正確な意味を規定し、そしておそらくは、現行のいくつかの心理学的および哲学的概念を鋳直すことであろう。（PrP 13/3）

知覚に関して批判主義的な学説が用いる諸概念（形式と質料、感覚、判断など）について、当時の人間科学の成果を咀嚼した上で再検討し、必要に応じて概念の鋳直しを行う――これがメルロ＝ポンティの哲学的プログラムの最初の表現である。ただしこれは、科学的知見に対して無批判的であるように見える点と、「反省」がどのように行われるのか不明確である点で、まだ粗削りな説明である。

翌年の報告書「知覚の本性」（一九三四）では、この「反省」の作業が明確化され、心理学への批判的な見方が前景化する。いわく、「知覚の心理学」は感覚・像・記憶といった概念とともに、批判主義的な「諸々の哲学的先入見を背負い込んでいる」（PrP 20/9）。それゆえ、哲学の水準で批判主義とは異なる考え方を獲得しなければならない。そこで注目されるのが現象学である。その創始者であるフッサールは「自身の哲学の進展によって心理学の原理が刷新されるものと期待している」し、主著『イデーンI』

［1］「具体的なもの」という言葉によって暗に参照されているのは、前年に出版されて若い哲学者たちの間で話題となっていたJ・ヴァールの『具体的なものへ』（Wahl 1932）である。メルロ＝ポンティは「キリスト教とルサンチマン」（一九三五）でも批判主義を批判する文脈で同書を引き合いに出しており（PC 32/285）、基本的にはヴァールと方向性を同じくしていたと言える。ただしH・ベルクソンやフッサールの評価に関して異論を述べている箇所もあるため（SC 215/297; PhP x/I-15）、ヴァールとメルロ＝ポンティの影響関係については繊細な検討が必要である。

（一九一三）には知覚の分析が含まれ、フッサールの高弟E・フィンクの論文「現前化と像」（一九三〇）は記憶や像の分析を行っている（PrP 22/10）。それは「意識や感覚という概念そのものを改訂する」（PrP 24/12）ことを助けてくれる。メルロ＝ポンティが現象学に惹かれた最初の理由は、心理学に潜む批判主義的偏見を除去して概念を鋳直すというプログラムにあったと言える。

ただし、メルロ＝ポンティは同時に、現象学が心理学に「とって代わる」（PrP 22/10）のではないことを強調している。重要なのは「心理学をそれ自身の地盤の上で革新すること」（PrP 22/10）である。概念の改鋳は外からの批判ではなく、心理学の自己批判の結果でなければならない。現象学は、心理学に参与してこの自己批判に貢献するものとして位置づけられる。

悪化したデカルト主義

次に、『行動の構造』と『知覚の現象学』を貫く前期メルロ＝ポンティの哲学上の研究テーマについて概観しておきたい。『行動の構造』の冒頭では、「私たちの目的は、意識と自然——有機的、心理的、さらには社会的な自然——との関係を理解することである」（SC 1/21）と宣言され、『知覚の現象学』の「時間性」の章でもこの目的が再確認される（PhP 489/II-333）。伝統的には心身関係と呼ばれてきた主題であるが、メルロ＝ポンティにとってこの問題はより複雑なものとして現れていた。一九五一年に書かれた「資格と業績」において、メルロ＝ポンティはこれらの著作を書く動機となった「ある問題」を説明している。

> その問題とは、人間が反省や意識によってもつことができる自分自身についての見方と、自分の行為とそれが明らかに依存している外的な諸条件とを結びつけることで得られる見方との間の不一致である。（PD 11/9）

「私たちの知の危機であると同時に私たちの哲学の危機」（PD 11/9）にまでなりつつあったこの問題は、『行動の構造』では「全自然を意識の面前で構成される客観的統一とする哲学」と「有機体と意識を実在の二つの秩序として扱い、その相互関係においてはそれらを「結果」や「原因」として扱う諸科学」とが突き合わされることなく並存している現状として語られていた（SC 2/23）。哲学と科学は、『知覚の現象学』では「何物も意識にとっての対象としてしか存在しないとする観念論的視角と、意識を客観的世界と即自的出来事の織物に織り込む実在論的視角」と言い換えられ、これらを結びつけることが課題とされる（PhP 489-490/II-333）。

単なる心と身体の分離ではなく、心身関係をめぐるこれら二つの立場の不一致または対立――E・バンブネが「悪化したデカルト主義」（Bimbenet 2004: 13）と呼ぶもの――を終わらせることが、当時の知的状況からメルロ＝ポンティが受け取った課題である。それゆえ哲学と科学の対は、批判主義と自然主義、主知主義と経験論、観念論と実在論、反省と説明といった風に、論点に応じて変奏されつつ、二冊の本にたえず現れ続け、議論の進行を構造化することになる。

反省と説明として方法論の面でも対比されてはいるが、この対立は主に、私たち人間とは何者なのかという問いをめぐる対立である。一方の哲学において、人間は「絶対的に自由」であり、「絶対的な自律において、あらゆる存在と価値を構成する」（PD 11/9）。他方の科学は、「人間が条件づけられた対象に見えるほどにまで、物理的・有機的・社会的・歴史的な環境に依存していることを明らかにする」（PD 12/9）。メルロ＝ポンティは、どちらの見方も一理あると同時に修正を要するとして、「私たちの条件への二重のアプローチ」を採用する（PD 13/10）。つまり、一方では「実証知が本当に人間を客観的条件に還元しているのかどうかを問いながら、実証知の自発的発展を追い」、他方では「反省的・哲学的態度によって本当に私たちを無条件的で無時間的な主観として定義することができるかどうかを問いながら、この態度を再検討する」というアプローチである（PD 13/10）。

要するに、メルロ＝ポンティは哲学と科学を心身関係に関する二つの対照的な立場として捉えており、双方を批判的に吟味することを通じて人間とは何者かを明らかにしようとしていたと言える。ただし、メルロ＝ポンティ自身が哲学者である以上、『行動の構造』と『知覚の現象学』の主眼は科学よりも哲学における人間理解の批判的検討のほうに置かれていると考えねばならない。まず科学の批判的検討が行われ、その成果を活かして哲学的概念を鋳直すという順序にもそれが表れている。『行動の構造』におけるプログラムの検討に移ろう。

第二節　行動の本性から意識の本性へ

下からの行動の哲学

『行動の構造』において心理学の自己批判が行われるのは、「行動」と「ゲシュタルト」の概念に関してである。行動の概念は「心的なもの」と「生理的なもの」という「古典的区別」に対して中立であるため、「それらを新たに定義する機会を与えてくれる」（SC 2/23）。これが心身関係を解明するために行動概念が注目される理由である。しかし、主要な創始者であるJ・ワトソンにおいて、この概念は因果的・機械的思考に基づく「不十分な哲学的翻訳」にしか出会えず、「貧弱な哲学によって歪められていた」（SC 2/24）。ゆえに、「弁証法的思考」によって再翻訳する必要がある。つまり同書の企図は、まず行動の概念そのものを鋳直した上で、心や身体といった古典的な哲学的諸概念の改訂に役立てることにある。詳しくは紹介できないが、同書第一章・第二章では機械論的な生理学が行動の概念を歪めていることが指摘され、ゲシュタルト理論の観点から批判される（佐野（二〇一九）第一章を参照）。

同書第三章では、それまで依拠していたゲシュタルト理論に批判が向けられる。すでに「知覚の本性」で、ゲシュタルト心理学が認識論にもたらすはずの「重要な帰結」は、学派の内部では議論不足のためにうまく導き出されていないと言われていた（PrP 33/21）。『行動の構造』でも、ゲシュタルト概念の「哲学的分析」が不十分だとして、「あらゆる心理学の要請である実在論的要請から解放された哲学」だけがその含意を引き出しうると言われる（SC 143/198）。とはいえその作業は、哲学者があらかじめ設定した「外的な基準」によってゲシュタルトの哲学を「裁く」ことではない（SC 147/203）。むしろ「ゲシュタルトの概念に再び立ち返り」、自然と理念の綜合や唯物論と唯心論の二律背反の解決を「ゲシュタルト自身に問う」という道が示される（SC 147/203）。批判主義のように一方的に実在論を批判するのではなく、「下から」（SC 2/23）出発すること、つまり心理学の内的な進展としてのゲシュタルトとしての行動の哲学を遂行することが、メルロ＝ポンティの狙いなのである。具体的には、生理的ゲシュタルトや心理的ゲシュタルトは究極的には物理的ゲシュタルトに還元されうるというゲシュタルト学派の自然主義が批判され、物理的秩序・生命的秩序・人間的秩序という三つの秩序は相互に還元不可能であることが主張される[2]。また、ゲシュタルトをそれ自体で実在するものとみなすゲシュタルト学派の実在論が批判され、ゲシュタルトは私たちの知覚の対象であるという見方が示される。即自的実在ではなく知覚される構造として理解することによって、ゲシュタルト概念のポテンシャルは最大限に発揮されるのである。

意識概念の改鋳

このように、『行動の構造』の第三章までは行動に関する科学の実在論的思考が批判され、自然・生命・心理作用はいずれも即自存在ではなく意識の対象であることが主張される（SC 199/274）。第四章は反対に、同書の結論を批判主義的な哲学から区別することに捧げられる[3]。「知覚の本性」が、ゲシュタルト心理学はカントの用語で認識を論じているというA・グールヴィッチの指摘を引いた上で[4]、「まったく異なった解決」（PrP 34/21）に向かわなければならないと述べていたことを踏まえると、この章こそが哲学的概念の改鋳というプログラムの核心をなすと言えよう。

改鋳の対象となるのは、「意識と行動の観念」（SC 177/244）である。ただしメルロ＝ポンティは、行動とその観察者としての意識を相互に外在的なものとして捉えることを否定し、二つの概念が相互に「内的な交流」（SC 177/244）をなすように改訂しようとする。

その試みを支えるのは、意識は行動の外部に最初からあったのではなく、行動の発達を通じて生成してきた歴史をもつというヘーゲル的な発想である。批判主義において、意識は身体や行動を含むあらゆる自然がその面前で構成される「宇宙の場」（SC 218/301）であるが、メルロ＝ポンティによればそうした意識は自分の過去を都合よく忘却している。行動が物理的秩序から生命的秩序を経て人間的秩序へと到達することで「大人の意識」が形成されるのだが、そこで「あるパースペクティブの逆転」が生じる（SC 222/307）。つまり、意識以前にあった歴史は意識にとっての対象となり、意識が進展してきた時間ももはや意識を構成するものではなく、むしろ意識が構成するものとなる。批判主義的な意識は、自分の過去も、こうした逆転がおのれを可能としたことさえも忘れて、宇宙の場という超越的な地位に居直ることで生じてくる。

これに対してメルロ＝ポンティは、いわば自分の来歴を覚えており、おのれの存在が諸々の条件に依存していることを自覚している意識という考えを提示する。[5] 精神は自分の過去を現在の深みにおいて携えているというヘーゲルの言葉が引用されるが（SC 224/308）、この考えはあくまで第三章までの科学の

［2］三つの秩序については加國（二〇〇二）の第一章が詳しく論じている。物理的秩序におけるゲシュタルト（たとえば水面上の油滴）が所与の外的な諸条件との関係において得られる均衡であるのに対して、有機体のような生命的ゲシュタルトは均衡条件を自分の欲求や本能に対応する環境として構成する。これに対して人間は労働を通じて道具や文化といった独自の環境を作り出すとされる。

［3］第四章について、詳しくはジェラーツの研究を参照（Geraets 1971, ch. 3）。

［4］グールヴィッチからの影響については澤田哲生の著書を参照（澤田 二〇一二：四〇-四七）。なかでも重要なのは、恒常性仮説の放棄は現象学的還元に等しいという考えがゴルトシュタインからグールヴィッチを介してメルロ＝ポンティに伝えられたという指摘である。

批判的検討に基づいており、そこで得られた「統合」と「基づけ」という発想そのものである（SC 199/274）。生命的秩序は物理的秩序に還元されえない独自の構造をもつが、物理的な基盤なしに可能であるわけではない。人間的な知覚や言語活動も、単純な機能局在論では説明できないにせよ、脳の損傷によって失語症や失認症といったさまざまな障害を来しうる。上級の秩序は下級の秩序によって、因果的に規定されてはいないとはいえ、全体が部分を必要とするような仕方で基づけられている。他方で、上級の秩序は下級の秩序を「孤立した契機としては消滅させる」（SC 224/309）。栄養摂取や睡眠のように本能的と思える事象も、人間においては文化や社会といった制度の中でしかほとんど意味をもちえないほどに人間的秩序へと統合される（食事はもちろんのこと、眠りのありようも文化によって異なる）。ただし、統合は一度で達成されるわけでもなければいつか完了するものでもない。「飢えや渇き」が思考を妨げることもあれば、「疲労」が決意や情熱を失わせることもある（SC 226/311）。

このように弁証法的に理解された行動の概念は、心とは身体という「現実存在の偶然の中で自己を表明し、自己を形成しさえする理念」（SC 227/312）であるという新たな心身関係の理解をもたらす。人間的な意識は物理的・生命的なものにたえず依存しているのであり、「意識には意識自身の歴史と、自分が越えてきた弁証法的諸段階が現前している」（SC 225/309）。メルロ＝ポンティはこうした意識の概念を、超時間的な宇宙の場としての意識とは対照的なものとして、「世界にやってきた精神」（SC 225/310）と表現している。この言葉は、世界に生まれてきた者として主体を論じる『知覚の現象学』の議論を先取りするものだが、それについては第三章で見ることにしよう。

本書にとってさらに重要なのは、メルロ＝ポンティがこの新たな意識概念には倫理学的な含意もあると述べていることである。序章でも引用した一節を改めて見てみよう。

> 批判主義的発想の哲学は、あらゆる対象の背後に自分の自由によって思考する主体を見出す反省に、道徳を基礎づける。もし反対に、現象という資格においてであれ、意識と意識の堅固な諸構造の現実存在を認めるなら、私たちの認識は私たちが何者であるかに依存することになるし、道徳論も、自分自身についての心理学的・社会学的批判から始まることになる。人間があらかじめ道徳性の源泉を所有しているという保証はなくなり、自己意識も権利上人間に存在するのではなく、自分の具体的存在の解明によってのみ獲得されるもの、また人間が当初その間で引き裂かれていた——心と身体という——孤立した弁証法の能動的統合によってのみ確証されるものとなる。（SC 240/332）

批判主義的な倫理学は、何にも依存することなく自由に思考する主体という考えを前提とする。自然との身体的な関わりにおける衝動や傾向性に従うことなく、実践理性が自律的に自己立法することとしての自由というカント倫理学の基本的発想は、こうした主体概念と密接に結びついているだろう。対する

［5］この引用は実のところE・カッシーラーの『シンボル形式の哲学』第三巻（Cassirer 1929: 92/161）からの孫引きである。『知覚の現象学』では、カッシーラーが単なる批判主義に留まらず、「現象学的で、実存的でさえある分析」を行ったことを評価する文脈でカッシーラーがヘーゲルの言葉を「自分なりに捉え直した」ことに言及している（PhP 148/I-216）。なお、この引用と同じ趣旨のことを生命と意識（自覚）の弁証法的関係という形で述べた箇所では、イポリットの「イエーナ時代のヘーゲル哲学における生命と生命の自覚」（Hyppolite 1938）を参照している。

メルロ＝ポンティは、さまざまな構造に基づけられることで意識の成立が可能になっていることを倫理学においても重視する。圧縮された文章だが、三つの論点を読み取ることができるだろう。（一）世界や他人についての私たちの認識はまったく自由になされるわけではなく、自分を構成している過去や周囲の環境に影響を受けている。この点は必ずしも倫理に関わるわけではないだろうが、何気ない知覚にも性差別や人種差別的な偏見がはたらいていることなど、倫理学の問題になる場合もある。（二）倫理規範や行動の指針のようなものがありうるとしても、それは普遍的で形式的な反省からではなく、各自が成長の過程で身につけた心理的・社会的特性を批判的に考察するという記述的な作業から出発してのみ獲得しうるものである。（三）自由や道徳の存在はあらかじめ保証されておらず、人間が身体を心へと統合していく能動的な運動を通じて獲得されうる。この点について、メルロ＝ポンティは「大事なのは、自分の生を「活動させる」ことであり、それこそがより深い生き方である」（SC 240/332）とも述べている。以上の三点、特に第二点と第三点は『知覚の現象学』以降の倫理学的考察において取り上げ直されることになるが、本章では予告に留めよう。

　さてここまで見てきたのは、ゲシュタルトとしての行動をめぐる科学の批判的検討から導き出された新しい心身関係論であった。人間とは世界に到来し成長してきた意識であり、内的な分節を備えた一つのゲシュタルトである。続いてメルロ＝ポンティが問うのは、こうしたゲシュタルトを観察する者としての意識はどのようなものでなければならないかということである。先に引いた表現を使えば、行動の概念と内的に交流し合う意識の概念の探究が始まるのである。そこでは、批判主義的な意識の概念、つまり知覚を知性的意識による判断作用の材料に還元する主知主義的な考えに対抗して、知覚的意識の独自性を損なわずに理解するような哲学が探究される。批判主義は意識を「知的意識」とみなし、「現実存在を認識の範囲から除外し、具体的構造の中に知的意義を見出す」のに対して（SC 241/333）、ゲシュタルトとは「構造」、つまり「理念と現実存在の見分けがたい合体、物質が私たちの前で意味をもち始めるような偶然的配列、生まれつつある知解可能性」（SC 223/307）であり、それを経験するのは知覚的意識である。このように批判主義・主知主義的な知的意識の概念に対して「自然主義と実在論の哲学的真理」（SC 241/333）を取り込んだ知覚的意識の概念を提示することが、『行動の構造』の最終目的なのである。[6]

以上のように、『行動の構造』第四章では、二つの側面から「意識概念の改鋳」（SC 183/252）という哲学的な企てが実行された。一方の歴史的生成を背負った精神という考えは、批判主義における宇宙の場としての意識という観念論的な発想への批判である。他方のゲシュタルトを観察する意識に関する議論では、批判主義が意識を主知主義的に理解している点が批判され、知覚的意識の概念が提出される。前者の議論ではその倫理学的含意まで示唆されていたのに対して、後者の議論には十分な紙幅が割かれておらず、素描的な性格が強いと言わざるをえない。実際、メルロ＝ポンティは一九四一年のある文書で、「〔主論文〕は、副論文の最後で立てられた問題を捉え直す」（Noble 2014: 80）と予告している（國領（二〇一八a）も参照）。このときまさに『知覚的意識』と題されていた主論文こそ、『知覚の現象学』にほかなら

［6］『行動の構造』の議論構成について詳しくは佐野（二〇一九）の第一章を参照。ただし、メルロ＝ポンティが最終的に批判主義だけでなく超越論哲学の立場からも離れていくという佐野泰之の解釈（九七頁）では、なぜ同書の最後で「超越論哲学を新たに定義し直す」（SC 241/333）ことがメルロ＝ポンティ自身の課題とされているのかが理解できない。

ない。同書における主要な論敵がもはや批判主義ではなく主知主義と呼ばれることになるのはこうした事情ゆえだろう。

第三節　主体の本性を問い直す

客観的思考の行き詰まり

前置きが長くなったが、心理学の自己批判を通した哲学的概念の改鋳というプログラムが『知覚の現象学』でも維持されていることを確認しよう。『行動の構造』の場合と同様に、改鋳は二つの段階を踏むと考えられる[7]。

第一段階は、同書の緒論から第二部までで行われるもので、心理学の諸概念を標的とする。緒論「古典的偏見と現象への還帰」では、感覚や連合といった経験論的な概念と、注意と判断という主知主義的な概念が批判的に検討され、その結果として世界の「直接的経験」の場を指す「現象野」の概念が導出される（PhP 66/I-106）。第一部「身体」および第二部「知覚された世界」でも、経験論と主知主義の発想を検討し、それらの抱える困難を解決するものとして現象学的な見方を提示する、という行論が繰り返される。それが外的な批判ではなく心理学の自己批判である次第を、メルロ＝ポンティはこう表現する。

> 何の先入見も抱かないようにして、私たちは客観的思考を文字通りに捉え、客観的思考が自分自身に課さない問いをこれに課さないようにしよう。たとえ私たちがこの客観的思考の背後に経験を見

つけ出すように導かれるとしても、こうした移行は、ただ客観的思考そのものの行き詰まりによって動機づけられてのこととなるだろう。(PhP 86/I-133)

客観的思考とは経験論と主知主義に共通する偏見であり、主体とは独立に世界が客観的に存在するという発想を指す。『知覚の現象学』第二部までの「直接的記述」(PhP 419/II-236) の企図は、客観的思考が身体と世界の記述を通しておのずと行き詰まり、現象学的な見方に退けられることを示すことにある。

同書第三部で遂行される第二段階では、第一段階を受けて哲学的概念の改鋳が目指される。論拠をいくつか挙げる。まず、緒論の「諸現象の承認は、一つの反省理論と一つの新しいコギトを含んでいる」という一節に「後出の第三部を見よ」との注が付されている (PhP 62/II-100-101)。現象を承認するとは、客観的思考を脱して現象学的世界に還帰することを指すが、その帰結として「反省」や「コギト」といった哲学的概念も刷新を迫られることになる。また、第二部第一章の終わりにも「さしあたり、以上の

[7] 本書では、『行動の構造』と『知覚の現象学』のプログラム上の共通点に注目する。両書の関係については、前者では傍観者の視点を採っていたが、後者では知覚の中に身を置き入れたというメルロ＝ポンティ自身の説明が有名である (PD 13/10, 39/139)。しかしこの説明は、『知覚の現象学』においては一人称的な経験の現象学的記述だけが問題となり、科学の検討はもはや行われないということをけっして意味しない。また本文でも述べたように、行動概念の検討によって知覚的意識の解明に着手することが可能になったとも説明されるが (PD 17/13)、こうした直列的な捉え方だけでは足りない。『行動の構造』が行動に関して行った、心理学の成果の吟味を受けて哲学の更新を試みるというプログラムを、『知覚の現象学』は知覚に関してやり直しているからである。こうした並列的な見方によって、『行動の構造』第一章から第三章が『知覚の現象学』第一部・第二部に、前者の第四章が後者の第三部に対応することが見えてくる。

記述と今後の記述は私たちを新しい種類の反省になじませる。私たちはこの反省に私たちの諸問題の解決を期待している」（PhP 278/II-57）と、同趣旨の予告が見られる。第三部に入る直前には、それまでの記述が「客観的思考よりも根本的な理解と反省を定義する機会」を与えるとして、新たな「主体」の概念を練り上げることが宣言される（PhP 419/II-236）。もはや意識概念は使われていないが、内容としては、第三部は『行動の構造』第四章の課題をより本格的に取り上げ直すものだと言っていいだろう。

もう一つ証拠を引いておくと、後の「資格と業績」では同書第三部の目的をこう述べている。

> 知覚する身体と知覚された世界についてのこうした二重の分析が認められるとすれば、この分析が私たちの主体や精神の構想を手つかずのままにしておくことはありえないだろう。私たちは、このように記述される諸現象が可能であるためには、主体の本性がどのようなものでなければならないかを自らに問う必要がある。（PD 20/15）

いったんまとめると、哲学者のキャリアの最初期から存在した概念の改鋳というプログラムは、『行動の構造』のみならず『知覚の現象学』においても保持されていた。当時のフランスで支配的だった批判主義は、知覚経験をありのままに説明することに失敗する。改鋳は心理学の領域に留まらず、コギト、意識、主体といった哲学の中心概念にまで及ばざるをえない。メルロ＝ポンティは一九四六年に主著の概要をフランス哲学会に報告するが、そのタイトル「知覚の優位性とその哲学的諸帰結」は、このプログラムを端的に表現している。

「ブランシュヴィックかベルクソンか」をめぐって

ところで、こうしたメルロ＝ポンティのプログラムはフランス哲学史においてどのように位置づけられるだろうか。厳密な検証を行うことはできないが、見通しを簡単に示しておきたい。

「知覚の本性に関する研究計画」を日本に紹介した加賀野井秀一は、そこにベルクソン的な術語が複数用いられていることを根拠に、メルロ＝ポンティが知覚の研究を行った背景にはベルクソンの影響があると主張している（加賀野井 二〇〇九：五〇–五一）。加賀野井はまた、一九五九年の講演「実存の哲学」を参照して、当時のフランス哲学界で支配的だった二つの流れのうち、ブランシュヴィックを中心とする新カント派的な主知主義よりも、ベルクソン哲学のほうからメルロ＝ポンティは大きな影響を受けていたことを示唆している（加賀野井 二〇一八：二二一–二二六）[8]。

ベルクソンからの影響がまったくなかったとはもちろん言えないだろうが、この解釈はいくつかの問題を抱えているように思われる。まず、同じ「実存の哲学」において、一九三〇年頃のメルロ＝ポンティたちはあまりベルクソンを読んでいなかったと述べられている（PD 253/99）。『行動の構造』と『知覚の現象学』には、むしろベルクソンへの批判がさまざまな論点に関して記されているし、なかには加賀野井が挙げた術語に関する批判もある（SC 171/236, 176/242–243, 230/317; PhP 70–72/I-111–115, 93–94/I-142–143, 210–211/I-296–298, 436/II-259, 474–475note/II-313–314, 481/II-321）。ベルクソンよりもカントを高く評価し

［8］ジェラーツもベルクソンの『物質と記憶』（一八九六）が若きメルロ＝ポンティに大きな影響を与えたと述べている（Geraets 1971: 6）。

ている箇所もある（SC 215/297; PhP 319–320note/II–107–108）。特に哲学の方法に関しては、ベルクソン的直観ではなく反省を自分のものとして採用している以上（佐野 二〇一九：一六四–一六六）、少なくとも前期のメルロ＝ポンティはベルクソンよりはカントに近い立場に立っているとみなすべきであろう。「実存の哲学」でのメルロ＝ポンティはベルクソンに対してより積極的な評価を与えているが、一九三〇年代に大きな影響を受けたとは述べていない。

また、加賀野井は「周辺諸科学の成果を哲学の中に取り入れようとすること自体、やはりすぐれてベルクソン的だと言うべき」（加賀野井 二〇〇九：五一）だと述べているが、そうだろうか。ベルクソンにそうした姿勢があることは確かだが、ベルクソンだけが諸科学を参照していたわけではない。『行動の構造』と『知覚の現象学』にとって重要な参照項である新カント派のカッシーラーも諸科学の展開を渉猟していたし、ブランシュヴィックも『数理哲学の諸段階』（一九一二）や『人間的経験と物理的因果性』（一九二二）といった著作によってフランス科学認識論（エピステモロジー）の先駆けとなった哲学者である[9]。特に後者の著作は『行動の構造』で肯定的に援用されている（SC 149–156/205–213）。それどころか『知覚の現象学』では、自分はブランシュヴィックが物理学に対して行った作業を心理学に対して行っているのだとまで述べている（PhP 134/I–198）。

詳細な検討は本書の課題を超えているが、メルロ＝ポンティが心理学の進歩の哲学的意味を探究するという方法を採った背景には、ベルクソン以上にブランシュヴィックの影響があるように思われる。中村大介によれば、ブランシュヴィックにとって批判主義の本質は「事実としての科学から出発して、認識の可能性の条件へと遡る作業」であり、彼はカントを批判的に継承してこの作業に従事した（中村 二〇一七：三四）。そして、「絶えず科学の事実からその可能性の条件へと遡りつつ、この条件を普遍化せずに、むしろ科学史に沿ってその条件の発展を分析すること」という「エピステモロジーの方法論」を打ち立てたのである（中村 二〇一七：三四）。

メルロ＝ポンティは主知主義的な意識概念を批判する一方で、哲学の方法としてはこうしたブランシュヴィックのエピステモロジーを実践していたと考えられる。[10]「知覚の優位性」講演後の質疑応答が一つの傍証になるだろう。そこでメルロ＝ポンティが「問題は科学的知識をけなすことではない。哲学的

[9] エピステモロジーはG・バシュラールやG・カンギレムに代表されるフランスの知的伝統である。金森修の「便宜的で概括的な定義」によれば、それは「個別科学の歴史的発展に即しながら、或る時代の科学的言説がもつ哲学的含意を具体的に抽出する一種の認識論」であり、「〈科学史的な科学哲学〉、または〈科学哲学的な科学史〉」である（金森 二〇〇八：二）。

[10] 具体的には、メルロ＝ポンティは『行動の構造』第三章第一節「物理学における構造」の全体にわたってブランシュヴィックの『人間的経験と物理的因果性』（Brunschvicg 1922）第五部「物理的因果性の構成」の第一八巻第四九章「因果的連結」に依拠しているほか（SC 147-157/204-216）、『知覚の現象学』では同書第一部第三巻「外的経験」における帰納法批判を肯定的に紹介している（PhP 134/I-198-199）。他方で『行動の構造』第四章および『知覚の現象学』の「現象野」の章では同書第五部一七巻第四五章「知覚の主知主義的理論」に批判的に言及しており（SC 217/299; PhP 68/I-109）、「コギト」の章では『西洋哲学における意識の進歩』（Brunschvicg 1927）第八巻「意識の哲学」第二三章「宗教的意識」から真理の永遠性に関する一節をやはり批判的に引用している（PhP 452/II-281）。科学や経験論を批判的に検討している箇所には肯定的である一方、主知主義的な主張が見られる箇所には否定的な態度が『行動の構造』と『知覚の現象学』に共通して見出せる。合田（一九八四）は『行動の構造』においてブランシュヴィックが肯定的に援用されており、メルロ＝ポンティにとって彼が単なる反面教師ではなかったことを指摘した点できわめて重要である。ただし、『知覚の現象学』にも肯定的な言及が見られる以上、ブランシュヴィック哲学は『行動の構造』第四章における知覚の「現象学成立と同時に排除された」（合田 一九八四：一一三）という見方には修正の余地があるだろう。

意識の覚醒は、科学的知識を超える中でしか可能ではない」（PrP 92/59）と述べると、「科学と知覚の間にはある連続性がある」、「新しい経験は理性の分野での進歩を招く」（PrP 93/61）というブランシュヴィックの視点がメルロ＝ポンティにも見出されるとの指摘がなされる。メルロ＝ポンティはこれに対して直接的にコメントしていないが、「科学がその固有な分析過程を試みることは、その試みが失敗に終わっても、いやむしろ失敗するからこそ、心理学や哲学にとってさえ貴重なのだと思われる」（PrP 97/65）と述べ、ブランシュヴィックと親和的な見方を示している。

　意識や主体の概念を改訂しようとするメルロ＝ポンティにとって、批判すべきはブランシュヴィック的な主知主義であっただろう。しかし、科学の発展に基づいて概念を改訂するという方法そのものは、これまたブランシュヴィックのエピステモロジーの影響が大きいと思われる。ブランシュヴィックかベルクソンかという二者択一は、メルロ＝ポンティのこうした複雑な立場を理解する障害となってきたように思われる。「現代哲学の動向」という一九四六年のインタビューで『知覚の現象学』の要約を求められた際のメルロ＝ポンティの発言は、ブランシュヴィックへの複眼的な評価を示すものとして読むことができる。

> レオン・ブランシュヴィックの教育は、私たちに次のことを決定的に教えてくれました。それは、科学、つまり具体的なものに取り組む知性の構築は、開かれたままであり、一つの教条的な意味で解釈されてはならないということです。しかし、ブランシュヴィック自身の哲学は、科学の余白に残っているこの具体的な世界を探究しようとはしませんでした。知覚、芸術、宗教は、彼によれば

> 科学的認識の素描にすぎず、彼にとって哲学は、科学においてはたらいている精神的な活動性の単なる認識に留まっていたのです。（PC 66）

引用の前半部分では、ブランシュヴィックが諸科学の進歩に理性の振舞いを見出すという歴史的な視点を提示したことが高く評価されており、メルロ゠ポンティもこの発想を生理学や心理学といった心身に関する諸科学に適用したことが示唆されている。他方で後半部分は、ブランシュヴィックの哲学が科学的認識のような高度に知的な作用をもっぱら対象としたことを批判的に指摘している（メルロ゠ポンティが科学だけでなく絵画や文学も取り上げることは彼の主知主義批判と連動している）。こうした二面的なブランシュヴィック評価は、メルロ゠ポンティとエピステモロジーの関係を考える上で重要な論点であろうし、[11] M・フーコーが分割線を引いた「経験、意味、主体の哲学」と「知、合理性、概念の哲学」のどちらか一方にメルロ゠ポンティを押し込むのが適当かどうかを再検討するきっかけにもなるだろう（Foucault 1985: 4/422）。とはいえ、そうした考察は本書の範囲を超えているので、いまは『知覚の現象学』に戻ることにしよう。

［11］たとえば、エピステモロジーにとってもっとも重要な哲学者の一人であるJ・カヴァイエスについて、P・カスー゠ノゲスはブランシュヴィックからの影響を認めた上でメルロ゠ポンティとの親和性を指摘している（Cassou-Noguès 1998）。ただし、近藤和敬が批判するように、カスー゠ノゲスはカヴァイエスにおける知性と真理について、スピノザ哲学からの影響を軽視して現象学的に解釈することでカヴァイエスをメルロ゠ポンティに近づけていることには注意すべきである（近藤 二〇一一：一五四–一八三）。

第四節　主体への向け変えとしての現象学的還元

心理学者の自己批判

前節では、心理学批判を受けての哲学の更新という発想を用いて『知覚の現象学』の構成を説明した。ところで、メルロ＝ポンティは別の箇所では現象学の重要概念である「還元」との関連から同書の構成を語っており、従来はむしろこの文脈において同書第三部は位置づけられてきた。そうした理解を否定するつもりはないが、以下ではメルロ＝ポンティがむしろ右で見たようなエピステモロジー的な方法論に一致するように還元の手続きを解釈したのではないかという見方を示したい。

現象学的還元は「知覚の本性」でも紹介されているが（PrP 22/9）、メルロ＝ポンティがこれを自分のプログラムに組み込むのは『行動の構造』においてである。第三章までの分析を経て、メルロ＝ポンティはあらゆる自然が即自的な実体ではなく意識の対象であるという結論に達する。この考え、つまり「考えられうる全実在を意識の対象として扱う哲学」は「超越論的態度」と呼ばれるが、同書第四章はこの態度に移行しているとされる（SC 217/300）。意識は自然なままではその対象に没頭するため、知覚野において対象が現れることを忘れてしまう。それゆえ、「実在の世界がその特殊性のままに構成される根源的経験の一典型としての知覚に還帰するときには、意識の自然的運動の逆転が必要となる」（SC 236/327）。超越論的態度への移行に必要なこの逆転が「現象学的還元」にほかならない（SC 236/327）。

ただし、還元のこうした説明はありふれたものである。注目すべきは、「因果的思考についての議論」を「行動のあらゆる水準において続行した」こと、つまり心理学批判を行ってきたことが、私たちを

「超越論的態度」に導いたという言明である（SC 222/307）。ここで彼は、心理学批判のプログラムから還元という方法を説明しようとしている。同じ発想は『知覚の現象学』にも見られる。緒論の結びで、その後の展開が次のように予示される。

> しかし、現象野が十分に区画された今、この曖昧な領域に入り込み、心理学者とともに私たちの第一歩を確保しよう。心理学者の自己批判が第二次の反省によって私たちを現象の現象に連れていき、現象野を決定的に超越論的領野に変換することを期待しつつ。（PhP 77/I-121）

ここで還元は二段構えで構想されている。まず客観的思考の想定する即自的世界から現象野への還帰がなされ、次に現象野の超越論的領野への変換が行われる。フッサールが『ヨーロッパ諸学の危機と超越論的現象学』（一九三六）で示した道、つまり生活世界の存在論または現象学的心理学を経て超越論的現象学に至る還元の道が大枠では踏襲されていると言えよう[12]。この点をもって、メルロ＝ポンティはしばしばフッサールの忠実な後継者であると評されてきた。

しかしここで注目したいのは、心理学の自己批判が第二の還元を動機づける（「第二次の反省」をおのずと引き起こす）という考えである。この発想は少なくとも『危機』書には見られない。メルロ＝ポンティ

［12］『知覚の現象学』には第一の還元しかないとの見方もあるが（Romdenh-Romluc 2011: 22）、メルロ＝ポンティが否定しているのは構成する意識として観念論的に超越論的主観性を捉えることであって、第二の還元そのものではない（PhP 419/II-237）。

はこの独自の見方をやや強引な仕方で正統化しようとする。まず『行動の構造』では、フィンクの「現前化と像」の一節が根拠として引かれている。いわく、「自然的世界の全体性についての諸問題を、その究極まで辿ることは、ついには超越論的態度への移行を動機づけることになるという次第を、私たちは、自然的態度を離れなくても、示すことができるであろう」(Fink 1930: 279, SC 222/312-313)。フィンクは「現在の想起」を論じる中で注としてこう括弧書きしたにすぎないし、心理学を話題にしているわけでもない。にもかかわらず、メルロ＝ポンティはここに心理学批判が第二の還元を動機づけるという考えが見られると強弁しているのである。

『知覚の現象学』でも、ゲシュタルト心理学が「フッサール現象学が理論化した反省の一様式」を実践したという見方を示す注において、フィンクからのこの引用が再び取り上げられ、「心理学と現象学」の「均衡を再び打ち立てた」テクストとして高く評価されている(PhP 62-63/I-101)。この注では晩年のフッサールがゲシュタルト概念を取り上げていることなども挙げている。しかし、本章で辿ってきた経緯を踏まえれば、メルロ＝ポンティにとって晩年のフッサールの還元論は後から発見され採用されたものであって、最初期から存在した哲学的概念の改鋳というプログラムこそがそうした受容を枠づけていたとみなすべきだろう。

現象学の現象学？

『知覚の現象学』ではさらに、フィンクの「現象学の現象学」という考えが同書第三部の課題を示すものとして引かれている(PhP 419/II-236)。この頁に明示的な参照はないが、『第六デカルト的省察』が念頭にあると考えていい（八幡 二〇一二）。これはフィンクがフッサールの指示を受けて『デカルト的省察』（一九三二）の改訂とともに作成した著作で、「超越論的方法論の理念」という副題をもつ。H・L・ヴァン・ブレダ神父によれば、メルロ＝ポンティは一九四二年の夏、マルセイユでG・ベルジェに同書を見せてもらったようである（ヴァン・ブレダ 一九七二：一一一, PhP ii/I-2）。[13]

ただし、この事実をもってメルロ＝ポンティがフィンクの企図を忠実に実行したとみなすべきかどうかは疑問である。[14] この点は、『知覚の現象学』第三部を方法論として読解する方針の是非にも関わる（Smyth 2014; 佐野 二〇一九）。たしかに『知覚の現象学』の「コギト」の章には哲学的な反省を行う私についての反省という側面があり、その点で方法論が含まれていると言えるが、[15] 本書第三章で見るように第三部全体としては主体性一般についての探究である。[16]

[13] ベルジェは『フッサール哲学におけるコギト』でも『第六省察』に言及している（Berger 1941: 115/175）。同書はフィンクの他の論文も三十回以上参照している。

[14] 八幡（二〇一二）は、フィンクとメルロ＝ポンティの議論を比較し、後者は前者のいう超越論的原理論に留まっており、超越論的方法論すなわち現象学の現象学には達していないと述べている。

[15] 佐野はより踏み込んで、根本的反省という方法論的な問題が主体性の問題に比べて「より重要」だと主張している（佐野 二〇一九：一五六）。そのために佐野は「もし私たちが主体の根底に時間を見出し、身体や世界や事物や他人の逆説を時間の逆説に結びつけるならば、その向こうにはもはや理解されるべき何物もないことを理解するだろう」（PhP 419/II-236）という一文について、主体の時間的性格を理解した上で、さらに別の作業として「その向こうにはもはや理解されるべき何物もないことを理解する」ことが残っており、これこそが根本的反省の内実を問うという課題であると解釈している（佐野 二〇一九：一五五–一五七）。しかし、「AをすればBであることが分かるだろう」という文を、Aをすることに加えてBを理解する作業が必要だと解釈することは不合理である。

少なくとも現象学の現象学については、『第六省察』と『知覚の現象学』を突き合わせる前に、後者における位置づけを検討する方がいいだろう。直接的な現象学的記述に現象学の現象学を付加することの内実を、メルロ゠ポンティは二通りの仕方で述べる（PhP 419/II–236）。（一）客観的思考より根本的なロゴスを見出すためにコギトに立ち帰ること、（二）主体の根底に時間を見出すことで、身体・世界・事物・他人の逆説を理解すること。これらはそれぞれ第三部第一章・第二章の課題だが、両者とも、第二部までの直接的記述を踏まえて主体の概念を作り直すこと、つまり本章で見てきた哲学的概念の改鋳を狙っていることは見やすいだろう。

　そしてここでも還元の方法論は概念改訂のプログラムに引き付けて論じられている。いわく、世界や事物といった諸々の超越を取り上げる中で、私たちは「真に超越論的なもの」たる「両義的な生」を発見したので、今やこれを考察せねばならない（PhP 418–419/II–236）。つまり、あらゆる超越は即自存在ではなく、私と交流する限りでのみ存在することが明らかになったので、それらが超越でもあり内在でもあるようなこの両義的な生へと視線を向け変えねばならない。とすると、メルロ゠ポンティにとって現象学の現象学とは、結局は本章で見てきたプログラム、つまり心理学の自己批判に動機づけられて超越論的態度へと移行した上で主体概念を改鋳することにほかならないと言えるだろう[17]。

　本章のまとめに代えて、『知覚の現象学』の構成を改めて説明しておく。第一部と第二部は、身体、世界、事物、他人などを主題として、心理学における超越の即自的実在性を前提する客観的思考がおのずと行き詰まり、現象野における主体と超越の交流を記述する現象学がこれを乗り越えることを論証する。その中で、両義的な生が超越の主体への現象を可能にしていることが明らかになることで、超越論的態度への移行が動機づけられる。主題ごとに何度も与えられるこの動機を本格的に引き受けて、第三部では問題関心が諸超越から主体の生へと逆転し、主体の概念が更新される。現象学的な術語で現象野から超越論的領野への変換と呼ばれていたものは、その実、心理学の自己批判に動機づけられて哲学的な主体概念を再考するという、多分にエピステモロジー的なプログラムなのである。そして、『行動の構造』において意識概念の改鋳から倫理学的含意が引き出されていたのと同様に、メルロ＝ポンティの倫理学は、このプログラムの延長線上で展開されることになる。

[16] フィンクからの影響にしても、作動的志向性（第七章第二節を参照）の概念のように主体性に関する考えへの影響のほうがより重要であろう。この側面についてはBruzina（2002）を参照。

[17] バルバラスも『知覚の現象学』第三部について、「記述的態度から反省的態度への移行」に対応しており、そこでは「知覚の主体、その「誰」を問うために知覚そのものに立ち戻ることが問題となる」と述べている（Barbaras 1998: 159）。

第二章　離脱と密着

第一章では、メルロ＝ポンティが心理学の自己批判に動機づけられた哲学的概念の改鋳という方法を採用しており、『知覚の現象学』第三部では主体の概念がその標的となることを明らかにした。ただしメルロ＝ポンティは、同書第一部・第二部における心理学の現象学的批判にはすでに新しい主体の概念が潜在的に含まれていると述べていた。そこで本章では、同書第三部の議論を正確に理解するために、まず第一部・第二部に潜んでいるという主体の概念がどのようなものかを考察する。

同書の第一部「身体」は、第二部「知覚された世界」の議論を先取りしつつそこへと導くという役割を与えられている。第一部の冒頭で身体は「知覚する主体と知覚された世界を私たちに開示するだろう」（PhP 86/I-133）と予告され、第二部の始まりでも「身体図式の理論は暗黙に知覚の理論でもある」（PhP 239/II-8）と言われる。第二部の課題は、第一部における「固有身体の再発見に暗に含まれているものすべてをよく見る」（PhP 232/I-326）ことなのである。「知覚と固有身体の経験は互いに含み合っている」がゆえに、こうした「先取りと再論」は不可避である（PhP 152/I-225）。ただし、こうした関係づけは大まかなものにすぎない。すなわちこれらの引用は、第一部で身体を単なる一対象として捉える客観的思考のおのずと行き詰まる次第を追跡することで、世界に臨む主体としての固有身体が発見されるのと同様に、第二部では客観的世界の手前で生きられている知覚的世界が発見されるということを指している。

メルロ＝ポンティ自身の主張を立ち入って検討すると、第一部と第二部の関係はもっと複雑であることが見えてくる。たしかに第二部では第一部で示された考えが取り上げ直されるのだが、そこでは同時に第一部で目立たなかった発想が前景化してくる。本章で「離脱」と「密着」と呼ぶそれらの考えは、一見すると相反するものである。しかしその対立は見かけ上のものでしかなく、離脱と密着は主体性にとって不可欠な二つの契機である。このことは第三部において決定的な仕方で明らかになるのだが、第二部でも示唆されてはいる。

本章では、第一節で離脱についての『知覚の現象学』第一部の議論を、第二節で密着をめぐる第二部の議論を取り上げた後、第三節では第二部における離脱と密着の調停に関する示唆について検討する。本書の主たる関心は第三部における主体性の哲学とその倫理学的展開であるから、本章でも第一部・第二部の詳細には立ち入らず、要点を示すに留める。

第一節　離脱

第一部前半の概要

まず、前章でメルロ＝ポンティの方法として挙げた心理学の自己批判の実態を確かめることも兼ねて、第一部の前半（第一章から第三章まで）の行論を大まかに確認しておこう。第一部「身体」の中心は、明らかに第三章「固有身体の空間性、および運動性」におけるシュナイダー症例の分析にある。第一章は機械論的生理学、第二章は古典的心理学をそれぞれ批判的に検討しており、第三章で最新のゲシュタルト心理学がこれらを乗り越えるものとして紹介されつつ、やはり批判的に精査されるという流れになっている。

具体的に言うと、第一章「対象としての身体、および機械論的生理学」は『行動の構造』における自然主義的・実在論的な行動主義への批判を取り上げ直しながら、「部分外部分（*partes extra partes*）」、つまり相互に外面的で機械的な関係しかもたない諸部分の組み合わせとして身体を捉える機械論的生理学に「現代の生理学」を対置して、生理学の内部で機械論が乗り越えられつつあることを示す（PhP 87/I-134）。そのために検討されるのが幻影肢現象に関する生理学的な議論である[1]。幻影肢は、戦傷などの事情で腕や脚を失った人が、現実には存在しない腕や脚が存在するかのように感じるという現象である。負傷時を思い起こさせる情動や状況が幻影肢を生じさせる事例が報告されているため、この現象を純粋に生理

［1］幻影肢について詳しくは澤田（二〇一二）第二部を参照。

学的な方法のみによって説明することはできない。しかし、負傷箇所と脳をつなぐ「感受的伝導路」（PhP 91/I-139）の切断によって幻影肢が消失した例もある以上、幻影肢は一種の記憶であるとか意志であるといった心理学的な説明も不十分である。ここから、「心的なもの」と「生理的なもの」を接合させること、つまり「第三者的な諸過程と人格的諸作用」を統合するような共通の環境を見出すことが要請される（PhP 92/I-140）。

この要請を満たすものとして、『行動の構造』で示された統合の概念による心身関係論が取り上げ直されるが、心身の統合を「実存の運動」（PhP 105/I-158）と呼ぶところに『知覚の現象学』の新しさがある。詳しくは後述するが、メルロ＝ポンティにおける実存とは、心的なものと生理的なもののどちらかが他方を一方向的に決定することなく、むしろ両者が絡み合う「交換の諸関係」（PhP 104/I-158）が結ばれる共通の環境のことである。重要なのは、この概念はメルロ＝ポンティが生理学に外から押しつけたものではなく、「現代の生理学」（PhP 105/I-158）の内部で提案されたものだということである。実際にメルロ＝ポンティは、心的なものにも生理的なものにも還元できない実存の生きた過程として魂を捉えるという発想が生理学者のＥ・メニンガー＝レルヒェンタールの著作に見られることを指摘している（PhP 105/I-158）。『知覚の現象学』の鍵の一つである実存の概念も、生理学の自己批判を通じて発見されたのである。

第二章「身体の経験と古典的心理学」では、古典的心理学がなぜ身体経験の独自性を理解できず、固有身体を一種の対象とみなしてしまったのかという問題が考察される。古典心理学でも固有身体は記述されており、固有身体を諸々の対象から区別するために、つまり私の身体が他の事物とは異なる独特の存在であると理解するために必要なものはすべてその記述に含まれていた（PhP 110/I-167）。たとえば樹木やテーブルといった対象は、私がそこから目を逸らしたり遠ざかったりすれば知覚されなくなるのに対して、固有身体はつねに知覚されている。私が前方にある対象を見ているとき、私の身体は主題として知覚されているわけではないが、周縁的な仕方でつねに現前している。固有身体は単に恒常的に現前しているだけでなく、「諸対象が存在するようにさせている当のもの」（PhP 108/I-163）でもある。つまり、あらゆる知覚経験は、固有身体が私に何らかの仕方で現前していなければ成立しない[2]。

古典的心理学はこうした固有身体の独自性を記述していたにもかかわらず、諸対象と固有身体を区別せず、固有身体の記述から「哲学的帰結」（PhP 110/I-167）を引き出すこともなかった。メルロ＝ポンティによれば、それは古典的心理学者が科学の自然ななりゆきとして「状況づけられていない思考」または「非人称的な思考の場」に身を置いてしまったからである（PhP 110-111/I-167）。この思考は、観察する者と観察される対象を分離することで、私に現れる「現象」であった身体を「表象」という一種の心的事実へと退化させてしまう（PhP 111/I-168）。この客体化によって、固有身体は生きられた経験における独特の地位を失い、他の諸事物と同様の一対象となる。

ただし、こうした思考による身体経験の「抑圧」（PhP 112/I-169）は、心理学という学問そのものの特性によって結局は失敗する。なぜなら「心理学者は、自分自身が原理的に、自分の論じているその事実そのものであったからである」（PhP 112/I-169）。心理学とは心的現象が心的現象を語る反省的な営みで

［2］こうした意味での身体の「超越論性」については、國領（二〇一四）を参照。

ある以上、心理学が扱うのは実のところ経験において「引き受けられた事実」(PhP 113/I-170) でしかありえない。それゆえ心理学者は、自分を「諸対象の中の一対象として認めたいと思うまさにその瞬間に、自分を経験として再発見せざるをえなかった」(PhP 113/I-171)。この「経験への還帰」こそが古典的心理学から「現代の心理学」への移行の印であることを確認して、第二章は閉じられる (PhP 113/I-171)。自己批判を通じた心理学の進歩が現象野への還帰としての現象学的還元の役割を果たすというメルロ＝ポンティの考えがここにも見出される。

第三章ではいよいよメルロ＝ポンティが「現代の心理学」と呼ぶゲシュタルト学派による身体の研究が検討される。「固有身体の空間性をまず記述しよう」(PhP 114/I-172) という書き出しはメルロ＝ポンティ自身による記述が始まるのかと思わせるが、この章で展開されるのもやはり心理学の自己批判である。今日ではメルロ＝ポンティの有名な考えのように理解されている「身体図式」が身体の空間性を理解するための鍵となるのだが、それは「科学の転換期」に現れる「曖昧な」概念であり、「方法の改革」によってのみ「全面的に発展」しうるものである (PhP 114/I-172)。「古い方法を爆破させる」こととも呼ばれるこの改革は、外からの押し付けによってではなく、概念の「内在的発展」を通じて行われるという (PhP 114/I-173)。

たとえばこの概念の提唱者である生理学者のH・ヘッドは、触覚、運動感覚、視覚といったさまざまな身体経験の内容が相互に連合することで徐々に組み立てられていく固有身体の見取り図のようなもの (「要約」、「素描」) として身体図式を理解していた (PhP 114-115/I-172-173)。こうした連合説による経験論的発想はしかし、K・コンラートのような心理学者たちが身体図式を論じる中で乗り越えられていく。経験論的な理解では身体の感覚やイメージの連合は偶然に任せたものとみなされているが、患者が左手に受けた刺激を右手に感じるアロヒリーの現象などは、刺激がランダムにではなく何らか系統的に転移する以上、身体図式が「単一の法則」によって規制されていること、つまり「身体の空間的・時間的統一性、相互感覚的統一性、または感覚運動的統一性」によって連合が可能になっていることを考慮しなければ説明できないからである（PhP 115/I-173-174）。こうして科学は「身体図式の第二の定義」へと向かい、「相互感覚的世界における私の姿勢についての包括的な自覚」として、つまり「全体が諸部分に先立つような現象」として、偶然的なモザイクではなく一つの「ゲシュタルト」として身体図式を理解するようになった（PhP 116/I-174）。

メルロ＝ポンティの強調点は、この第二の定義が心理学の内部でどのように乗り越えられていったかというところにある。ゲシュタルト心理学の進展が示したのは、身体図式が身体運動と結びついた動的なものであることと、身体空間が図と地の構造をもっていることである。斜めに腕立て伏せをするときのように、机の前に立って両手で机にもたれかかる運動を考えてみよう。この場合、はっきりと意識されているのは両手だけであり、「私の身体全体は彗星の尾のように手の後ろに流れている」（PhP 116/I-175）。私の身体は「現勢的または可能的な特定の任務に向かってとる姿勢」（PhP 116/I-174）として、任務に合わせてさまざまに変形しながら私に現れるのであって、単に包括的な意識とみなすだけではこの力動性が見落とされてしまう。

また、第二の定義では、身体が単に意識の主題として捉えられることを身体図式とみなしており、図と地（主題と背景）という発想が組み込まれていない。しかし、たとえばお茶を飲もうと思ってコップを手に取る場合、私の身体は意識の主題にはならず、むしろコップという図にとっての地の役割を果たしている。この地または「地平」について、メルロ＝ポンティは「外面的空間」と「身体空間」を区別する（PhP 117/I-176）。コップが置かれている机とかコップの周りにある皿のように、外面的空間を構成するものはたまたま対象の背景となっているにすぎず、別のものが図になれば外面的空間も変化する。これに対して身体空間は、何が運動の対象となろうともつねにその地平をなしている。蚊に刺された箇所が気になるときや眉毛を整えるときのように、自分の身体の一部が図になることもあるが、その場合でも身体全体はあくまで地平として機能している。つまり、身体空間は「私たちの行為の目的として対象がその上に浮き出してくることができる地、もしくは対象がその前に現れることができる空虚」（PhP 119/I-179）である。

　こうして身体図式は単なる身体の包括的意識ではなく、運動との関係において動的に理解されるべきであることが示された。メルロ＝ポンティがこの章でＫ・ゴルトシュタインらによる運動障害の分析を大々的に取り上げるのは、「身体を運動において考察することによって、身体がどのように空間に（のみならず時間に）住み込むかがよりよく分かる」（PhP 119/I-179）からである。メルロ＝ポンティはまずシュナイダー症例として知られる運動障害を紹介し（PhP 119–130/I-179–194）、これを因果的に説明しようとする経験論（PhP 130–140/I-194–206）と主知主義的に理解しようとする反省的分析（PhP 140–148/I-206–216）をいずれも退けた上で、これらの二者択一を乗り越える「新しい分析方法」として「実存的分析」を打ち出すことになる（PhP 158/I-230）。

　メルロ＝ポンティが繰り返し注意するように、こうした分析方法の進歩はあくまでもゴルトシュタインらによって科学の内部で達成されたものである。つまり、ゴルトシュタインら自身も当初はシュナイダー症例を解釈する上で因果的説明や反省的分析と同じタイプの過ちを犯していたが、分析を重ねる中で「診断を拡張」(PhP 132/I-196)し、最終的には実存的分析に到達した。「彼らの分析の進歩は、心理学の進歩の特に顕著な一例である」(PhP 132/I-196)と注記されているように、シュナイダー症例についても、科学の自己批判による内在的発展を跡づけ、その哲学的意義を引き出すというメルロ＝ポンティのプログラムが遂行されているのである。哲学的意義には実存的分析の発見という方法論的なものも含まれるが、身体図式概念の改鋳を通して固有身体を実存および世界内存在として理解するという主体論的な意義がより重要であろう。

投射機能

それでは、第三章の議論に潜在している主体性の構想とはどのようなものだろうか。鍵となるのは「投射(projection)」[3]の概念である。シュナイダー症例は「身体と空間の根底的な関係をあらわにする病的な運動性の一例」(PhP 119/I-179)として取り上げられる。シュナイダーにおいては、ハンカチをポケットから出して鼻をかむ、マッチを箱から出してランプに点火する、自分の鼻をつかむといった生活に

[3] 本書では「投射」に加えて、「投入(projection)」および「投企(projet)」という概念に言及する。これらは言葉の上では同じまたは類似しており、これらによって指示されている主体のはたらきにも通底するものがあるが、メルロ＝ポンティはこれらを相異なる文脈で用いており、訳語を統一するとかえって理解しにくくなるため、このように訳す。特に「投入」は批判的に用いられていることに留意されたい。

必要な「具体的運動」は可能である一方で、命令に従って腕を動かす、自分の鼻を指示するといった「抽象的運動」は（何らかの助けなしには）不可能である（PhP 119-120/I-179-181）。メルロ＝ポンティが「運動志向性」（PhP 128/I-191）と呼ぶものは後者の運動を特徴づける。問題になるのは、身体の物理的な動きそのものではなく、運動が必ずもっている背景、つまり運動の「地」である。具体的運動の地は「与えられた世界」である一方で、抽象的運動の地は「構築されている」（PhP 128/I-191）。言い換えれば、「抽象的運動は、具体的運動が展開していた充実した世界の内部に、反省と主体性の一地帯を穿ち、物理的空間の上に一つの潜勢的または人間的空間を重層する」（PhP 129/I-192）。このように「自分の地を自ら展開する」力、それが「「投射」機能」である（PhP 129/I-192）。

　シュナイダーにおいて不調を来しているのはまさにこの投射機能なのだが、それは身体のどこかに局所化されうるわけでもなければ高度な知性のはたらきでもない。疾患はシュナイダーの知性よりも深いところ、つまり彼の「存在、その実存する力能であるところの人格的核」（PhP 156/I-227）に存しているとメルロ＝ポンティは指摘する。この力能は、F・フィッシャーの用語を借りて「志向弓」（PhP 158/I-229）とも呼ばれるのだが、メルロ＝ポンティは「投射」という言葉を多用している。志向弓は、「私たちの周囲に、私たちの過去や未来や人間的環境、物理的状況、観念的状況、道徳的状況を投射する、あるいはむしろ私たちがこれらすべての関係のもとに状況づけられるようにする」（PhP 158/I-229）。投射機能は個々の対象の認識という図に対する地として密かに作動し、諸対象を私たちにとって存在するようにさせる実存的な機能であり、実存的分析はこれを発見したのである。それは、最初から与えられている世界への「挿入」を「中断」する力であり（PhP 129/I-192）、あるいはむしろ自分自身を潜勢的な状況へと「非現実化する」力である（PhP 121/I-182）。その意味で、この章において際立たせられたのは、主体が所与の状況から離脱する力と言えるだろう。

　第一部の続く部分でも投射機能が重要な役割を演じている。簡単に確認しておこう。まず第三章の終盤は、シュナイダー症例の検討から得られた成果が習慣の獲得という例にも妥当することを示しつつ、投射が新しい意味を付与するはたらきであることを確認していく。たとえば視覚障害のために杖を使用している人において杖は対象ではなくなり、道などを探知する触覚が杖の先端まで延長されている。杖の使用が習慣となることで、身体の広がりや知覚しうる範囲が所与のものから更新される。メルロ＝ポンティはこれを「私たちの世界内存在を膨張させる力、あるいは実存を変化させる力」（PhP 168/I-241）と呼んでいるが、これが自己を新たな仕方で世界に住まわせる投射の力であることは明らかだろう。

　習慣論の文脈でメルロ＝ポンティが論じるオルガン奏者の例は、すぐ後で見る第一部第六章の表現論の先取りでもある。オルガンの「音管やペダルや鍵盤」は奏者にとって客観的空間に位置するものではなく、「それぞれの情動的または音楽的な価値の力」として現れるのだが、それは音楽の演奏が「感情的なベクトルを張り渡し」、「占い師の身振りが聖域を棒で画するように一つの表現的空間を創造する」という意味で「聖別の身振り」だからである（PhP 170/I-244）。このように身体は「表現の運動そのもの」、つまり「それによって意味が一つの場所を与えられて外部に投射され、意味が私たちの手元や眼下に物として存在し始める」ものであって、要するに身体は「自分の周りに文化的世界を投射する」のである（PhP 171/I-245–246）。所与を超えて「意味を課する」という投射の力は、主知主義が持ち出すような「思考」や「純粋な〈私〉」にではなく、身体にこそ宿っており、だからこそ「病気に冒されうる」ということ、それが第三章の主旨であった（PhP 172/I-246）。

第五章「性的存在としての身体」の前半は、シュナイダーの性生活に関する障害、つまり触覚的・視覚的な刺激が性的意味を失ってしまったケースの分析に割かれている。メルロ＝ポンティの理解では、「病人にあって消滅したものは、自分の前に性的世界を投射して、自分を色情的状況の中に置く力であり、あるいは、その状況が一度素描されたら、これを維持するなりこれを堪能するに至るまで続ける力である」（PhP 182/I-259）。つまり、私たちが何らかの対象をエロティックなものとして知覚する際には、すでに性的な世界を投射する機能が作動している。それゆえメルロ＝ポンティは、性生活は自然的世界の充実に性的な地帯を穿つ「志向弓」（PhP 184/I-261）によって成り立っていると主張する。この章では他にも重要な論点が提起されているが、それは後で検討しよう（第八章第三節を参照）。

第一部を締めくくる第六章「表現としての身体と発話」でも、その結論として提示される「語る発話」と「語られた発話」という概念対を説明するにあたって、やはり投射機能が引き合いに出される。意味を創造する発話である前者において、「語ろうとする志向はただ開かれた経験においてのみ見出されうるし、それは存在の厚みの中に空虚な諸地帯が構成され、外へ向かって移動するとき、液体の中の泡立ちのように現れる」（PhP 229/I-321）。それだけではない。「いかなる自然的対象によっても定義されえないある「意味」の中で、実存が自らを分極化するが、実存が自己を合流しようとするのは存在の彼方においてであり、それゆえ実存は自分自身の非存在の経験的支えとして発話を創造するのである」（PhP 229/I-321–322）。こうして表現作用は自然的世界の上に「言語的世界と文化的世界」（PhP 229/I-322）を構成する。自然的存在の充実に空虚な地帯を穿ち、新たな世界を重ね書きするという点で、創造的な発話においても投射機能の作動を見出すことができる。

以上で見てきたように、『知覚の現象学』第一部の分析において中心的な役割を果たすのは、投射機能、すなわち所与の世界から身を引いて新たな世界の中へ自らを状況づける力である。何らかの意味をもつものとして「空間や対象や道具を私たちにとって存在するようにさせ、引き受ける」ときに作動しているこの「本源的な機能」を明らかにすることが『知覚の現象学』の「恒常的な目的」である限り、主体性はこの離脱の力能をもつ者として語られなければならない（PhP 180/I-256）。これが主体性の構想に関して第一部から第三部に託された課題である。

第二節　密着

次に、『知覚の現象学』第二部が主体性のどのような特徴を先取りして語っているかを見てみよう。「知覚された世界」と題されたこの部では、当然ながら知覚の主体が問題となる。そこで発見されるのは、第一部で前景化していた離脱の力とは対照的な主体の性格である。順に見ていこう。

まず第一章「感覚すること」では、知覚のうちもっとも単純なものである感覚が主題化されるため、感覚の主体が論じられる。メルロ＝ポンティは、赤や青といった色が、客観的な性質である以前に、主体の運動を促したり世界への向き合い方を変動させたりすることから、次のような主張を導く。「感覚の主体は、〔…〕ある実存の環境とともに生まれる（co-naît）、あるいはその環境と共時化される（se synchronise）ところの、ある力である」（PhP 245/II-15）。主体は自然に満ちており、ある意味「自然化」

されているとも言えよう（Bernet 1992: 74）。次いで、感覚主体と感覚的世界の関係は、人格としての私よりも古くから結ばれていることが指摘される。「感覚を体験するたびに、私は、その感覚が私固有の存在、つまり私が責任をもち決断するところの存在に関わるのではなく、すでに世界に加担しており、世界のいくつかの局面に開かれ、それらと共時化しているもう一つの自我に関わることを体験する」（PhP 250/II-22）。「ひと（on）が私の中で知覚する」（PhP 249/II-21）という言葉によってよく知られた自然的世界とのこうした前人格的関係は、「一種の原初的契約」、「自然の贈与」、または「共出生性」といった表現によって、その古さが強調されている（PhP 251/II-23）。

第二章「空間」においても、この論点は取り上げ直される（空間論については家高（二〇一三）を参照）。まず上や下といった空間的な方向づけが問題となるが、メルロ＝ポンティが強調するのは「いつも「すでに構成されている」ことが空間にとって本質的である」（PhP 291/II-72）という点である。明晰な意識が対象を構成するときにはすでにある方向の基準が与えられている。最初の経験においてさえ、「すでに獲得された空間性」が作動している。これが「その後のあらゆる空間知覚にその意味を与えるし、各瞬間に再開される」わけだが、この「思考よりも古い世界との交流」の古さは次のように語られる（PhP 293-294/II-75-76）。

> 〔…〕私の最初の知覚と、世界に対する私の最初の把握は、Xなるものと世界一般の間で締結されたずっと昔からの契約の履行として私に現れなければならないし、私の歴史はある先史の続きで、それが獲得した諸成果を利用しており、また私の人格的実存はある前人格的な伝統の捉え直しでなけ

れればならない。（PhP 293/II-75）

前の章では「ひと」と呼ばれたこの契約の主体は、ここでは「囚われの、あるいは自然的な精神」としての「私の身体」であると明言されている（PhP 294/II-76）。それゆえこの契約はけっして人格的な決断の結果ではなく、むしろ「世界への盲目的粘着」（PhP 294/II-76）である。投射機能に見られた離脱のはたらきとは対照的に、「最初の知覚」よりも古くから続く世界との密着があらゆる知覚の基底に見出される。

「空間」の章には、夜の空間性や神話の空間性を扱う「人間学的空間の記述」（PhP 333/II-124）も含まれている。「目に見える空間を貫くこの第二の空間は、世界を投射する私たち固有のやり方が各瞬間に組み立てるものである」（PhP 332/II-123）と言われるように、人間学的空間は投射機能の産物なのだが、第一部とは異なり第二部ではその不可欠な基底が強調される。「私はけっして人間学的諸空間の中に没入して生きているわけではなく、私の諸々の根によって自然的で非人間的な空間にいつもつながれている」（PhP 339/II-133）。

　第三章「物と自然的世界」では、世界が対象から明確に区別され、その独自の性格が論究されるが、ここでも自然的世界と身体との原初的なつながりは重要である。「自然的世界はすべての地平の地平であり、あらゆる様式の様式であって、それは私の個人的で歴史的な生がまったく破壊されても、その底で、意思されたわけではないが与えられた統一を私の諸経験に保証してくれる。私におけるその相関者は、私の感官的諸機能の、与えられた一般的で前人格的な実存であり、私たちはそこに身体の定義を見出したのだった」（PhP 381/II-186）。さらにメルロ＝ポンティは、このつながりによってこそ知覚だけでなく錯覚・幻覚・想像といった作用が許容されると主張しながら、「いわゆる諸知覚の底に、それらを支えるために」存在するこの「より深い機能」を、フッサールの術語を借りて「原初的信憑または臆見」と名づけ直すに至る（PhP 395/II-203）[4]。

第三節　契約または贈与

このように、『知覚の現象学』第二部では要所要所で自然的世界と知覚主体との密着した身体的関係が指摘され、その基底的性格が強調されている。しかし、そうだとすれば同じ書物の第一部と第二部で主体性に関して対照的な主張がなされていることになる。離脱と密着という二つの側面はどのようにして相容れるのか。この点が問われるのは当然である。実際バンブネは、本書とは異なる視座からではあるが、第一部で「カテゴリー的態度」として記述された意識の力能（状況から自己を脱中心化する力）と、第二部で世界と身体の内的な交わりを通して提示される「生命的ナルシシズム」（Bimbenet 2004: 183）との間に、架橋しがたい隔たりがあると主張する[5]。意識の力能が前提されており、それがどのようにして自然から生じてくるかが十分に解明されていないというのである（Bimbenet 2004: 192–204）。

しかし、この点をもって『知覚の現象学』には意識の優位が残存していると断定し、この著作から離れるのは拙速である。先に述べたように、第三部においてこそ主体性の問題は本格的に論じられるはずであり、対立するように見える離脱と密着の関係も、そこで十全に解明されるはずだからである。

さらに言えば、第二部までの考察の中でも両者の関係について潜在的には語られているはずではないだろうか。第三部の検討に入る前に、この点を確認しておこう。注目すべきは、人間学的空間と自然的空間の関係についての段落を締めくくる次の一節である。

---

［4］「空間」の章における人間学的空間の記述と「物と自然的世界」における幻覚現象の分析は、本節で見てきた世界と知覚主体の密着が、狭い意味での「知覚」つまり「不偏不党の主体が諸対象の空間的関係やその幾何学的性格についてもちうる認識」（PhP 324/II-114）以外のさまざまな現象にも見出しうることを示すものである。小倉拓也はそこに含まれるE・シュトラウスへの言及に注目して、感覚論におけるG・ドゥルーズとメルロ＝ポンティの理論的交渉関係の解明を試みている。安易に対立的な図式で理解されてきた両者の関係を問い直す小倉の仕事はメルロ＝ポンティ研究としても重要だが、誤解がないではない。小倉によれば、シュトラウスのいう「風景空間」（人間に共通の尺度や系をもたないがゆえに、その中で事物は距離をもって私に現出することがなく、いわば私を包み込んで窒息させる）についてのメルロ＝ポンティの記述は「知覚の構造による説明から根本的に逸脱する事象」であるだけでなく「知覚より深いとされる知覚ならざる経験の位相」を扱っている（小倉 二〇一八：二八八、二九四）。つまり小倉は、メルロ＝ポンティが「〈知覚〉の下にある意識のより深い生」（PhP 327/II-117）と呼ぶものは風景空間という「感覚することに固有の空間性」（小倉 二〇一八：二八九）にほかならないと解釈している。しかし、メルロ＝ポンティが「より深い生」とか「より深い機能」と呼んでいるのは、狭義の知覚、幻覚、眠り、病的な夢想や妄想といった諸現象を可能にしている自然的世界との原初的なつながりのことである（PhP 339/II-132-133）。とはいえ、小倉が想定する従来のメルロ＝ポンティ解釈に回帰して、「知覚ならざる経験が知覚の構造のうちへと乗り越えられている」（小倉 二〇一八：二九四）とみなすのもポイントを外しているように思われる。重要なのは「世界はあらゆる経験の漠然とした場である」ということであり、メルロ＝ポンティによれば「前述定的世界のこうした寛容」が風景空間をも可能にしている（PhP 395/II-204）。おそらくメルロ＝ポンティは、風景空間と地理空間あるいは感覚と知覚の間に還元不可能な差異を見出すシュトラウスの議論を小倉のようには忠実に追っておらず、それゆえにこうしたすれ違いが生じたのだと思われる。とはいえ、小倉の研究はメルロ＝ポンティとドゥルーズの交錯を精緻に検討する上で必須の一手である。

それ〔体験の統一〕は可能な客観化の諸地平によって指示されているだけであり、それが私を特定の環境のそれぞれから自由にするのは、それが、そうした環境すべてを包み込む自然の世界または即自の世界に私を結びつけるからにほかならない。どのようにして実存が、ただ一つの運動によって、私から客観性を隠す諸世界を自分の周囲に投射するとともに、これらの「世界」を唯一の自然的世界の地の上に浮かび上がらせることによって客観性を意識の目的論の目標に指定するのか、これを理解せねばならないだろう。（PhP 340/II-134）

私がさまざまな世界（人間学的空間や潜勢的状況など）を投射すること、それらの世界が自然的世界を不可欠な地としてもつこと、この二点はすでに見てきた。この引用で重要なのは、それらが実存の「ただ一つの運動」によって両立するという点である。つまり、まず自然的世界への密着があってその後に離脱が可能になるのではなく、密着と離脱は表裏一体であり、同時に主体性の構造に書き込まれたと考えられる。だとすれば、その瞬間——実存の運動が反復されるなら、少なくともその最初の瞬間——は、前節で引いておいた「原初的契約」、または「自然の贈与」の時をおいて他にない。

　では、これらの言葉はいかなる出来事を指すのか。知覚は契約の履行であるとした前述の一節に続いて、メルロ＝ポンティは次のように語り直す。「空間と、一般に知覚は、主体の核心にその誕生の事実、その身体性の不断の貢献、思考より古い世界との交流を印づける」（PhP 294/II-76）。契約または贈与とは、主体が世界に誕生してくるという事実にほかならない。序章でも参照した一九五一年のゲルー宛文書では、『知覚の現象学』の成果をまとめる中で、主体性の構想において誕生の事実が中核をなすことがより明確に主張されている。

もし今私たちがこうした知覚経験をなしうる主体を定義しようと思うならば、明らかにそれは、身体にも歴史にも媒介されずに自己自身に透明であり、自己自身に絶対的に現前している思考ではないだろう。知覚の主体はこうした絶対的な思考者ではなく、私たちの誕生において私たちの身体と世界の間、私たち自身と私たちの身体の間に交わされた契約の履行としてはたらいているのであり、それはいわば一つの継続的な誕生であり、ある物理的および歴史的状況が管理すべく与えられており、しかも各瞬間新たに与えられている者（celui）なのである。（PD 41/141）

以上の予備的考察から、次章の課題が明確になった。誕生の事実を主体性の中心に据えることによっ

［5］「カテゴリー的態度」はゲルプとゴルトシュタインの用語であり、直接的・具体的な状況から切り離されたカテゴリーの下で対象を捉える態度を指す。たとえば日常的に使っている道具を用途とは無関係に色合いで分類するときにはこの態度が必要となる。ゲルプとゴルトシュタインは、提示された色を名づけたり指定された色と同じ色の見本を選んだりすることができなくなる「色名健忘症」の症例を通じてカテゴリーの問題に触れている（澤田（二〇一二）第一部第三章を参照）。カテゴリー的態度は、『行動の構造』では「限定された環境に対してではなく、可能的なもの、間接的なものに向きを定める能力」（SC 189/261）として人間的意識の独自性をなすものとみなされていたが、『知覚の現象学』では知的意識に類する主知主義的な概念として批判的に再検討され、より身体的な投射機能や志向弓の概念に取って代わられることになる。人間性の問題を主題とするバンブネが『行動の構造』との連続性を重視して「カテゴリー的態度」をキーワードとするのは理解できるが、本書では『知覚の現象学』の用語法を重視して「投射機能」を採用している。なお、バンブネの著作については書評でやや詳しく検討した（川崎 二〇一四）。

て、離脱と密着はどのように相容れるのか。どのようにして、世界への粘着と世界からの剝離は誕生においていて一挙に可能になるのか。『知覚の現象学』第三部の検討を通して、この問いに答えることである。

第三章　誕　生

第二章では、世界からの離脱と世界への密着という対照的な側面が『知覚の現象学』第一部・第二部で論じられたこと、そしてこの二側面の両立は主体の「誕生」という事実によって解明されるはずであることを確認した。本章ではいよいよ『知覚の現象学』第三部の「コギト」および「時間性」の章における主体概念の改鋳を検討し、そこで誕生の事実が決定的に重要な役割を果たすことを見ていく（第二節、第三節）。誕生した主体という考えは倫理学にとって不可欠の基礎をなすが、本章では誕生論それ自体の意義も考察する（第四節）。

　ただしその前に、第二部の最終章「他人と人間的世界」の一部を見ておく必要がある（第一節）。というのも、この章では私はどのようにして「他の「私」」（PhP 400/II-211）がいることを知るのかが問われているが、メルロ＝ポンティは主体性の概念を用いてこの問いに答えているからである。他人の問題そのものについては後で扱うとして、ここでは主体性に関する論述だけを検討しよう。

第一節　「私は私自身に与えられている」

「他人と人間的世界」の章では、私はなぜ他人を知覚できるのかという問題と、社会的世界はどのように経験されるのかという問題が順に扱われる。前者についての議論はさらに三つに分けられる。本書第五章で立ち入って検討することになるが、簡単に紹介しておこう。まず、客観的思考が批判される。これは、心身二元論に基づいて、世界を構成する主観として他人を捉えるために、私か他人のどちらかが構成者でなければならないと考え、結局袋小路に入ってしまう。メルロ＝ポンティは自他を「行動の主体」（PhP 404/II-215）として捉え、さらにM・シェーラーや児童心理学の知見を援用して、前人格的な主体同士の直接的な交流を記述することで、他人の意識を私秘的でアクセス不能なものとして捉える客観的思考を退ける（PhP 401-408/II-211-221）。次に、客観的思考にではなく自他関係という事象そのものに由来する原理的な困難が指摘される。サルトル風に「私と他人の相克」（PhP 409/II-223）と呼ばれるこの困難は、メルロ＝ポンティによれば、私が他人の状況をそのまま生きることができないということから生じる。他人が悲しんでいるのを見て悲しむときであっても、それはあくまで私の悲しみであって、他人の悲しみと同じものではない。このように、困難は理論的な主張ではなく実際に経験されるものであるから、「生きられる独我論」（PhP 411/II-225）と呼ばれる。これは「乗り越えられない」（PhP 411/II-225）が、他方で、最初の議論が否定されたわけではない以上、私たちが他人を知覚できていることも事実である。それゆえ、最後の段階の課題は「多数での独我論」という私たちの「状況」を打破するのではなく「理解する」ことになる（PhP 412/II-227）。言い換えれば、他人との前人格的な交流を可能にする

「身体の一般性」（第一段階）と、私の経験すべてを私のものたらしめる「私の疎外不能な主体性のもつもう一つの一般性」（第二段階）とが、どのようにしてお互いに「補完」し合うのかが問題となる（PhP 411/II-225）。

この問題を解決するにあたって、メルロ＝ポンティは誕生の瞬間に発効した「宿命」に訴える（PhP 413/II-228）。つまり、生まれてきた者としての主体の本性に訴える。少し長くなるが、きわめて重要な一節を引用しよう。

> 私の主体性と私の他人への超越を同時に基礎づける中心的現象は、私が私自身に与えられているということにある。私が与えられているとは、私は自分がすでに物理的および社会的世界に状況づけられ、参加しているのを見出すということである。——私が私自身に与えられているとは、この状況がけっして私に隠されておらず、けっして異他的な必然性のように私の周りにあるのではなく、私はけっして箱の中の対象のように状況の中に実際に閉じ込められているわけではないということである。私の自由、私のあらゆる経験の主体であるという私の根底的な力は、私の世界への挿入から区別されない。自由であること、私が生きている何ものにも還元されえないこと、あらゆる事実的状況に関して後退の能力を保持していること、これは私にとって一つの宿命である。そしてこの宿命は、私の超越論的領野が開かれた瞬間、私が視覚と知として生まれた瞬間、私が世界に投げ込まれた瞬間に発効したのである。（PhP 413/II-228）

「私は私自身に与えられている」という現象は二つの側面をもつ。一つは「私は与えられている」であり、これは私がつねにすでに世界に投げ込まれていることを指す。もう一つはこれに「私自身に」が加わった形で、私がそのつどの事実的状況から距離をとる力をもっていることを指す。先ほどの言葉を使えば、前者が身体の一般性に、後者がもう一つの一般性に対応する。前章との関連で言えば、前者が世界への密着にあたり、後者が世界からの離脱に相当することも明らかだろう。そして、離脱と密着の接合という前節の最後で述べた課題に関しても、「私が与えられている」と「私自身に」が不可分なこの現象によって達成されうることが予想される。

この現象によって他人知覚の問題がどう解かれるかという点は第五章で検討しよう。いま重要なのは、「私は私自身に与えられている」という定式が私の誕生を指すという点である。この引用を含む段落のタイトルには「誕生」の語が見られるし（PhP 530/II-v）、他の箇所でもメルロ＝ポンティは「私は生まれてきた」と「私は私自身に与えられている」を等置しているから（PhP 399/II-208, 410/II-224）、これは些細な指摘ではない。メルロ＝ポンティは、他人の知覚の謎を解く鍵が誕生にあると明確に述べているのである。他人の問題だけではない。最終的には「身体や世界や物や他人の逆説」がまとめて「時間の逆説」に結びつけられるのだから（PhP 419/II-236）、超越の問題一般が誕生の現象によって解明されるとさえ言える。廣瀬浩司が指摘するように、「私は私自身に与えられている」という現象は、「心理学的な記述を「超越論的領野」へと接続する限界的な問題として位置づけられており、それゆえ『知覚の現象学』を可能にするひそかな中心」（廣瀬 二〇〇八：一一五）なのである。

しかし、何度も述べてきたように、主体性の問題が本格的に主題化されるのは『知覚の現象学』第三部においてである。「他人と人間的世界」の章はたしかにこの問題を先取りして論じているが、十分な解明を果たしたとまでは言えない。本節ではさしあたり、この章で「私は私自身に与えられている」という表現が使われている他の箇所を確認することで、どのような論点が第三部で考察されることになるのかを示しておきたい。

一つは、「生きられた独我論」が説明される箇所である。私が私の経験しか経験できないとはどういうことか。なぜ私の主体性は「疎外できない」のか。

> 私が生まれてきて、私の実存がすでに自分が作動しているのを見出し、自分自身に与えられているのを知っている限り、私の実存はつねに自分が参加しようとしている諸作用の手前に留まっている。それらの諸作用はずっと私の実存の諸様相にすぎず、その乗り越えられない一般性の個別例にすぎない。コギトが確認するのは、与えられた実存というこの地である。あらゆる肯定や参加、そしてあらゆる否定や懐疑さえも、前もって開かれた領野の中で生じ、自己が自己自身との接触を失う個別的な諸作用に先立って自己に触れている自己を証言する。この自己はあらゆる実効的な交流の証人であり、これなしに交流がそれとして知られることはなく、したがって交流ではなくなるだろうが、この自己が他人の問題のあらゆる解決を禁じているように思われる。乗り越えられない生きられた独我論がそこにある。(PhP 410–411/II–224–225)

ここでは定式の「私自身に」の側面が論じられている。世界内での作用の手前で自己自身に接触している自己、それが交流を含むすべての作用を私のものとする。これなしには、私の行為は風に吹かれる葉の動きと区別のつかないものになる。メルロ゠ポンティが明言しているように、ここでは「コギト」が問題になっている。しかもデカルト的なコギトではなく、第三部の「コギト」の章で論じられる「黙せるコギト」である。この引用には沈黙の問題は現れていないが、後の段落で「厳密には、何者であることもなく、何もすることなしに黙して（tacitement）自分の実存を確認することに成功する人にとってのみ、独我論は真であろう」（PhP 414/II-230）と言われているように、あらゆる作用の手前とは沈黙にほかならない。したがって、「私は私自身に与えられている」という定式は、「コギト」の章で、特に主体の自己性に関して展開されることが見込まれる[1]。

もう一つは、「自然的時間と歴史的時間の絡み合い」と題された「他人と人間的世界」冒頭の段落である。前章「物と自然的世界」を承けて、「私は自然の中に投げ込まれており、〔…〕自然は主体性の中心でも見て取られる」（PhP 398/II-207）と書き出されるこの一節は、この章が第三部にまで続く主体性の考察を密かに開始するものであることを考慮しなければ、これに続く他人知覚論とどのように関連するのか不分明なままであろう。しかし、自然と歴史の関係という観点から記述される時間の現象は、「時間性」の章の内容をすでに先取りしており、さらに誕生の現象がその核心にあることも示唆されている[2]。私は自分の過去を現在から振り返って解釈することができるが、この現在はつねに未来の地平に囲まれており、時間はたえず過ぎていくため、解釈が完成することはありえない。この観察に基づいて、メルロ゠ポンティは「私の意志的かつ理性的生活は、それが成就されるのを妨げ、それにつねに素描の外観を与えるようなある他の力に巻き込まれているのを知っている」（PhP 398/II-208）と主張する。その「他の力」は「自然的時間」（PhP 398/II-208）と呼ばれる。この時間の「諸瞬間の超越」が、私の歴史の合理性を「基礎づけると同時に危ぶめる」（PhP 398-399/II-208）。一方で、自然的時間によって開かれる未来において、私は現在もっている不透明なものを反省でき、より合理的な理解に進むことができる。しかし他方で、その未来においてはいま確実性とともに生きられている現在を捉えることは不可能になり、「私が私自身と一体になることはけっしてない」（PhP 399/II-208）[3]。

そして、誕生した主体こそ、このような時間の両義性に相応しい主体である――「これが生まれてきた存在者、つまり理解すべき何かとして、一度きり、そしてずっと自己自身に与えられている存在者の運命である」（PhP 399/II-208）。私が自然的時間をもつのは、私が生まれてきたからにほかならない。それゆえ、人格としての私が成立する以前、すなわち「私の最初の数年間」や「子宮内の生」であっても、すでに私が生まれている以上、「自然的自我と自然的時間の素描」だけは存在していたことになる（PhP 399/II-208-209）。自然的時間が私の歴史によって覆われていないこうした「無名の生」は、「歴史的現在

［1］檜垣立哉は、知覚経験に並んで「他者経験」の場面でも沈黙のコギトの機能が論じられていることを指摘している（檜垣一九九二）。八幡恵一はさらに立ち入って、「他人と人間的世界」の章で展開される「共存の他者論」が沈黙の不可能性を基軸にして構成されていることを指摘している（八幡 二〇一一）。

［2］『知覚の現象学』における自然と歴史の関係についてはP・デュポンが要を得た概観を与えている（Dupond 2000）。T・トーヴィンは同書だけでなく後期思想も取り上げて、クローデルやホワイトヘッドとの関連から自然的時間の問題を論じている（Toadvine 2009a）。

［3］この議論は、第一部の「身体の両義性」を説明する箇所にも見られるが、そこでは「前人格的時間」という言葉が使われており、自然的時間の概念は明示されていなかった（PhP 98-101/I-149-153）。

をつねに脅かしている時間的分散の極限」である（PhP 399/II–209）。「私が構成するわけではない時間」（PhP 399/II–209）である自然的時間、それが引き起こす時間的分散としての両義性、これらの論点は「時間性」の章で本格的に取り上げられることになる。

このように、「私は私自身に与えられている」という定式が登場する箇所では、明示的にではないにせよ第三部における主体性の問題が先取りして語られており、黙せるコギトと時間的分散という重要な論点が提出されている。それでは、この定式とこれらの論点に着目しながら、「コギト」と「時間性」の章をそれぞれ第二節と第三節で検討しよう。

第二節　「コギト」における誕生した主体

コギトに時間の厚みを与える

「コギト」は『知覚の現象学』の中でも特に難解な章なので、その展開も含めて検討しよう。この章は大まかに言って三つの部分に分けられる。まず、時空を超えた永遠的な精神としてコギト（主体性）を解釈する主知主義に対して、主体は世界への超越運動として理解すべきであることが、知覚、感情、幾何学的思考を事例として論じられる（PhP 423–445/II–241–271）。次いで、超越運動として主体を理解するならば、理念のように時空を超えていると思われる存在者をどのように理解すべきかという問いが立てられ、表現行為という超越運動の一種を通じて獲得（制度化）されたものと解せるという答えが出される（PhP 445–452/II–272–282）。最後に真理の経験が問われるが、そこで「私は私自身に与えられている」という定式が再び鍵となり、誕生した主体はどのように真理を経験しうるかが論じられる（PhP 452–468/II–282–304）。本書にとって重要なのは最後の部分であるから、第一と第二の部分については考察のために必要なポイントだけを確認する。

『行動の構造』第四章の論敵がデカルト哲学やカント的な批判主義であったのと同様に、『知覚の現象学』第一部・第二部における科学の自己批判を経て主体性という哲学的概念の改鋳が試みられる第三部に属する「コギト」の章は、タイトルからも明らかであるようにデカルトと、P・ラシエズ＝レイやブランシュヴィックといったフランスのカント派の哲学者が主たる対話相手となっている。第一部・第二部ではたいてい経験論から主知主義の順で検討が進められていたが、「コギト」の章ではまず主知主義的な立場を批判的に乗り越えた上で、経験論的な方向に行き過ぎていないかどうかが確認されるという逆の進行が見られる。

最初の部分で主知主義的な主体の捉え方として「コギトを永遠化する解釈」（PhP 531/II–v）が紹介される。要点だけを列挙すると、この解釈における主体は、（一）時間をはじめとするいかなる限定も受けず、（二）世界内の出来事に何も負っておらず、（三）その作用の対象となるものをすべて構成する力であり、（四）自己自身と直接的に、隔たりなく接触している（PhP 426–427/II–245–246）。メルロ＝ポンティは、この解釈では主体は神のような存在になってしまい、他の主体の存在を認めることも、主体を有限な存在とみなすことも不可能であるため、別の仕方でコギトを解釈し直す必要があると述べる（PhP 427–428/II–247–249）。

メルロ＝ポンティによるコギトの再解釈は、いま挙げた四点すべてにおいて主知主義的な解釈を訂正するものである。議論の過程を省いて結論だけを再構成するなら、知覚するときであれ幾何学的な問題を思考するときであれ、主体は、（一）時間的な作業としてしか自分の作用をなすことができず、（二）内在の領域では何もできず、作用が向かう世界の側に依存してのみ何ごとかをなしうるのであり、（三）対象を自己のうちに包摂するのではなく、自己自身を乗り越えて対象を目指す超越の運動であり、（四）世界と接触するのと同時にしか自己とは接触しないため、自己との接触はつねに曖昧なものである。感情のように一見すると内面的な作用においてもこれらの特徴が見出せることを示すために、メルロ＝ポンティは愛の現象を分析している（PhP 433–439/II–255–265）。愛の分析には倫理学的に重要な論点も萌芽的に含まれているが、それについては第九章で考察しよう。本章にとって重要な誕生の問題から見ると、この部分では世界への脱自的な参加が強調されており、定式の「私は与えられている」の側面が前景化していると言える。

「コギト」の章が描こうとする主体は哲学を行う主体でもあるため、それがどのようにして真理に達しうるのかを示す必要がある。第二の部分でメルロ＝ポンティが着手するのはこの作業である。主知主義的な永遠の主体であれば、真理が永遠的な存在であったとしても真理を所有しうることは理解しやすい。一方で、主体性を実存的に理解する場合には、真理のような理念的存在とどのように関係しうるのかが定かではない。

そこでメルロ＝ポンティは、思考が「真理へと自己を永遠化していく行為」としての「発話」に注目する（PhP 445/II–272）。理念的なものはあたかも時空の彼方にそれ自体で存在しているかのように思われるが、実は私たちの「表現行為と必然的に結びついており、自律という外観をこの行為に負っている」

（PhP 447/II-274-275）。この結びつきがあまり認識されないのは、「すでに獲得された思考を翻訳する二次的な発話」（PhP 446/II-273）が言語のモデルとなっているからである。そこでは言葉は彼方にある意味を指し示すだけであり、思考の単なる外皮にすぎないと解される。しかし、そのような発話が可能となるためには、まずある思考が確立されなければならない。メルロ＝ポンティによれば、思考が明晰なものとして存在するためには創造的な表現行為が必要とされる。「思考を私たち自身にとっても他人にとっても初めて存在するようにさせる根源的な発話」（PhP 446/II-273-274）を二次的な発話から区別し、理念をも存在させる実存的行為として認めなければならない。

　根源的な発話という観点からすれば、理念的存在は表現を通じて獲得されたものとして理解される。それが永遠のものであるように思われるのも、言語表現がもつ独特の力ゆえである。言葉で表現するとは、「ただ一つの身振りによって過去を現在と合体させ、この現在をある未来と接合させる」ことであり、理念的存在もこのように「過去を捉え直し未来を引き込んだために全時間を通じるものと推定されている」にすぎない（PhP 450/II-278）。メルロ＝ポンティは「獲得というものを他に還元できない現象として認める」（PhP 450/II-280）ことによって、真理のような理念的存在もまた主体の実存的運動によって創造されることを明らかにするのである。

　第二の部分では以上のように表現を通じた獲得が焦点となるが、最初の部分で主知主義に抗して打ち出された主体性の実存的な構想も確認されている。過去・現在・未来を結びつける表現という発想によって、主体の永遠的解釈を退けつつ理念の遍時間性を理解するという方針は、「コギトに時間の厚みを与えること」（PhP 456/II-288）と要約される。また、「思考は発話において自己を超越する」（PhP 449/II-

278）のであり、この脱自的運動において初めて理念的存在に触れることができる。そして、たとえ表現が成功した場合でも、後で自分の言ったことについて自問すると不明瞭なものが残ってしまうように、「表現されたものの根本的な不透明さ」は解消不可能であり、「私の思考の自己自身との距離」を消去することもけっしてできない（PhP 499/II-277）。このように表現に関しても、主体性の「私は与えられている」という側面、つまり「世界への参加」（PhP 452/II-282）という契機が強調されていると言える。

真理と誕生

「コギト」の最後の部分は、「私は与えられている」という側面を強調してきたそれまでの議論にバランスを取り戻すために、「私自身に」という側面をも論じることになる。前節でも述べたように、「私自身に」という契機なしに主体は主体であることができず、世界内の事物や出来事と区別のつかないものになってしまうからである。誕生の出来事は、このバランスが成立しうる根拠として引き合いに出されることになる。

　この部分でメルロ＝ポンティがまず取り組むのは、真理の経験における「明証性の問題」（PhP 452/II-282）である。この問題も、主知主義には容易に説明できるが、メルロ＝ポンティにとっては難しい課題である。主知主義的な主体においては、思考は世界内で生じる出来事ではなく、感官を通じた真理との「接触」ではなく真理の純粋な「観念」である（PhP 453/II-283）。思考する主体は世界から切り離された純粋な存在であり、何にも媒介されずに自己自身と合致しているため、「いかなる前提もない絶対的な明証性」（PhP 453/II-283）が可能である。これに対して、実存的に解釈された主体は歴史的な存在であって、「自分の獲得物によって作られているという私たちの側面」（PhP 453/II-283）をつねに伴っている。それゆえ、「私が何を考え何を決定するとしても、それはいつも、私が以前に信じたり行ったりしたことという地の上でのことである」（PhP 453/II-283）。私の思考は過去に獲得してきた知や信念に媒介されたものでしかありえず、「絶対的な生産性」としての「絶対知」にはなりえない（PhP 453/II-283）。

　ただし、実存的な主体は過去によって決定されているわけではなく、偏見や誤りも含まれているであろう獲得物を訂正できないわけでもない。メルロ＝ポンティが永遠的な絶対知の代わりに提示するのは「意識の〈目的論〉」であり、この意識は「その最初の道具でもってより完全なものを作りだし、さらにそれを道具としてもっと完全なものを作りだし、こうして終わりなく進んでいく」（PhP 453/II-283-284）。つまり、実存的な主体による真理の経験はつねに暫定的なものでしかないけれども、より完全な真理に向かって前進することは可能だとされる。そうした前進を可能にするのは、「自分の獲得した意見や信念を括弧に入れる」（PhP 453/II-283）こと、あるいは明証的に真だと思われる考えを「疑う」（PhP 454/II-284）ことである。獲得物を引き受けることに加えて、懐疑を通してより真なるものへと改訂することが真理への前進には必要である。メルロ＝ポンティのポイントは、「私は私自身に与えられている」こと、つまり誕生の出来事が、これら二つの特徴を実存的主体に備えさせることで意識の目的論を一挙に基礎づけるという点にある。

　ある明証性が事実上は抗しがたいと同時にいつでも撤回可能でもあるのは、同じ理由のためであって、それはただ一つのことを言い表す二つの仕方なのである。つまり、その明証性が抗しがたいのは、ある経験の獲得物、ある思考の領野を私が自明のものとして引き受けているからであるが、まさにその理由によってこそ、それはある特定の思考する自然——それは私が享受し継続しているものだが、偶然的で自己自身に与えられたものであることをやめない——にとっての明証性として私に現れるのである。（PhP 454/II-284）

「私は与えられている」という側面が、ここでは私が特定の明証的な獲得物や考えを真なるものとして引き受けること、特定の思考の領野に疑いをもたずに安らいでいることとして語られている。しかしそれらは、「ある特定の思考する自然」にとって、つまり永遠的で普遍的な純粋精神にとってではなく、ある時ある場所にたまたま生まれてきた主体である私にとって明証的であるにすぎない以上、疑うことも可能である。メルロ＝ポンティはこのように誕生という出来事を根拠として、真理を一度で確実に把握する方法を求めるよりも、獲得と懐疑の継続的な過程を通じて真理へと近づくほうがより主体のあり方に相応しいことを主張している。

第二章第二節で見たように、『知覚の現象学』第二部では誕生によって発効した私と自然的世界のつながりは「原初的臆見」とも呼ばれていた。「コギト」の章でも同じ意味の言葉が次のように使われることで、やはり誕生が絶対的な明証性を不可能にする一方で真理への目的論を基礎づけることが論じられている。

それゆえ、保留つきで確立されるのが確実性にとって本質的なことである。絶対知に置き換えられてしまう運命にある知の暫定的形態ではなく、反対に知のもっとも古くて初歩的であると同時にもっとも意識的で成熟した形態でもあるような臆見、〈原本的〉と〈根本的〉という二重の意味で根源的な臆見というものがあるのである。(PhP 454/II-285)

根源的臆見とは、知覚や思考といった作用すべてを下支えする私の世界への開かれであり、諸作用に先立って作動的な水準で「一般的に何かが私たちの前に出現する」(PhP 454/II-285) ことをいう。それは特定の事物や観念についての臆見ではなく、唯一の世界の地平そのものが私に与えられていることを指す。根源的臆見を通じて世界に開かれることによって、私は永遠的な主体には絶対になりえなくなる一方で、さまざまな知や考えを引き受け獲得することができるようになるし、それらを疑ったり誤りを正したりすることもできるようになる。誕生とは、実存的主体が「意識の目的論」によって真理へと向かうよう促される場である「世界地平」が与えられる出来事なのである (PhP 456/II-287)。

諸状況の可能性

以上のように誕生と密接に関連する概念によって真理の経験を論じた後で、メルロ＝ポンティはいよいよ主体性の問題を主題化する。「コギト」の章ではこれまで、知覚や感情から真理に至るまで、さまざまな経験に即してコギトを永遠化する主知主義的解釈を批判し、実存的解釈を打ち出してきた。主体性の実存的解釈をそれ自体として取り上げ、新たな主体の概念として明確化することが、この章の最後の課題となる。

ここでメルロ＝ポンティが立てる問いは、「どのようにして主体性は依存的であると同時に不変化的でありうるのか」（PhP 459/II-291）というものである。ここで「依存的」とは、知覚や感情を含むあらゆる意識の作用を通じて世界に参加することによってのみ、私たちは自分が意識であることを知りうるということを指している。他方で「不変化的（indéclinable）」とは、文法上では「格変化しない」という意味であり、メルロ＝ポンティがこの語で言おうとしているのは「私の経験が私のものである」ということである。本章で注目してきた定式に照らし合わせるなら、「依存的」が「私は与えられている」という側面に、「不変化的」が「私自身に」という側面にそれぞれ対応している。それゆえ、右の問いは「私が私自身に与えられているとはどういうことか」という問いに等しいものとして解釈できる。

本章第一節で言及した黙せるコギトは、メルロ＝ポンティがこの問いについて言語表現を例として考察する中で私の不変化性あるいは自己性を指すものとして登場する。それがなければ、「何かがある者に現れる」ということ、つまり「意識というものが存在する」ことは成り立たない（PhP 458/II-290）。なお、黙せるコギトは「私による私の体験」とか「自己の自己への現前」とも言い換えられるが（PhP 462/II-296-297）、「非‐存在の隠れ家」（PhP 458/II-290）とも呼ばれているため、少なくとも世界内で生じる諸経験とは種類の異なるものとして理解すべきである。いずれにせよ、この「沈黙した意識」（PhP 463/II-297）は知覚や発話といった作用を通じた世界への参加において開示され展開されるのであり、この実存的運動において主体は依存的であると同時に不変化的であることができる、というのがメルロ＝ポンティの答えである。

沈黙と表現の問題については第五章で考察するとして、以下では黙せるコギトと誕生の関係を見ておきたい。

私の個々の思考の手前には、黙せるコギトおよび根源的な世界投企を構成するために何が残っているのか。また、一切の特定作用の外で私に垣間見られうる限りでの私とは結局のところ何なのか。私は一つの領野であり、一つの経験である。ある日、ただ一度きり、何かが進行し始めた。それはもはや、眠っている間でさえ、見たり見なかったり、感じたり感じなかったり、悩んだり楽しくなったり、考えたり休んだりすることを、要するに世界とともに自己を「展開する」ことをやめることができない。そこに生じたのは、感覚または意識状態の新たな一組ではなく、新たなモナド、新たな展望でさえない。なぜなら、いつも一つの視点を、同時には一つの視点だけを占めるよう強いられているとはいえ、私はどんな展望にも固定されず、視点を変えられるからである――ある新たな状況の可能性が生じたのだと言おう。（PhP 465–466/II–301）

定式の二重性に即して説明しよう。まず「私は与えられている」の側面から。世界に参加する諸作用の手前での自己現前としての黙せるコギトの概念は、そのままでは維持されえない。主体が状況づけられていることを重視するメルロ＝ポンティは、世界への現前を欠いた純粋に内在的な自己現前を積極的に認めることはない。その究極的な根拠として参照されるのが誕生という出来事である。他の箇所でも言われるように、誕生とは「一切の不在が現前の裏面でしかなく、一切の沈黙が音響的存在の一様態でしかない」ような「超越論的領野」の開けにほかならない（PhP 418/II–235）。誕生において私は世界に開かれ、それ以後の生の中に決定的な閉鎖はありえない。睡眠や休息の間も、程度の差はあれ領野は開かれたままである。誕生の出来事に基づいて、黙せるコギトは実際に存在する可能性を否定される。

次に、「私自身に」の側面について。たしかに誕生において私は世界に開かれるため、実際には沈黙は不可能である。しかし、単に世界に投げ込まれているだけであれば、主体と事物は区別できないことになる。実のところ、黙せるコギトとは、作用として現象することはないが、主体と即自的事物との差異を説明するために仮構せざるをえないものである。黙せるコギトが「自由であること、私が生きている何ものにも還元されえないこと、あらゆる事実的状況に関して後退の能力を保持していること」（PhP 413/II-228）とも言い換えられていたことを思い出そう。それは実際に世界に姿を現すわけではないが、そのつどの状況からいつでも距離を取る能力として、やはり誕生の瞬間に与えられている。

そこで提出されるのが、「さまざまな状況をもつ可能性（possibilité de situations）」としての生という構想である。状況をもたないことはできず、一度に複数の状況をもつこともできないが、かといって私は一つの状況にいつまでも縛られ続けるわけではない。世界への現前に還元されえない自己現前としての黙せるコギトは、ある状況から別の状況への移行を主体の側で可能にする力として捉え直される。状況と自由はともに誕生において主体性に組み込まれることで、相補的な二つの契機となる。「私は私自身に与えられている」という定式は、この相補性を表現しているのである。

第三節　統一と分散

諸状況の可能性としての生という問題がさらに深められると、主体の統一性が問題となってくる。継起する諸状況の中で、主体はどのようにその同一性を保つのかが問われるからである。誕生がメルロ＝ポンティの主体性概念にとってどれほど決定的であるかは、この点においてこそ明らかになる。

> 私の誕生という出来事は過ぎ去らなかった、客観的世界の一出来事のように無に帰すことはなかった。それはある未来を拘束していた、それも原因が結果を決定するようにではなく、ある状況がいったん生じると不可避的に何らかの結末に達するように。〔…〕私の最初の知覚は、その周りにあった諸地平とともに、いつも現前している出来事であり、忘却不能な伝統である。思考する主体としてさえも、私はやはりこの最初の知覚であり、それが創始した同じ生の続きである。〔…〕私とは一連の心的作用ではなく、かといってそれらを綜合的統一の中に集める中心的な〈私〉でもない。私とは、自己自身と分離されることのないただ一つの経験、ただ一つの「生の連関」、その誕生以来自己を顕在化し、その誕生を各現在の中で確認するただ一つの時間性なのである。コギトが再び見出すのは、まさにこの到来、あるいはこの超越論的出来事である。（PhP 466/301-302）

メルロ＝ポンティによれば、主体の統一性は、ばらばらの経験や作用を後から一つにまとめることによって成立するのではなく、一つの「生の連関（cohésion de vie）[4]」が誕生以来続いていくことでそのつどの現在において実現される。あらかじめ統一性が保証されているわけではないことに注意せねばならない。ここでは「移行の綜合」の概念が密かに使われているが、これは非連続的な諸項を超越的な主観が外から統一するという伝統的な綜合の観念に対置されていた（PhP 306-307/II-91-92）。移行の綜合とは、ある項から別の項への連続的な移行において、移行の非反省的な作動そのものによって、その内部で主体の統一がいったん実現されるようなはたらきである。それゆえ、私の誕生は生年月日のような特定の時点に生じて終わるのではなく、私の生きるこの現在まで区切れなく続いている。逆に言えば、誕生はその後の生という未来を引き寄せる。「到来」とはその謂いである[5]。

　誕生と生についてのこうした見方は「時間性」の章でも繰り返される。次の箇所は、誕生という出来事が過ぎ去らずに現前している様を生の連関として記述している。

> 私は私自身にとって、今この時に存在しているのではなく、今朝にも来る夜にも存在しているのであり、私の現在とは、お望みならこの瞬間だと言ってもいいが、しかしそれはまた今日でもあり、今年でもあり、私の全生涯でもある。それらの時熟単位を外から結び合わせて唯一の時間にするような綜合は必要ない。なぜなら、時熟単位のそれぞれがすでにそれ自身を超えて他の時熟単位の開かれた系列を含んでおり、それらと内的に交流し合っているからであり、その脱自とともに「生の連関」が与えられているからである。現在から他の現在への移行を、私は思考したり傍観したりせず、遂行するのである。（PhP 481/II-322）

奇妙にも思われる誕生と現在の関係は、「今」という言葉の用法を思い起こすと理解しやすいだろう。たとえば「今、私は食事をしている」と言うとき、その今はこの瞬間に尽きず、私が料理を食べている間すべてが含まれている。同様に、「私は今研究をしている」と言うときにも、これまでとこれからの数年間が滑り込んでくる。「私たちは自分の人生の時期や段階を区切り、たとえば、自分の今の関心事とある意味的な関係をもつものは、すべて現在の一部をなすものとみなしている」(PhP 487/II-330)。生の連関とはこうした意味の連続的な伸張のことであり、誕生とはその始まりのほうの端である。

その後の行論において、M・ハイデガーの『カントと形而上学の問題』(一九三四)を参照しつつ、時

[4] メルロ＝ポンティが注で参照している『存在と時間』(一九二七)三八八頁には「生の連関 (Zusammenhang des Lebens)」という言葉は見られない (Heidegger 1927: 388/下 331-333)。ただし、この頁を含む第七二節から第七五節にかけて継続的にこの言葉が用いられているため、そのあたりがメルロ＝ポンティの念頭にあったことは確かだろう。「生の連関」はW・ディルタイの概念であるが、『存在と時間』ではこの概念の由来が (自明のものとして) 示されていない。それゆえメルロ＝ポンティはこれをハイデガーの概念だと勘違いしたのかもしれない。実際にはハイデガーはこの概念を存在論的な素朴さゆえに批判し、むしろ「伸張 (Erstreckung)」という用語を採用している (Heidegger 1927: 374/下 305)。いずれにせよ、この語がこの箇所から引用されたことにもメルロ＝ポンティが誕生の問題に寄せる関心の大きさが見て取れる。というのも、この箇所は同書において誕生の問題を扱うほぼ唯一の箇所だからである (森 (二〇〇八) 第一部第二章を参照)。すぐ後で見るハイデガー批判も含めて、両者の誕生論を突き合わせる作業は重要な課題であろうが、本書ではそうした比較が可能であることを示すに留める。

[5] 「到来」は「間接的言語と沈黙の声」(一九五二) でも、未来に呼びかけつつ新たな次元を設定する出来事として語られる (S 85/I-104)。さらに制度化講義では、誕生は「ある未来の制度化」(IP 38) であると言われているため、誕生論は後の制度化の思想をも先取りしていると言える。廣瀬は「コギト」と「時間性」の章を「制度化する主体」を論じたテクストとして説得的に解釈している (Hirose 2004: 70–99)。

間の自己触発という観点から主体性を解明する際にも、メルロ＝ポンティの念頭から誕生という出来事が消えることはない。時間の自己触発は、未来へと推移させる推力が触発するものであり、諸々の現在の系列が触発されるものであると説明されるが、後者を前者の単なる結果として、つまりけっして現れない力の航跡として理解してはならず、むしろ多様な現在を通して初めて時間は自己を知り、真の時間たりうることが強調される（PhP 486–488/II-329–330）。この構図は、自己現前が世界への現前に媒介されてこそ成り立つという「私は私自身に与えられている」の含意を、時間という事柄に即して展開したものにほかならない。実際、当該段落の末尾では自己触発が「自己自身に与えられている」と言い換えられている（PhP 488/II-330）。

　これを皮切りに、メルロ＝ポンティは時間の自然的性格を強調していく。私は時間の作者ではないこと、私が誕生すると否応なく時間化が始まることが「受動的綜合」の名の下に語られる（PhP 488/II-331）。私はいかにしても時間化を止めることができない。私自身である推力が、たえず自己触発し続ける。それゆえ、そのつどの現在において生の連関が継続され、私の統一がなされるとしても、この統一は決定的なものではありえない。私の意志や意図にかかわらず、受動的綜合としての時間化が生じ、統一が直ちに解かれるからである。

　注目すべきは、こうした議論に基づいて、メルロ＝ポンティがハイデガーの本来的な時間性を批判していることである。批判の力点は、死へと先駆する現存在の決意性が時間性を未来のほうからまとめてしまうために「分散」の可能性を欠いていることにある（PhP 489/II-332）[6]。第一節で見た「他人と人間的世界」の自然的時間に関する文脈で触れられていた分散の問題が、改めて時間性の本性から語り直されているわけである。時間化が能動的な作用としてではなく、一種の受動的綜合として生起するがゆえに、主体は瞬間ごとに自らを統一しながら分散していく。誕生の定式に関係づけるなら、そのつどの現在へと展開されることが「私は与えられている」にあたり、たえず未来へと移行することで現在から隔たることが「私自身に」に対応する。実際、時間論を締めくくる次の一節は、主体の統一と分散の両義性が誕生の出来事によって基礎づけられることを明示している。

> 私たちの誕生、またはフッサールが未公刊文書に言う私たちの「生殖性〔世代性〕（générativité）」が、私たちの能動性または個体性と、受動性または一般性、つまり私たちが絶対的個体の密度を得ることを妨げるこの内的な弱さとを同時に基礎づけている。（PhP 489/II-333）

生まれてきた者としての主体が、世界と時間を超えたところでそれらを構成する意識としての主観との暗黙の対比において、「弱さ」をもつと語られているのだが、だからといってこの主体はまったく無力なのではない[7]。むしろこの弱さは、主体が「超え出ていく（passer outre）力」、つまり主体の「自発性」

［6］一九四五年二月の講演「ヘーゲルにおける実存主義」では、ハイデガーにより好意的な仕方で、死への先駆と本来性の結びつきを解くことによって、本来性を別様に考える方向が示される。メルロ＝ポンティは、「ハイデガーにおいては、私たちは死のために存在し、死の意識は行為ばかりか哲学の基礎である」とする一方で、「ハイデガーにおいてさえ、死の意識は本来的な生ではない」と述べる（SNS 86/99）。本来的に生きるとは、単に死を受容するだけでなく、同時に「私たちの偶然的な実存を生き、その責任を取り直す」ことである（SNS 86/100）。

［7］「弱さ」という言葉については第五章で考察する。

と別のものではない（PhP 489/II-333）。弱さはたしかに絶対的な個体性を主体から奪うが、それは同時に、主体が未来へと自己を乗り越えていくことによっておのれの統一をそのつど遂行する可能性を与えてもいる。唯一の推力の自己触発を通して多数の現在を次々に展開していく時間性は、主体の根底において、こうした弱さの力を基礎づけている。そして誕生とは、こうした意味での自発性が「ただ一度決定的に（une fois pour toutes）「獲得され」」（PhP 488/II-332）、その後の継続を呼び寄せる出来事にほかならない[8]。

まとめよう。他者論で用いられた「私は私自身に与えられている」という定式は、「コギト」において依存的であると同時に不変化的で、諸状況の可能性である実存的主体性の概念として明確化され、究極的には時間の受動的な自己触発として論じられた。これによってメルロ＝ポンティは、一方で私の現在は誕生以来の過去からの伝統を引き継ぐものであり、私の生は一つの連関であること、他方で誕生が私たちの生にある弱さを与え、絶対的個体として決定的に完成することを禁じると同時に、たえず未来に向かう自発性を基礎づけること、これらの点を主張した。

第四節　誕生論の意義

歴史的主体

『知覚の現象学』は、第一部と第二部におけるゲシュタルト心理学などの批判的検討から得られた成果——本書第二章で離脱と密着としてまとめたもの——を、第三部において哲学に持ち込み、世界を傍観する永遠の精神として理解されてきた主体性を、誕生において世界へと生まれ、特定の状況に置かれながらも外的に決定されることはない実存として捉え直すに至った。科学の自己批判に基づく哲学的概念の改鋳というキャリア当初からのプログラムが、現象学を受容しながら主体性の概念に関して遂行されたことになる。

この方法によってメルロ＝ポンティが解決しようとしていたのは、哲学と科学の、または主知主義と経験論の対立によっていっそう理解しがたいものとなっていた意識と自然の関係であった。『行動の構造』においても『知覚の現象学』においても、メルロ＝ポンティは永遠から歴史への改訂という発想によってこの問題に取り組んだと言える[9]。前者では物理的秩序や生命的秩序を基盤としつつそれらを統合する人間のありようが、自分自身の過去を深みにおいて保持しながら発達する意識として理解されていた。後者でも、時空を超越した永遠的存在ではなく、誕生以来の獲得物を背負いながらも自発的であるような実存的主体が描かれた。「時間性」の終盤で、『行動の構造』を想起してから次のように述べるこ

[8]「獲得」という言葉はサルトルの『存在と無』（一九四三）から引かれているが、メルロ＝ポンティは（前述の「投射」と同様に）この概念を換骨奪胎して、後に制度化として明確化される考えを表現するために使っていると考えられる。たとえば「コギト」の章で「こうしたずっと続く（pour toujours）獲得について、時間そのものが私たちにその最初のモデルを提供する」（PhP 450/II-279）と言われているが、後の「制度化」講義でも「時間は制度化のモデルそのものである」と主張されることになる（IP 36）。

[9]『行動の構造』で引用されていたように、歴史的に発達する主体という考えの背景には新カント派だけでなくヘーゲルの思想もあると思われる。実際、「ヘーゲルにおける実存主義」では「ヘーゲルにとって人間は、自分の諸思考を明晰に所有する意識として一挙に存在するのではなく、自己自身を理解しようと努めている、自己自身に与えられた生であるという意味で、ヘーゲルの実存主義というものが存在する」（SNS 82/94）と述べ、誕生した主体という発想を『精神現象学』（一八〇七）に見出している。

とで、メルロ＝ポンティは心身関係の問いに一貫して歴史的主体という観点から答えてきたことを明確にしている。

> 私たちの開かれた人格的実存が、獲得され凝固した実存という第一層に基礎を置いているということは真である。しかし、私たちが時間性であるならば、そうでないわけはないだろう。なぜなら、獲得されたものと未来の弁証法こそが時間を構成しているからである。（PhP 494-495/II-338）

誕生し発達してきた歴史的主体という発想は、主知主義だけでなく、対自としての意識というサルトルの議論への異論でもあるだろう。もちろん、サルトルは主知主義のように意識を永遠化してはいない。むしろ、サルトルにとって「過去は対自の必然的な構造の一つ」（Sartre 1976: 173/I-385）であり、「対自であるとは、生まれていることである」（Sartre 1976: 175/I-388）。しかし、ここでの過去性は対自によって即自が無化されるという関係の一つでしかなく、サルトルにとって誕生とは「対自の脱自的存在としての過去性という絶対的な関係の、即自の中への出現」（Sartre 1976: 175/I-390）を指す。発達を経て意識になるという生成過程は、サルトルにとっては即自にも対自にも割り振れないものである。かつて自分がそれであった「胎児」と現在の自分とのつながりが「否定することも理解することもできない」「不快な」ものだと言われるのはそのためであろう（Sartre 1976: 174/I-387）。メルロ＝ポンティの誕生論は、意識の来歴というものを積極的に承認することで、記憶されざる自分の過去とのつながりを理解可能にする議論だと言える。

依存の承認としての非反省的なものについての反省

最後に、『知覚の現象学』の序文で誕生に言及している箇所から、誕生論の方法論上の意義を引き出しておきたい。主体が生まれた者であることは、メルロ＝ポンティが主知主義的な「反省的分析」ではなく現象学的な「非反省的なものについての反省」を採用する理由をなす (PhP iv/I-6)。「世界がそれについて私のなしうる一切の分析に先立ってそこにある」のは、世界が「主体が主体自身に与えられているがゆえに、主体に与えられている」からである (PhP iv/I-6)。私が反省に先立って誕生することで世界は私に与えられるのだから、反省的分析のように「世界を一連の綜合作用から派生させようとするのは不自然であろう」(PhP iv/I-6)。ここから、この世界という現実は「構築したり構成したりすべきではなく、記述すべきものである」(PhP iv/I-6) こと、つまり反省的分析ではなく現象学的記述が哲学の方法として適切であることが導かれる。生まれた者としての主体という構想は一連の現象学的な考察に基づいて練り上げられたのだが、今度はその構想が現象学という方法の選択を正当化するのである。『知覚の現象学』は、誕生論と現象学が互いに支え合うことで成立していると言えるだろう。

本書の観点から見て興味深いのは、この箇所で反省的分析が誕生の忘却によって特徴づけられている点である。メルロ＝ポンティによれば、反省的分析は「存在と時間の手前にいる不死身の (invulnérable) 主観性へと自分を持ち上げ〔我を忘れて (s'emporte)〕、そこに身を置き直す」ものであるがゆえに、「自分自身の始まりを忘れた不完全な反省」である (PhP iv/I-6)。永遠的な主体は世界から超越しているため、傷つくことも老いることも死ぬこともないだろう。しかし反省する人間は実際にはそのような存在ではなく、ただ自分の有限性を忘却して思い上がっているにすぎない。他方の「非反省的なものについての反省」は、自分の始まりである誕生とその後の来歴を忘れるどころか、それについて反省することを哲学の恒常的な課題とする。そうした「非反省的な生」（PhP ix/I-13）には、身体の物理的なレベルや生命的なレベル、知覚や感情といった前知性的な作用だけでなく、生まれてから反省を始めるまでの家庭や社会における依存や成長過程も含まれると考えられる。

視野を少し広げるならば、こうした主体の構想において、メルロ＝ポンティはA・マッキンタイアのように自立した主体を誕生から依存と成長を経て初めて生成しうるものとみなし、依存性や傷つきやすさを人間の普遍的な条件として承認する論者と軌を一にすると言えるし（MacIntyre 1999）、リベラリズム的な忘却に抗するフェミニズムの思考にも少なからず接近していると思われる。岡野八代によれば、リベラリズムは他人への依存や周囲からの影響、身体性に発する欲求・傾向性・感情といったものを忘却し、自由意志によって自分を従わせることを自由とみなし、そのような意味で自由な主体を要請することによって、そうした要請を満たしがたい状況に置かれた人々を公的な市民として認めずに放擲してきた。このように「具体的なわたしたちの生の来歴を忘却させようとする」（岡野 二〇一二：一五）リベラリズムをはじめとする男性中心主義的な諸理論を批判するフェミニズムにとって、生の始まりをたえず反省しようとするメルロ＝ポンティの主体論は有用かもしれない。

ただし、D・オルコウスキが指摘するように、『知覚の現象学』における誕生に関する彼の記述において「出産し、寝かしつけ、愛撫し、養育し、世話をする女性の徴がすべて消去されている」（Olkowski 2006: 51）ことは事実であり、「自然の贈与」といった言葉で誕生を語ることが妊娠と出産の労苦を不可視化するだけでなく、女性＝自然という差別的な神話に加担していることも問題である。後年のソルボンヌ講義では妊娠と出産における女性の態度についても論じられるが（酒井 二〇二〇：一五六–一六二）、そこでもフェミニズム的な問題意識が見られるわけではない。メルロ＝ポンティの思想が産み育ての問題に関してフェミニズムに寄与しうるとしたら、一つの道はフェミニスト現象学的な記述に役立つことであるだろう（Young 2005: 46–61; LaChance Adams 2014: 109–155; 宮原 2020）。

メルロ＝ポンティの誕生論はほとんど語られてこなかった主題であり、その意義や広がりについては今後の議論を呼びかけたい[10]。次章以降では、生まれた者として主体を理解することが自由や他人の問題についてどのような帰結をもたらすかを検討し、第二部では倫理学への影響を考察していく[11]。

[10] 哲学史的な研究について言《い》えば、ハイデガーだけでなく、レヴィナスの「創造」論（渡名喜（二〇二一）および中（二〇二一）を参照）やドゥルーズの「第二の誕生」論（小倉（二〇一八）を参照）との比較も可能であろう。

[11] メルロ＝ポンティがモンテーニュ論の「道徳」に関する文脈で「生まれ直しということはありえない。私たちは、自分の何物をも無に帰すことはできないのである」（S 256/II-82）と述べているように、自分の誕生にどう向き合うかということ自体にも倫理的な側面があるが、その考察は今後の課題としたい。

第四章　自由

第三章では、メルロ＝ポンティが誕生という出来事を核として、「コギト」と「時間性」の章で主体の概念を改鋳した次第を跡づけた。序章で述べたように、その主体概念は、道徳的な交流を論じるための基礎をなす。第二部の各所でこのことを確認していくが、その前に、主体論と並んでメルロ＝ポンティの倫理学の前提となる議論を三つ検討しておきたい。自由（本章）、他人の知覚（第五章）、主体の社会性（第六章）である。

『知覚の現象学』最終章「自由」で着手される自由論は、倫理学の基礎をなす議論と倫理学そのものとみなせる議論に分けられる。後者は第二部に譲り、本章では前者だけを扱う。具体的には、自由とは何か、あるいは主体が自由であるとはどのようなことかが問題になる。

メルロ＝ポンティ自身が述べているように、時間論における主体概念は自由論にとっても基礎となる（PhP 495/II-340）。本章ではこの点を重視してメルロ＝ポンティの自由概念を検討する。第一節で見るように、「自由」の章はしばしば『知覚の現象学』の他の章から切り離されて読まれてきたが、とりわけ主体論と関連づけることなしに、この章を正確に理解することはできない。

主体論に基づく議論として読解することで見えてくるのは、第二章で取り上げた離脱と密着に対応する二つの自由概念が提示されていることである。二つの自由の対比は倫理学においてきわめて重要な意義をもつことになる。本章の第二節、第三節でそれぞれ詳しく検討しよう。

第一節　「自由」の章の位置づけ

まず、「自由」の章の位置づけについて、本書の立場を明確にしておきたい。この章は、主に二つの誤解にさらされてきた。一つは、この章を『知覚の現象学』にとって外的なものとして、あるいは少なくとも哲学的に重要ではないものとして位置づける読み方である。この傾向は、メルロ゠ポンティについての哲学的研究に広く見られる。K・ロンデン゠ロムラックによる『知覚の現象学』の定評ある解説書（Romdenh-Romluc 2011）や、日本の『メルロ゠ポンティ読本』の『知覚の現象学』第三部に関する章（榊原二〇一八）といった、「自由」の章の解説を期待してもいいはずの文献でさえ、しばしばこの章があたかも存在しないかのように書かれている。

こうした無視は、「自由」の章を政治的なテクストとして位置づけることからくると思われる。「自由」の章は『ヒューマニズムとテロル』のような政治論の一種であって、哲学書たる『知覚の現象学』にとっては、本来はなくてもいいようなおまけにすぎないという見方である。直前の「時間性」の章で議論が最深部に達することや、「自由」の章が革命への蜂起を記述した上で読者に行動を呼びかけて結ばれるように読めることが、こうした見方を誘うのだろう。

　こうした「自由」の章の切り離しは、哲学か政治かの二者択一に陥っている点も問題だが、本書では倫理学という観点が欠けている点を問題視したい。メルロ＝ポンティが哲学に続いて倫理学を展開しようとしていたと考えるならば、「コギト」と「時間性」の後に「自由」の章が置かれることはまったく自然であり、メルロ＝ポンティを非政治的に解釈しようとする場合でさえ、「自由」の章は必ず検討せねばならないことになる。自由概念は倫理学の前提であるし、「自由」の章では倫理学的な考察も試みられていると解せるからである。

　さらに言えば、倫理学の観点を抜きにして純粋に哲学的に『知覚の現象学』第三部を読もうとする場合でも、「自由」の章は重要である。第三部に入る直前の部分でメルロ＝ポンティは、第三部で扱われる主体性の問題を「外的なものと内的なものの間にある動機づけの関係」（PhP 417/II-234）とも表現しているが、「自由」の章はまさにこの「動機づけの関係」（PhP 511/II-362）として自由を論じているからである。主体が自由であるとはどういうことかを問うことを通じて、「自由」の章でも哲学的な主体論が展開されていると言える。

　もう一つの誤解は、この章でメルロ＝ポンティはサルトルに対する反論として、状況づけられた自由という自分の考えを提示することに終始しているという読み方である。たとえばR・C・クワントは、「メルロー＝ポンティ〔ママ〕の自由に関する章全体がサルトルとの対話として書かれていることは、惜しまれるべきことである。それというのも、この結果、メルロー＝ポンティ〔ママ〕は、自由の状況づけられた性格に大へんな力点を置き、自由が本当は何なのかという問題を提起しないでしまったからである」（クワント 一九七六：三六一）と述べている。たしかに、この章の冒頭でメルロ＝ポンティは、明示的にサルトルの『存在と無』を参照しながら、主体から事物への「遠心的な意味付与」（PhP 498/II-345）だけを認める立場、つまり主体の行為の動機となるさまざまな現象は結局のところ主体の投企（projet）に由来するとみなす立場を批判している。サルトルが本当にこのような見地に立っているかどうかは検討の余地があるが（谷口 一九九九a、一九九九b）、少なくともメルロ＝ポンティにとっては、一方的かつ遠心的に意味付与する自由は、世界を構成する純粋意識の同義語であり、世界内存在する主体のもちうる自由ではない。

しかし、「自由」の章はこうした自由の代案としていわゆる状況づけられた自由を主張するものだと捉えるなら、それは安易にすぎると言うべきだろう。事実的な状況を引き受けて行為する自由が打ち出されているのは本当だが、同時にもう一つ別種の自由も語られていることを忘れてはならない。そもそも、「自由」の章が「コギト」と「時間性」と一緒に『知覚の現象学』第三部を構成していることを踏まえれば、前章で考察した「私は与えられている」と「私自身に」の二側面がこの章にも見出されるはずである。「自由」の章を切り離す誤解は章の内容の誤解とも密接につながっている。

「自由」の章の読解は、「コギト」および「時間性」の章で提示された主体性の概念に基づかなければ不十分なものに留まる。本書では、第三章における主体性の考察に基づいて、『知覚の現象学』から「自由」の章を切り離すことなく統合的に理解することを目指す。メルロ＝ポンティ倫理学の基礎をなす自由概念は、こうした読解によってしか引き出されない。

第二節　中断の自由

「自由」の章では二つの自由が語られていると述べた。まず、あまり着目されてこなかったほうの自由を見てみよう。章の冒頭で次のように言われる。

> ところで、私が私を記述するために私自身へと目を向ける瞬間に、私はある無名の流れ、ある包括的な投企を垣間見るが、そこにはまだ「意識の諸状態」もなければ、ましてそれにはどんな種類の性質づけもなしえない。〔…〕意識の乗り越えられない一般性には、いかなる特殊性も結びつけられえないし、この並外れた逃走の能力には、いかなる限界も画せないと思われる。（PhP 496/II-341）

私の私自身への現前において垣間見られる「包括的な投企」、その「一般性」が「並外れた逃走の能力」と呼ばれている。この力はたしかに「意識」に帰せられているが、先に見たサルトル的な意味付与する力とは別物である。こちらはむしろ、意味に満ちた状況を遮断し、そこから身を背ける力だと言える。

ところで、「自己の自己への現前」とは「黙せるコギト」のことである（PhP 462/II-297）。「包括的な投企」と同義の「一般的な投企」という言葉も黙せるコギトを形容するために用いられている（PhP 463/II-297）。それゆえ、この逃走の能力は黙せるコギトを自由論の文脈で捉え返したものだと言える。「他人と人間的世界」の章でも、「自由であること」は「あらゆる事実的状況に関して後退の能力を保持していること」だと言われていた（PhP 413/II-228）。誕生の定式に即して言えば、「私は私自身に与えられている」のうち「私自身に」の側面が逃走する自由として語り直されているのである。

それゆえ、メルロ＝ポンティがこの自由を否定することはない。「私たちは後に、実際に私たちがつねに中断する能力をもつことを見るだろう」（PhP 500/II-347）。ただし、「私は与えられている」なしには「私自身に」もありえないように、逃走の力は世界に投げ込まれていることなしには不可能である。このことをメルロ＝ポンティは、「絶えざる剝離」は「世界への私たちの普遍的な参加の否定的な側面」にすぎないと表現する（PhP 501/II-349）。「普遍的な参加」とは個々の行為による参加ではなく、誕生において世界に生まれてきたことを指す。つまり、並外れた逃走といっても、世界そのものから離脱することは不可能であって、個々の状況からの剝離がいつでも可能だというだけである。

章の終盤に至って、メルロ＝ポンティはもう一度この自由を見直すことになる。

> 私がどの瞬間にでも私の投企を中断できることは本当である。しかし、この能力は何なのか。それは別のことを始める能力である。なぜなら、私たちはけっして無の中に宙づりのまま留まることがないからである。私たちはつねに充実のうちに、存在の中にいる〔…〕ちょうど沈黙が音の世界の一様相であるように。〔…〕私の自由はつねに孤独であるどころか、共犯者なしでは存在せず、その絶えざる剝離の能力は、世界への私の普遍的参加を支えにしている。（PhP 516/II-369）

完全な沈黙が世界内では不可能であるように、私は投企を中断してもそのまま無の中に留まることはできない。実際に生じるのは、ある投企から別の投企への移行であり、状況づけ直されるということである。このように消極的な口ぶりではあるものの、メルロ＝ポンティはその結論においても中断の自由を認めていることが分かる。[1]

最後に、この自由が発揮される一例を「他人と人間的世界」の章から引いておこう。

> 社会的世界に反して、私はいつも私の感性的自然を用いて、目を閉じ、耳を塞ぎ、社会の中でよそ者として生き、他人や儀式や記念碑を色と光の単なる組み合わせとして扱い、それらから人間的意義を奪うことができる。(PhP 413/II-228–229)

私たちはいつでも、社会的に振舞うことを中断し、他人や文化の偉大な産物さえただの事物として見ることができる。本書第八章では、セザンヌが一面ではこの力の卓越した使い手として論じられることを見ていくことになる。とはいえ、中断の自由は芸術家など一部の人々に限られるものではもちろんない。メルロ＝ポンティは、「自分の悲しみについて考える代わりに、爪を見つめたり、朝食を摂ったり、政治に没頭したりする」(PhP 516/II-369) というありふれた例も出している。

［1］松葉祥一は、一九四六－一九四七年度の講義「ライプニッツにおける自由」に関するものと推定される草稿において、自由の企投性つまり「積極的に拒否する力」(松葉 二〇一〇：六〇) が強調されていることを示した上で、この草稿を境にメルロ＝ポンティの自由概念が変化したと主張している。しかし、本節で見たように拒否する力としての自由は消極的な仕方ではあれ『知覚の現象学』で論じられているし、後に見るように一九四五年の「セザンヌの懐疑」ではより積極的に語られているため、当該草稿にそれほど大きな意義を認めるべきかどうかは疑問である。

中断の自由が特殊な能力でないのは、主体の時間的性格に由来するものだからである。特定の仕方で自分を投企したり状況づけられたりしていてもそこに固定されてしまうことがないのは、私の生がつねに流れていくからである。時間は「私があろうとしているものから私を引き離す」こともあるし、「距離を置いて自分を捉える手段を私に与え」もする（PhP 488/II-332）。能力としての中断の自由はこうした時間的分散の一様態にすぎないのであって、私の意図とは関係なく、あるいはそれに反して生じる中断もある。気が逸れる、飽きる、嫌になる、忘れるといった日々の現象を考えてみてほしい。メルロ＝ポンティが挙げているのは決意の例である。

> 私たちが自分の全生活を取り囲もうとしたその瞬間の直後に、時間は、少なくとも前人格的な時間は再び流れ始め、私たちの決意そのものをではないとしても、少なくとも決意を支えていた熱い感情を運び去っていく。人格的実存は間歇的なもので、この潮が退いてしまったあとでは、決断ももはやこじつけのような意味しか私の生活に与えられなくなる。（PhP 100/151-152）

三日坊主の自覚がある者にはよく分かる例であるし、そうでない人も、たとえば元旦の決意がいつまでもつかを考えてみてもらうといいかもしれない。いずれにせよ、私たちが世界に生まれてきて、自然的な時間の流れに浸されて生きているからこそ、中断の自由というものもありうるのである。

第三節　動機づけられた自由

次に、メルロ＝ポンティが積極的に論じるほうの自由を検討しよう。動機づけの概念は、こちらの自由を論じる際に用いられる。『知覚の現象学』は、それまでにも数箇所で動機づけの概念を登場させていた。簡単に見ておくと、まず序論第四章で、経験論の用いる「原因」と主知主義的な「理由」の観念の双方に対置される「現象学的概念」として、動機づけが提示される（PhP 61/I-99）。一方で原因は外面的な決定を指す観念であり、知覚主体を身体の生理的状態に還元してしまう。他方で理由は「現象の内在的構成の法則」（PhP 61/I-99）であり、知覚主体を明晰な構成的主観に高めてしまう。メルロ＝ポンティは両者を退けつつ、「非定立的意識」が非反省的に用いる「生きられた論理」または「作動する理由」としての動機づけこそが知覚を記述するために必要な概念であると主張する（PhP 61/I-99-100）[2]。

「動機づけという根源的関係」（PhP 303/II-87）は、「空間」の章で奥行を論じる際にも重要な役割を演じる。立方体の図に特定の線を書き込むと奥行が知覚されなくなるという実験[3]を参照しながら、奥行は精神によって構成されるものではなく、まなざしが事物の「自然な分節」（PhP 305/II-90）に従うときに生じるのだと主張される。まなざしという「知覚の天才」がなす作用は、「構成する」作用ではなく「促された、または動機づけられた」作用なのである（PhP 305/II-90）。このように動機づけの概念を用いることで、メルロ＝ポンティは奥行が意識の綜合の産物だという主知主義的な考えを退けている。

［2］原因・理由・動機の三つ組について、詳しくは Wrathall (2004) を参照。

この箇所は「自由」の章でも思い起こされており、そこから「すべては、まるで私たちの判断や自由の手前で、誰かがしかじかの所与の配置にしかじかの意味を与えているかのように進行する」として、「自然発生的な価値づけ[4]」の存在が主張される（PhP 503/II-351）。メルロ＝ポンティの主張する「遠心的であると同時に求心的な」（PhP 501/II-349）意味付与とは、こうした「世界と私たちの受肉した実存との交渉」において「世界の土着の意味」（PhP 503/II-352）が生じることにほかならない。自由は、知覚における動機づけの現象をモデルとして構想されるのである。

メルロ＝ポンティは続いて、この自由概念が自然的世界の知覚以外の場面でも妥当することを示すべく、個人史や集団の歴史における自由の問題を考察していくが、これは第六章および第八章で検討する。ここでは、そうした考察を経た上でも、この動機づけられた自由が――メルロ＝ポンティ自身はフィンクのフッサール論から借りた「条件づけられた自由」（PhP 518/II-372）という言葉を使っているが――やはり積極的に打ち出されていることを確認しておきたい。「私は自由であり、しかもこれらの動機づけにもかかわらず、またはそれらの手前で自由なのではなく、それらを手段として自由なのである」（PhP 519/II-374）。

そして、前章との関連で付言しておきたいのは、この動機づけを手段とする自由もまた誕生という出来事に基づいて構想されていることである。メルロ＝ポンティによれば、無から自らのあり方を選択するような自由の概念は、意識としての対自と世界としての即自を切り離して対立させる客観的思考に基づいている。世界のどこにも場所をもたない意識でなければ、何にも動機づけられないことなど不可能だからである。そうした絶対的自由の概念は、「一つの自然的時間」（PhP 516/II-370）の概念によって退けられる。前章で見たように、身体をもつ私たちにとって、時間は意識が能動的に構成するものではなく、「一度私が生まれてしまえば、私が何をしようと、私を通って滲み出ていく」（PhP 488/II-331）のだった。この「私たちの身体的機能の時間」を「一つの主体性の自然的素描」（PhP 517/II-370）として捉えることによって、メルロ＝ポンティは対自と即自を媒介させ、意識の由来を明らかにし、その絶対性を除き去る。

> 私たちからすれば、意識に普遍的構成の力が帰せられるのは、意識が自分の下部構造でもあり自分の誕生でもある出来事〔時間の湧出〕を不問に付している場合でしかない。自分にとって世界が「自明である」意識、世界を「すでに構成された」ものとして、自分自身のうちにさえ現前しているものとして見出す意識は、自分の存在やあり方を選ぶことは絶対にない。（PhP 517/II-370-371）

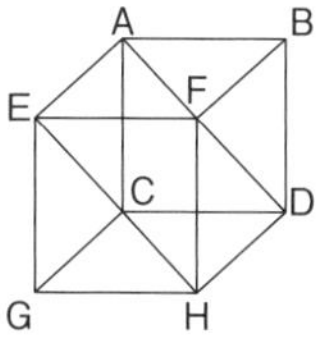

Fig. 1.

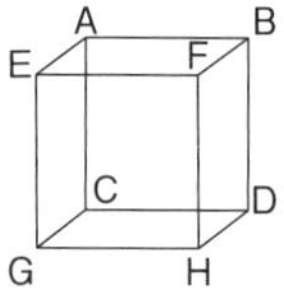

Fig. 2.

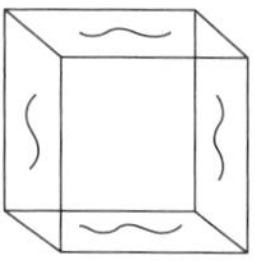
Fig. 3.

［3］右の図一を参照（PhP 304/II-89）。

［4］「自然発生的な（spontané）」という言葉について、本書では「自発的な」という訳語を当てる場合もある。当該の事柄が、構成的意識の作用ではなく、主体と世界の間の前反省的な作動である点に力点を置く場合は「自然発生的」と訳し、機械的でも受動的（「能動的」の対義語としての）でもなく、主体のなすことである点を強調した場合は「自発的」と訳す。

知覚の主体は、明晰に自己を意識するよりもはるか以前に世界に投げ込まれ、身体によって知らぬ間に自然と共時化しており、知覚野において提示される諸現象に促されて行為する。動機づけられた自由とは、『知覚の現象学』全体を通して提示された主体性の構想、つまり生まれてきた主体の概念に相応しい自由なのである。

最後に、動機づけられた自由が「実効的自由（liberté effective）」（PhP 516/II-369）とも呼ばれることを指摘しておく。本章に関わる限りでは、実効的とは行為を通じて世界に参加することを指す言葉であり、中断の自由によって世界から後退しようとするのとは反対の動きを意味する。しかし『知覚の現象学』より後のメルロ＝ポンティは、より多くの意味をこの言葉に込めるようになり、「実効的自由」は倫理学のキーワードの一つになる。本書第二部でそれを確かめることにしよう。

まとめよう。本章では、『知覚の現象学』の自由論のうち、倫理学の基礎となる部分を扱った。メルロ＝ポンティは、サルトルの議論を観念論に重ねて退けた上で、自分の主体論に沿って二つの自由概念を提示した。前章の定式「私は私自身に与えられている」に照らせば、中断の自由は「私自身に」の側面に、動機づけられた自由は「私は与えられている」の側面に対応する。メルロ＝ポンティは動機づけられた自由を強調しているが、中断の自由もけっして否定してはいない。

なお、『知覚の現象学』では二つの自由がいずれも主体に認められることは明らかになったが、それらがお互いにどのような関係にあるのかはあまり論じられなかった。さしあたり明確にされたのは、中断の自由が動機づけられた自由を完全に凌駕し、主体が世界の外部に出ることはありえないこと、そして中断の自由はつねに動機づけられた自由を地として発揮されることである。本書第二部で明らかになるように、二つの自由の関係は、『知覚の現象学』に続く諸論文において論究され、倫理学にとっても重要な論点を形成することになる。

第五章　他人の知覚

本章では、私はなぜ他人を知覚できるのかという問いに関するメルロ＝ポンティの思考を検討する。他人との交流が倫理学の主要な問題の一つである以上、他人の知覚をめぐる議論は主体論や自由論と並んで倫理学の不可欠な基礎をなす。『知覚の現象学』第二部第四章「他人と人間的世界」が主な対象となるが、メルロ＝ポンティは中期のソルボンヌ講義でも基本的に同じ枠組みでこの問題に取り組んでいるため、講義録も補足的に参照する[1]。

メルロ＝ポンティの議論の筋に沿って、本章は以下のように構成される。まず、他人についての古典的な二つの考えが否定される（第一節）。一つは哲学における客観的思考であり、そこでは他人の存在が不可能とされる。もう一つは古典心理学であり、これは他我認識を類推や投影といった高次の作用によ

［1］ソルボンヌ講義で集中的に検討されるJ・ピアジェ、H・ワロン、P・ギヨームらの児童心理学については酒井（二〇二〇）第一部第二章を参照。

って説明する。メルロ＝ポンティは前者を自分の哲学的主張によって、後者を児童心理学の援用によって退ける。次に、他人の問題についての二つの考え方が検討され、その中でメルロ＝ポンティ自身の考えが練り上げられる（第二節）。一つは自他未分化の癒合態を基礎的と見る考えであり、もう一つは主体の自己性を重視して、自他の状況は重ならないとする考えである。メルロ＝ポンティは双方の考えに一定の妥当性を認めながら批判も加え、最終的に主体性に関する主張を導き出すことで、他人知覚の問いに答えを与える（第三節）。

第一節　古典的偏見

客観的思考

『知覚の現象学』の中で他人の知覚を論じるにあたり、メルロ＝ポンティは「他人の存在は、客観的思考にとって困難でありスキャンダルである」（PhP 401/II-211）ということの説明から始める。客観的思考は、その名の通りに世界を客観的に捉え、相互に外在的な諸対象の集積とみなす。身体もその一部であり、生理学的な諸過程の結合体にすぎないとされる。他方で意識は、そのようにして存在するすべてのものを構成し、それらを眼前に隈なく展開するという仕方で存在すると考えられる。「即自存在」としての諸対象と「対自存在」としての意識、二つのまったく異なる存在様式があり、しかもその二つしかないとする考え、これが客観的思考である（PhP 401/II-212）。

　この思考が他人の存在を考えるとどうなるか。他人は意識と身体という相容れない二つの存在の両方を備えており、矛盾を引き起こす。他人は一方では身体という対象として私の意識の前に現れるが、他方では私の意識の権能を脅かす別の意識として考えられねばならない。しかし他人の身体を含んだ世界は私の意識が構成したものであり、もう一つの構成者が存在する余地はない。それゆえ、「客観的思考の中には、他人や意識の複数性のための場所はない」（PhP 402/II-212）。

メルロ＝ポンティは、客観的思考の拠って立つ概念、とりわけ世界・身体・意識の概念を更新することによって、この行き詰まりを解消する。身体は世界の中の一対象である以前に「この世界についての能力」（PhP 402/II-213）である。世界は構成的意識の産物ではなく、身体の探索に応じて少しずつ展開されていく「未完成の個体」（PhP 402/II-213）である。つまり世界と身体は、箱の中に物があるというような客観的で外在的な関係ではなく、「私の身体は世界に向かう運動であり、世界は私の身体の支点である」という「現実的な含み合い」（PhP 402/II-213）の関係を結んでいる。他方で意識も、知覚経験に立ち戻ってみれば、目の前に世界を一挙に隅々まで繰り広げる精神としてではなく、むしろ「個体としての世界への私たちの挿入」として考えなければならない（PhP 403/II-214）。即自と対自の二項対立は、「私の意識の、その身体と世界への内属」（PhP 403/II-214）という考えによって掘り崩される。

このように更新された諸概念を使えば、他人の存在も思考可能になる。解剖学の対象として他人の身体を捉えるのをやめて、「目に見える身体の上に姿を現す行動を捉えねばならない」（PhP 403/II-214）。他人の意識とはこの「行動の主体」であって、世界のどこにもいないような純粋意識ではなく、その身体において現れるという「局所性」をもつ（PhP 404/II-215）。身体が客観から現象となり、意識が純粋さを失って身体化されることで、「客観的思考のアンチノミー」は解消されることになる（PhP 404/II-215）。

古典心理学

客観的思考は、意識を構成作用として捉えたために、私と他人という複数の意識が存在する事態を考えることができなかった。これに対して、メルロ＝ポンティがソルボンヌ講義「幼児の対人関係」で批判する「古典心理学」は、世界の構成という哲学的な問題には立ち入らないため、一応は他人の存在を認めることができる。

しかし古典心理学は、「心理作用」とは「当人にのみ与えられたもの」(PC 171/129) であるという前提をもつため、「他人の心理作用は根本的に接近不可能である」(PC 172/129) と考える。他人の心を直接的に知ることはできない以上、古典心理学に残されるのは間接的な接近だけである。メルロ＝ポンティはそれを「一種の解読」(PC 173/130) と呼ぶ。この解読は、私の目に見えている他人の身体の後ろに、私が自分の身体について感じているものを投影することによって、他人の心理作用を仮定するという仕方で行われる。つまり古典心理学は、私の心理作用、私の身体の「内受容的イメージ」、知覚的に与えられた他人の身体、そして他人の心理作用という「四つの項からなる一つのシステム」(PC 173/131) の中で他人の問題を立てるのである。

メルロ＝ポンティは、児童心理学の知見を引き合いに出しながら、こうした古典心理学の考えには二つの難点があると指摘する。一つは、他人の認識がとても複雑な操作になっている点であり、これは「他人の知覚は比較的かなり早く生じる」(PC 174/131) という事実と両立できないとされる。もう一つは、この説が自分の身体像と他人の身体像の「類比関係」(PC 174/132) を前提している点である。鏡で自分を見る経験以前の幼児は、自分の身体についてわずかしか視覚的経験をもっていない。それゆえ幼児は、自分の身体についての内受容的感覚がどのような視覚像に対応するかをよく知らない。にもかかわらず、幼児は他人の笑顔を知覚することができるのだから、他人の知覚は自分の身体像からの類推を介さない（少なくとも介する必要はない）と考えなければならない。

　古典心理学の誤りから脱するために、メルロ＝ポンティは二つの概念を更新するよう提案する。一つは心理作用であり、私秘的な領域としてではなく、「世界に対して行動する仕方」（PC 176/133）として考えることで、他人をその行動において見出すことが可能になる。もう一つは固有身体に関する考えであり、視覚・触覚・筋緊張感覚などの諸感覚の単なる集合とみなすのをやめて、「身体図式」（PC 177/134）によって私に与えられると捉えることが提案される。身体図式とは「さまざまな内受容的・外受容的側面がお互いに表現し合う一つのシステム」であり、それは「周囲の空間や主要な方向との諸関係を少なくとも素描としては含んでいる」（PC 177/135）。私秘性を除去され、図式として考えられた身体では、たとえば視覚的領域と内受容的領域の間で「ある行為のスタイル」が共有されているため、目で見られた他人の動作から私の身体への「体位の受胎」も可能となる（PC 177/135）。こうして、類推という高次の作用に頼ることなく、身体的な水準で他人の知覚を考察することが可能となる。『知覚の現象学』でもすでに、「身体図式が〔幼児〕の見ている行為と〔幼児〕のなすことの直接的対応を保証する〔…〕」（PhP 407/II-219）と主張されていた。

　なお、ここでメルロ＝ポンティが退けたのは一般に「類推説」と呼ばれる考えであるが、他人の問題に関する哲学史では、同じく高度な知的作業という点を批判する説として「感情移入説」が登場する。これは他人の問題を「知的（認識的）な領野から感情的・本能的な領野へと移そうと」（浜渦 一九九一：七六）する考えであるが、この説も完璧ではない。メルロ＝ポンティは『行動の構造』で「「投入（projection）」の理論」を批判しているが、その批判は類推説だけでなく感情移入説にもヒットすると思われる。彼によれば、「経験論的であれ主知主義的であれ、あらゆる「投入」の理論は自分が説明したいことを前提している。なぜなら、もし行動そのものの中にある何かが私たちに推論を示唆するのでなければ、私たちは動物の可視的な行動の中に私たちの感情を投入できないからである」（SC 169/233）。つまり投入説は、私たちが何に感情を投入し、何にはしないのかという問いを論点先取によって飛ばしている。メルロ＝ポンティはさらに、幼児が自分ではしたことのない「威嚇的な身振りや憂鬱そうな身振り」（SC 169/233）をも理解するという事実を挙げて、投入説の前提となっている心と身体の区別を退ける。身体は単なる「視覚的・触覚的感覚のモザイク」（SC 169/233）ではなく、「初めから「環境」に放射する諸作用の中心、物理的意味も精神的意味ももつシルエット、ある行為のタイプ」（SC 170/234）である。メルロ＝ポンティはこのように行動として直接に知覚される身体を「現象的身体」（SC 170/234）と呼ぶ。「「外と内」の二元論」（浜渦 一九九一：七七）を乗り越えるこの概念によって、メルロ＝ポンティは類推説と感情移入説を一挙に退けていると言える。

さて「幼児の対人関係」に戻ると、フッサールの分析の一部がここで参照される（PC 178/136）。フッサールは『デカルト的省察』第五省察の第五十節で「類推」という考えを退け、次節で「受動的綜合の一つの根源的形式」である「対になること」という概念を提示している（Husserl, 1977: 113/199, 115/201）。メルロ＝ポンティはフッサールの用いる「志向的越境（intertionales Übergreifen）」（Husserl, 1977: 115/202）という言葉を繰り返し引用しながら（CS 40/53, PD 84/44, S 118-121/I-147-151, 213/II-19, VI 253/291）[2]、この対の現象を説明している。分かりやすいのは「言語の現象学について」（一九五一）での記述である。

> フッサールがどのようにして、私の周囲の空間における行為（Gebaren）についての知覚を、ついには彼が「対の現象」および「志向的越境」と呼ぶものの上に基礎づけることになるかが思い出される。特定の諸光景――それは他の人間の身体であり、また拡張して動物の身体である――の上で、私のまなざしはつまづき、取り囲まれる。それらを包囲していると信じていたのに、私のほうがそれらに包囲されている。そして、あたかも私の身振りや行動が問題であるかのように、私の固有身体の諸可能性を目覚めさせ呼び出すような一つの形姿が、空間の中に描き出されるのを私は見る。志向性と志向的対象の機能が逆説的にも入れ替わっているかのように万事が進行する。〔…〕私は私の外から第二の私自身に捕らえられ、私は他人を知覚する……。（S 117-118/I-147-148）

「包囲される」、「捕らえられる」といった記述によって、メルロ＝ポンティはフッサール以上に、他人の知覚が受動的（能動的の対義語としての）であることを強調している。それは「私の身体」が「構成者とし

［2］ただし「哲学者とその影」では、« Intentionale Überschreiten »というドイツ語の翻訳として「志向的侵食（empiètement intentionnel）」というフランス語が記されている。メルロ＝ポンティはこのドイツ語を『デカルト的省察』から借りたと書いているが、どの頁からかは述べていない（S 213/II-19）。一九五九年九月の研究ノートでも« Überschreiten »という語が引かれているが、こちらは「志向的越境（transgression intentionnelle）」と訳されているので（VI 253/291）、少なくともメルロ＝ポンティはこれらの言葉を同義語として用いていると考えられる。

て機能しているときに構成されていることを体験する」（S 117/I-147）ことを明るみに出すためである。他方、フッサール的な意味での受動的（私の自覚以前に起こるという意味での）綜合の形式である対化を持ち出すことによって、メルロ＝ポンティはフッサールとともに、他人の知覚が前反省的な水準で生じることを主張している。私が一方的に他人を構成するという客観的思考と、他人の認識を高度で複雑な作用とみなす古典心理学、その双方がこうして乗り越えられる。また前述したように、現象的身体の行動という考えによって、両者が前提している内と外の二元論も突破されている。

第二節　他人知覚の現象学

以上のように古典的偏見を退けることによって、メルロ＝ポンティは他人の知覚という現象そのものがありうることを示した。しかし、この作業は露払いに過ぎない。「他人の知覚の困難のすべてが客観的思考に由来するわけではないし、それらの困難のすべてが行動の発見とともに解消されるわけでもない」（PhP 409/II-223）。他人の知覚という問題を真剣に受け止め、正面から考察する必要がある。そこでメルロ＝ポンティは、先行する現象学者による議論を二つ取り上げ、その成否を吟味することから始める。参照されるのはシェーラーの『共感の本質と諸形式』（初版一九一三年、第二版一九二三年）とフッサールの『デカルト的省察』である。順に見ていこう。

シェーラー――前交流

シェーラーのこの著作は、まず『知覚の現象学』第一部の「表現としての身体と発話」の章で身振りの理解を考察する際に参照されている。[3]「〔…〕私は怒りや脅しを、身振りの背後に隠された心的事実として知覚するのではなく、私は怒りを身振りの中に読み取るし、身振りは私に怒りのことを考えさせるのではなく、それは怒りそのものである」(PhP 215/I-303)。身振りを理解するとは、推論のような思考ではなく、「観察者の行為による」(PhP 215/I-304) 身体的な捉え直しである。このように、「他者の直接的・全体的直観による認識」(金子 一九九五：一五五)を説くシェーラーの主張は、メルロ＝ポンティが体位の受胎という考えによって他人の知覚を論じる際に強力な傍証となっている。これがシェーラーからメルロ＝ポンティに受け継がれる一つ目の論点である。[4]

もう一つは、自己認識の特権を否定することである。メルロ＝ポンティは「意識と言語の獲得」講義で、シェーラーが「「内部知覚」(たとえば感情の知覚)の概念を一般化し」、「自己自身と同じく他人にも及ぶ」ものとして捉えたことを指摘している(CS 42/56)。「シェーラーは、人は表現(行為や反応など)によってしか自己意識をもたないし、他人を認識するように自己を認識するのだと述べている」(CS 42/56)。

[3] メルロ＝ポンティは原書ではなく一九二八年に出版された仏訳を参照している。この訳書はシェーラーの『ルサンチマンのひと』仏訳についての書評「キリスト教とルサンチマン」(一九三五)でも注で紹介されているが、その趣旨は主著の『倫理学における形式主義と実質的価値倫理学』の仏訳を待望するものであり、共感論の内容には触れていない(PC 17/265)。

[4] ただし、こうした発想の萌芽はフッサールの『論理学研究』にすでに見られる(鈴木 二〇二二：八二)。

こうした発想は『行動の構造』で、「行動の構造」として理解された「心的なもの」は「外から捉えうる」ために「内観」も「外的観察」と同質の手段にすぎないと主張した時からすでにメルロ＝ポンティのものであったから（SC 198/272, cf. 國領 二〇一八ａ）、シェーラー由来と言えるかは不明だが、少なくとも両者の見解は一致している。『知覚の現象学』でも、幻覚の経験を明晰に認識できないという例を挙げながら、「自己認識の特権など存在しないし、他人が私にとって私自身より不可知だというわけではない」（PhP 389/I-196）と主張されている。自己自身への内的なアクセスを特権化せず、表現を媒介とする点で他人の知覚と本質的に異ならないものと捉えること、これがシェーラーに帰せられる二つ目の論点である。

　これらの点でシェーラーの主張を取り入れる一方で、メルロ＝ポンティはつねに重大な留保を付けている。「しかし、こうして私たちが手にするのは本当に他人なのか。私たちは結局、多数での経験の中で〈私〉と〈君〉を平板化し、主体性の中心に非人称的なものを導入し、諸展望の個別性を消し去るわけだが、この一般的な混合の中で、私たちは自我とともに他我をも消失させてしまったのではないか」（PhP 408/II-221–222）。シェーラーは私と他人をともに無名の主体とすることで自他未分化の癒合態を基礎的な経験として提示したが、それはどちらの主体も消え去った「集合意識」（PhP 409/II-222）であって共存ではない、というわけである。「共存は各自によって生きられなければならない」（PhP 410/II-223–224）のだから、二つの主体が平板化されていては成り立たない[5]。

　それゆえ、シェーラー的な自他未分を指して「幼児の世界における平和な共存」（PhP 408/II-221）と言われるとしても、それは真の共存ではないと見るべきである。実際、「幼児の対人関係」でも、自他未分の状態では「幼児が本当に他人と交流しているとは言えない。交流が存在するためには、交流する者とその相手の間に、はっきりとした区別がなければならない」(PC 179/136-137)として、真の交流とシェーラー的な「前交流」(PC 179/137)とを分けている。メルロ＝ポンティの交流概念はしばしばシェーラーのそれと同様だと整理されてきたが、少なくとも彼自身が差異を表明していることは確かである。自他の癒合と区別をめぐっては、本書第二部で愛の問題を考察する際に最終的な見解を示すことにしたい。

フッサール――共現前

『知覚の現象学』で自他未分を基礎に据えるシェーラー的な発想の難点を指摘する際、メルロ＝ポンティは密かにフッサールの議論を援用している。「しかし結局のところ、他人の行動も、そして他人の発話でさえも、他人ではない。他人の悲しみや怒りは、他人と私にとって、けっしてまったく同じ意味をもたない。他人にとっては生きられた状況であり、私にとっては共現前した(apprésenté)状況である」(PhP 409/II-222)。「共現前(Appräsentation)」は、『デカルト的省察』のフッサールが他者経験においてはたらく志向性を特徴づけるために用いた概念である[6]。他の身体に対する私の身体との「類比による把握」に特有のものとして、フッサールは「この類比によって共現前するものはけっして現実には現前に至ることができず、それゆえ、本来的な知覚に至ることはできないという、すでにその必然性において

［5］ここに見られる「平板化」の現象を、メルロ＝ポンティはシュナイダー症例や科学的な操作といった多様な局面に見出している(澤田 二〇一二：八一-一〇五)。

知られるようになった特性」を挙げる（Husserl 1977: 115/201）。私自身は私にありありと与えられるのに対して、他人は間接的にしか与えられない。「原初的には充足されえない経験、原本としてそれ自身を与えることはないが、指示されたものを一貫して確認するような経験、このように基づけられた仕方で経験されるもの、それが「異なるもの〔他者〕」なのである」（Husserl 1977: 117–118/206）。『触覚――ジャン＝リュック・ナンシーに触れる』のJ・デリダは、後期メルロ＝ポンティのフッサール論「哲学者とその影」（一九五九）を検討する中で、「私は、間接的に、共現前、比較、類推、投影、投入によってしか、他者の身体（*Leib*）に接近することは決してできない」ということこそ「フッサールが特に、そして頑なに忠実であろうとするモチーフ」であるにもかかわらず、メルロ＝ポンティはそのテクストを「文字通り逆の方向に捉えている」と指摘しているが（Derrida 2000: 217/362）、デリダの引用しない「他人と人間的世界」の章では、まさに共現前の概念によってフッサールへの忠実さが示されているわけである（加國 二〇〇七：六九–七〇）。

　他者経験の間接性に固執した点でフッサールを評価する一方で、デリダはその前提となっている自己経験の直接性をやはり共現前の概念によって脱構築しようとする。「現前化の変様と名づけられるもの（再–現前化、共–現前）（*Vergegenwärtigung* または *Appräsentation*）は、現前化に後続するのではなく、アプリオリに現前化に亀裂を入れながらこれを条件づけている」（Derrida 2016: 5–6/14, cf. 99–101/193–196）。実際にフッサールは、他人が私の自己の変様として現れると述べた直後、括弧の中にこう書いている。「私の自己が「私の」というこの性格を受け取るのは、ここで対になることが必然的に現れて、対比が行われることによってである」（Husserl 1977: 118/206）。先に私が確固として存在しており、その変様として他人が構成されるのではなく、対化によって、自他が対比されながら同時に生成してくるというわけである。

ただし、『デカルト的省察』を水面下で支えているフッサールの議論はもっと複雑である。私はたしかに時間的順序において他人に先行しているわけではないが、他人と対比される限りでの私、つまり「多数の自我たちのうちでの一人の自我」（田口 二〇一〇：一九九）は、すでに変様された意味での自我であり、フッサールはその原様態である「原自我」の次元まで遡って考察していた。変様された「私」は「君」や「彼」に格変化可能であるが、やはり他人たちと私の間には非対称性または不均衡がある。田口茂によれば、フッサールはこのことを、比類なき唯一性をもち、格変化不可能である原自我が「「自己変様」と意味的「自己二重化」」を経て「「一つの」自我に同一化されるがゆえに、変様された自我にも原様態的意味が秘められているという仕方で論じようとしていた（田口 二〇一〇：二一九）。

メルロ＝ポンティはもちろん田口の検討する草稿群を読める状況にはなかった。しかし私見では、メルロ＝ポンティも彼なりの仕方で「格変化不可能な〈私〉」（PhP 411/II-225）の次元を語ろうとしており、それこそが私に他人の経験の現前化を禁じるものである。フッサールのように変様の観点を採る代わり

［6］「間接的現前化」や「付帯現前化」と訳されることもあるが、これらの用語は自己現前の特権性を前提していると思われる。たしかにメルロ＝ポンティはこの概念によって自他の状況が重なり合わないことを言おうとしているが、自己認識の特権性は前提されていないし、彼が導き出そうとしているのは（前交流ならざる）共存なので、ここでは浜渦辰二に従って「共現前」と訳した（浜渦 一九九五：一八〇）。この訳語の是非については鈴木崇志が批判的に検討している（鈴木 二〇二一：一六三－一六四）。

に、メルロ＝ポンティはまず図と地の概念を用いる。図となるのは私が世界内で行う作用であり、それによって世界に現れる者としての私が、多数の自我のうちの一人の自我に相当する。その地であり、私を格変化不可能にするのが「与えられた実存」（PhP 410/II-224）である。この実存は「乗り越えられない一般性」をもち、その地の上に浮き上がるあらゆる作用の「手前にいつも留まる」（PhP 410/II-224）とされる。一方でこの実存は「あらゆる実効的な交流の証人」（PhP 411/II-225）となり、私が交流を経験する主体であるようにする。これによってシェーラー的な自他未分の「前交流」とは区別される真の交流の可能性が担保される。しかし他方で、それは「他人の問題のあらゆる解決を禁じるように思われる」（PhP 411/II-225）。世界内での行動はたしかにその意味を表出しており、私はそれを直接知覚できる。しかし同時に私は自分の経験の領野に「きっぱりと（une fois pour toutes）閉じ込められてしまっている」（PhP 411/II-225）ため、その行動を当事者がするように経験することはできない。このように、格変化不可能な私があらゆる経験の地をなすことから、「乗り越えられない生きられた独我論」（PhP 411/II-225）が帰結する。

以上のように、メルロ＝ポンティは共現前に関するフッサールの議論を独自の仕方で取り入れることによって、交流する主体の主体性を見出した。しかし、その根拠である私の実存の一般性（不変化性）をそのまま維持するなら、結局私は私以外の主体を認めることができなくなるように思われる。メルロ＝ポンティはこの難所をどのように切り抜け、真の交流を語るに至るのか、次節でこれを確認して本章を締めくくろう。

第三節　弱さゆえの交流

二つの一般性

第三章で概観した際にも述べたように、メルロ＝ポンティはフッサールの議論から導いた「生きられた独我論」を否定しようとはしていない。G・B・マディソンが指摘するように、「たとえメルロ＝ポンティがコギトというデカルト的概念を是が非でも避けようとするとしても、彼は主体の自己性を否定することはまったく狙っていない」（Madison 1973: 61）。彼が目指すのは、主体性そのものの考察を深めることによって、生きられた独我論が交流を不可能にするわけではないことを示すことである。

格変化不可能な私を指すために使われた「与えられた実存という地」（PhP 410/II-224）という言葉が示唆するように、その狙いは誕生の問題への接続によって果たされる。すなわち、「私の主体性と私の他人への超越を同時に基礎づける中心的現象」である「私が私自身に与えられているということ」が鍵となる（PhP 413/II-228）。生きられた独我論、つまり私が「私のあらゆる経験の主体である」（PhP 413/II-228）ということは、この現象のうち「私自身に」の契機だけを指している。しかし、第三章で見たように、「私は与えられている」と「私自身に」は、実際には不可分であり、片方だけを取り出せるのは考察の上でしかない[7]。「私の疎外不可能な主体性」の「一般性」は、「身体の一般性」と「正確に相殺される」（PhP 411/II-225）。

メルロ＝ポンティはこの相殺の事情を、沈黙と表現または無為と行為という対を用いて論じる。「厳密には、何者であることもなく、何もすることなしに黙して自分の実存を確認することに成功する人にとってのみ、〔哲学的主張としての〕独我論は真であろうが、実存するとは世界内存在することなのだから、これはまったく不可能である」(PhP 414-415/II-230)。もし完全な無為と沈黙が可能であれば、私と他人はお互いに超越した存在となり、交流は不可能となるだろう。しかし身体をもって世界に投げ出されている以上、主体は何もしないでいることはできない。そして、「実存がある行為の中に自分を取り集めて参加するや否や、それは知覚の手中に落ちる(tomber sous la perception)」(PhP 415/II-231)。他人が無為を破って行為し、世界に姿を現せば、私はそれを知覚できる。

　こうして、一度は交流を不可能にするかと思われた「疎外不可能な地」は、たしかに「私においても他人においてもあらゆる共感の限界を印し、交流を宙吊りにもするが、交流を根絶させるわけではない」(PhP 414/II-230)。「共感」という語はシェーラーの議論を暗に参照していると解せるから、他人の経験は現前化できず、共現前化だけが可能であることが再確認されていると言えるだろう。また、交流の宙吊りとして考えられているのは、「まだ一言も発していない知らない人と私が関わる」ような場合であるが、この場合も「その人が一言でも発するか、じれったそうな身振りをするだけでも、すでにその人は私を超越するのを止め」、交流が始まる(PhP 414/II-230)[8]。

「弱さゆえ」――ヴァレリーの影響

　ところで、沈黙や無為と同様の意味を込めて、メルロ＝ポンティは「およそ何者かであることの無際限な拒否」という言葉を引用している(PhP 414/II-229)[9]。引用元はP・ヴァレリーのダ・ヴィンチ論「注記と余談」である(Valéry 1957: 1225/189)。メルロ＝ポンティは「コギト」の章でこのテクストから別の一節[10]を引用しているが、それは「正確に私の意識を満たし、私の自由を囚われにするようないかなる特定の作用も経験も存在しない」（PhP 458/II-290）ことを語る一節と解されている。先ほど実存の地として述べた事柄が、今度は「あらゆる特定の思考の背後に穿たれている」「ある〈自己〉」として語られている（PhP 458/II-290）。現象一般、つまり「何かが私に現れる」ことすべてを条件づけながら、それ自体は世界内存在することのない「非存在の隠れ家」であり（PhP 458/II-290）、しかも主体性が「格変化不可能である」ようにする自己（PhP 459/II-291）、これを論じるときにはいつもヴァレリーのダ・ヴィンチ論がメルロ＝ポンティの念頭にあったと言える。私の経験すべてを私のものとするという地の性格を指す「乗り越えられない一般性」（PhP 410/II-224）という言葉も、実はヴァレリーの同じテクストに見出される[11]。

さらに重要なことには、『知覚の現象学』はこの無為で沈黙した意識がいかにして交流に至るのかに

［7］なお、松葉は、「『知覚の現象学』における他者論は、「生きられた独我論」を、知覚的・前人称的地平の上に基礎づけることによって両者の調停を図っている」（松葉 二〇一〇：三五）と解釈しているが、このように前交流の状態と生きられた独我論との間に基礎づけの関係を見てしまう理由は、松葉が「私は私自身に与えられている」というテーゼの二重性を理解せずに、単なる「世界への内属」（松葉 二〇一〇：三四）に還元していることにある。調停は基礎づけによってではなく、沈黙を破って表現するという主体の本性を示すことでなされる。それゆえ、『知覚の現象学』の議論が「自他未分化の前人称的地平における他者とのコミュニオンにもとづいている」（松葉 二〇一〇：三二）という評価には同意できない。

［8］第三章でも触れたが、『知覚の現象学』の他人知覚論が以上のように沈黙と表現をめぐる思考に支えられていることは八幡（二〇一一）がすでに的確に指摘している。

［9］「自由」の章の地の文の中にも「およそ何者かであることの一般的な拒否」という表現が見られる（PhP 516/II-369）。

［10］「思考能力を根絶し、これを完結させるような思考は存在しない——〔思考能力に〕決定的に施錠してしまうような閂の掛け方はない。そう、思考にとって、その発展そのものから生まれた解決、この永久の不協和音の最終的な和音のような解決は存在しないのである」（Valéry 1957: 1219–1220/181, cf. PhP 458/II-290）。

ついても、ヴァレリーを暗に参照しているように思われる。「私が与えられている」ことは私が状況づけられていることに等しいから、「私は私自身に与えられている」という定式は、主体性を純粋意識としてではなく状況づけられた意識として考えることを指示している。世界の中に位置づけられることで私と他人はお互いに知覚し、交流できる。『知覚の現象学』の序文でも、他人が存在しうるためには「〔…〕自我と他我はその状況によって規定されており、あらゆる内属から解放されていないのでなければならない〔…〕」（PhP vii/I-10）と主張されている。[12] 注目すべきは、こうした自我の状況づけが次のようにも語られる点である。

〔…〕私が私の実存を体験するまさにその瞬間に、また反省のこの極点に至るまでも、私はやはり私を時間から脱出させるあの絶対的密度を欠いており、私は私のうちに一種の内的な弱さを発見するのでなければならない。この弱さは、私が絶対的に個体であることを妨げ、私を人間たちの間の一人の人間として、あるいは少なくとも諸意識の間の一意識として他人たちのまなざしにさらす。
（PhP vii/I-10–11）

ヴァレリーがダ・ヴィンチ論で語った純粋精神であれば、絶対的な密度をもって凝固し、瑕疵なき個体たりうるだろうが、メルロ＝ポンティの考える主体はその「弱さ（faiblesse）」ゆえに世界へと状況づけられ、他人に知覚されざるをえない。[13] ところがこの「弱さ」という語もまたヴァレリーのものである。有名な事実であるが、A・ブルトンらシュルレアリストたちの雑誌『文学』の第九号（一九一九年一一月）で、

「あなたはなぜ書くのか」というアンケートに対して、ヴァレリーの回答はわずか二語、「弱さゆえ（Par faiblesse）」というものだった（Valéry 1960: 1486–1487）。メルロ＝ポンティはこの言葉を「言語の文学的用法の研究」講義で何度も引用しているから（RC 25/16, RULL 78, 85, 93 et *passim*）、『知覚の現象学』でも、名前こそ出さないもののヴァレリーの言葉として用いていると考えていいだろう。

この講義によれば、[14]「レオナルド・ダ・ヴィンチ方法序説」を執筆した一八九四年から『若きパルク』（一九一七）や「注記と余談」（一九一九）を発表するまでの間、ヴァレリーは（後に『カイエ』として出版されるテクストを密かに書き続けながら）「沈黙」していたが、それは「生きることの拒否、およそ何者かであることの拒否、とりわけ文学の拒否」と解することができる（RULL 92）。メルロ＝ポンティはそこに、「理解しがたい奇蹟によってのみ支えられている生に対する彼の不信」と、その特殊例である「言語に対する彼の不信」を見出す（RC 24/15）。その奇蹟には、私たちの身体が「惰性的な塊」であると同時に芸術

---

[11]「自分自身の存在にも敏感で、〈森羅万象〉を仲立ちにして自分に戻ってくるような精神の現前にとって、すべての出来事は、その種類を問わず、生も死も思考も、下位の形象にすぎない。目に見えるものはすべてそれを見るものにとって、異他的であり、不可欠であり、同時に劣等である。かくしてそれら諸形象の重要性は、各瞬間にはどんなに大きく見えても、注意力そのものが持続するというだけで、たちまち色あせてしまう。すべては意識が自ら任ずるところのこうした純粋な普遍性、この乗り越えられない一般性に席を譲るのである」（Valéry 1957: 1218/179）。

[12]「意識と言語の獲得」講義でも、「自我を特定の諸状況と連帯させなければならない。自己性の概念そのものを状況の概念と結びつけなければならない」（CS 45/60）と言われる。

[13] 第三章で引用した「時間性」の章の結論部分にも、「私たちが絶対的個体の密度を得ることを妨げるこの内的な弱さ」という同じ言い回しがあり、そこではこの弱さが「誕生」によって基礎づけられることが指摘される（PhP 489/II-333）。

[14]「言語の文学的用法の研究」講義の全体像については、佐野（二〇一九）第二部を参照。

的な創造に役立つ「達者な道具」でもありうることや、精神が私たちを「接近できない」「捉えられない」ものにする力であると同時に「到来するすべてのことと混ざり合い、それに自らを与える」こと、「まさに「およそ何者かであることを無際限に拒否すること」によって何かを構築し、何者かになること」などが含まれる（RC 24/16）。

「弱さゆえに」書くとは、このような不信を抱きながら、「自分が言葉を信用しないあらゆる理由を言葉にし、あらゆる作品の否定の上にある作品を作る」という「厚かましさ（cynisme）」の、ヴァレリー自身による表現だというわけである（RC 25/16）。

後年のこうした論述を踏まえると、私たちは沈黙と無為を破らざるをえない弱さをもつがゆえに交流するのだ、という『知覚の現象学』の主張は、シェーラーやフッサール以上にヴァレリーに基づいて組み立てられたという推測が立てられる。実際、「文学的用法」講義でも、理解しがたい奇蹟の一つとして、「他者（l'autre）と私の間に、ある「交換」、「二つの「運命」の交叉（chiasma）」がとり結ばれ、そこで人はけっして完全に二人であるわけではないが、とはいえ一人だけでもなくなるということ」（RC 25/16, cf. RULL 103）も挙げられており、自他未分の前交流からも独我論からも区別された自他の交流という考えがヴァレリーの言葉に即して再確認されている[15]。

まとめよう。他人の現前化を不可能にする主体の自己性は、超越論的主観性として全面化されれば自他の隔たりを決定的にし、交流をも不可能にするだろう。そこでメルロ＝ポンティは、コギトを黙するコギトに変更し、主体は実存するときに沈黙を破らざるをえないという発想を独自のヴァレリー読解から引き出すことによって、交流する主体の主体性を確保するはたらきだけを残した。それは同時に、自己性を示す「私自身に」と、状況づけとしての「私は与えられている」との結合によって、生まれてきた者としての主体という構想を提起し、そうした主体にこそ交流が可能であることを示す作業でもあった。[16] 無為を破って行為する主体はけっして構成的な純粋意識ではなく、同じく行為として現れる他の主体と同じ世界の中で共存する。[17]

最後に「時間性」の章の最終段落を見ておこう。そこでは、本書第三章で見た誕生論によって「自己への現前と世界への現前を結びつけ、コギトを世界への参加と同一視するに至った」（PhP 494–495/II–340）後で、本章の議論が時間性としての主体性という最深度において取り上げ直される。けっして合一しえない「半人前の仲間」と、隔たりを保ったまま現在において「絡み合う」こと、これがメルロ＝ポンティにとって真の交流である。

[15] メルロ＝ポンティは講義より少し前の「人間と逆行性」（一九五一）において、交叉についての同じ一節（Valéry 1960: 490–491）を長く引用している（S 293–294/II–137–138）。後期メルロ＝ポンティの主要概念となる交叉の概念はこの講演で初めて登場する（Saint Aubert 2005: 166–174）。なお、そこではS・フロイトの提示した考えとして誕生の定式（「個人は受肉し、受肉によって自己自身に与えられるが、他人にも与えられており、比類なきものではありながら、生まれもった秘密は剝ぎ取られており、自分に似た者たちと向かい合っている」（S 292/II–135）こと）が挙げられ、ヴァレリーのいう交叉もこれに通じると解釈している（S 293/II–137）。

[16] デュポンは、「他人と人間的世界」から「自由」にかけての議論を、自己性と状況という対比を用いて的確に読み解いている（Dupond 2004: 30–74）。誕生の出来事がそれらをともに基礎づけるという指摘が本書の主な寄与分である。

[17] バルバラスは、『知覚の現象学』において他人の問題は「シェーラーとフッサールの二重の排除という形で否定的に立てられている」にすぎず、「本当には解決されていない」と批判しているが（Barbaras 1991: 54）、八幡も指摘するようにバルバラスはメルロ＝ポンティが沈黙と表現の概念によって問題を解決しようとしている箇所を無視しているため、性急にすぎると思われる（八幡　二〇一一：六〇）。

もちろん他人は私たちに取って私たち自身と同じように実存しているわけではなく、他人はいつも半人前の仲間であり、私たちは自分自身の時間化の推力に立ち会うように、他人のそれに立ち会うことはけっしてない。しかし二つの時間性は二つの意識のように排除し合うことはない。なぜなら、そのそれぞれが、現在のうちに自己を投影することによってのみ自らを知るからであり、両者はそこで絡み合いうるからである。（PhP 495/II-340）

本章では、他人の知覚をめぐるメルロ＝ポンティの論述を検討し、相互知覚を含めた自他の交流がなぜ可能なのかを考察してきた。『知覚の現象学』の「他人と人間的世界」の章では他人知覚論に続いて社会的世界の問題が論じられるが、その検討は次章で行おう。

第六章　間主体性と社会的なもの

前章において、私と他人が同じ世界に存在しており、互いに交流しうることについて、メルロ＝ポンティがどのように論証したかを確認した。本章では、その議論に基づいて論じられる間主体性および主体の社会性を主題とする。本書第二部で見るように、メルロ＝ポンティの倫理学は個人対個人の純粋な関係ではなく、社会的・歴史的・政治的文脈を背負った行為やコミュニケーションを問題とする。本章ではその前提となる見方、つまり主体が他人との共存に投げ込まれることの意味（第一節）、そして主体が共存において経験する「社会的なもの」（第二節、第三節）についてのメルロ＝ポンティの考えを確認する。

第一節　間主体性と対他存在

「超越論的主体性は間主体性である」

まず、前章の議論によって証明された、私にとって他人が存在するという事実から、メルロ＝ポンティが主体性を再定義する次第を確認しよう。「他人と人間的世界」の章で、主体性の構造からして他人との交流が可能であり不可避でさえあることを示した上で、メルロ＝ポンティは次のように述べる。

> 超越論的主体性とは、自己自身にも他人にも開示されている主体性であり、その限りで間主体性である。（PhP 415/II-231）

「超越論的主体性は間主体性である」というテーゼは、『ヨーロッパ諸学の危機と超越論的現象学』のフッサールのものとして繰り返し引用されるが（PhP vii/I-11, SNS 163/196, CS 41/55, PD 62/21, S 121/I-152, 134/I-171）、すでに指摘されているように少なくとも『危機』書の中にこの表現は見当たらない（スピーゲルバーグ 二〇〇〇：二五二）。ここではフッサール解釈としての是非は措いて、[1] メルロ＝ポンティがこの定式に何を語らせようとしているかを明確にしよう。右の引用で注目すべきは、「自己自身にも他人にも開示されている主体性」という言葉が挿入されている点である。「私が私自身に与えられている」ことは「このように状況づけられていることがけっして私に隠されていない」ことと説明されていたから（PhP 413/II-228）、「自己自身に開示されている」は「自己自身に与えられている」の言い換えであり、主体の自己性を指すと考えられる。重要なのは、誕生の定式においては主体の世界への状況づけとして語られた「私は与えられている」の側面が、ここでは「他人に開示されている」こととして捉え返され、他人に見られうるという契機が前景化している点である。この一文の直後に続く「実存がある行為の中に自分を取り集めて参加するや否や、それは知覚の手中に落ちる」(PhP 415/II-231) という文も、見られるという点を際立たせている。

それゆえこのテーゼは、従来は絶対的な自己意識として考えられてきた主体性の概念を更新して、他人に知覚されうるという対他の側面を組み込もうという提案として理解できる。前節で見たように、『知覚の現象学』の序文では、主体はその弱さゆえに「人間たちの間の一人の人間として」、「他人たちのまなざしに」さらされると言われており (PhP vii/I-11)、やはり見られることに力点が置かれていた。同じ段落でこのテーゼが出される仕方を見てみよう。

他人が空語とならないためには、私の実存は実存しているという私の意識にけっして還元されては

[1] D・ザハヴィは、この表現がそのままの形で『危機』書に書かれていないことを認めながらも、『第一哲学Ⅱ』や『間主観性の現象学』といった草稿群を参照すれば、フッサールが「主観性が十全に構成的に、つまり超越論的になるのは、他人たちとの関係を通してのみである」という、「超越論的主観性についてのあらゆる伝統的なカント的理解」とは対照的な主張をしていることが分かると指摘している (Zahavi 2002: 24-25)。このように、草稿研究を通して、観念論的な独我論者というフッサール像が過去のものとなった今では、観念論や構成的意識へのメルロ＝ポンティの批判が暗に (『イデーンⅠ』の時期の) フッサールにも向けられていると解釈するよりも、ザハヴィらが行っているように、大胆にも思えるメルロ＝ポンティのフッサール解釈の妥当性を真剣に検討する作業のほうが求められているだろう。

> ならず、私の実存は人がそれについてもつ意識をも含み、それゆえまた自然への私の受肉と、歴史的状況の少なくとも可能性だけは含まなければならない。コギトは私を状況において発見せねばならず、この条件においてのみ、フッサールの言うように、超越論的主体性は間主体性でありうるだろう。(PhP vii/I-11)

超越論的主観性の場合、私の実存とそれについての私の意識とは一致するだろう。そうした主観性を構想する「超越論的観念論」または「反省的分析」は、「他人の問題を無視する」(PhP vi/I-9)。それに対してメルロ＝ポンティ(および彼の肯定する限りでのフッサール)は、他人の問題に正面から取り組んだ結果、主体性の概念そのものを書き換えるに至った。他人が存在するという事実を真剣に受け止めるならば、「私たちはお互いに対して現象しなければならない」し、私も他人も「ある外面」をもたなければならない(PhP vi/I-10)。そしてその外面は、単に自然的身体であるだけでなく、歴史的な状況における現れでもありうる。

対他存在

ここで明確にしておきたいのは、主体が自己自身にも他人にも開示されている者であるということが、実際の他人の知覚を必要とするわけではないということである。右の引用はむしろ、他人が存在するために要請される主体性がどのようなものかを述べている。この点は、『知覚の現象学』第三部の「自由」の章で明確化される。「コギト」と「時間性」の章が自己自身に与えられた主体性を解明したとすれば

（本書第三章）、それに続く「自由」の章は、その主体性を間主体性として捉え返すという任務を担っている（もちろん主体の自由の解明が主な任務ではあるが）。

この章では自由を論じるために主体の社会性が記述される。本書第四章でも論じたように、メルロ＝ポンティは状況から提示された動機を主体が捉え直す運動に自由を見出す。社会的な水準においてこの自由を語る上で、主体が社会的状況を生きるための条件として、「社会的なもの」を主体が身につけていること、つまり主体が社会性を備えていることが前提となるのである。具体的には主体が「ブルジョワ」や「労働者」として実存することが問題となるのだが、メルロ＝ポンティは論述の途中に「〈対自〉と〈対他〉、間主体性」（PhP 531/II-vi）と題した段落を設けている。「自由」が最終章である以上、この一節が『知覚の現象学』における間主体性に関する最終的な見解だと考えていいだろう。

そこではまず「観念論の側」から、私は自分にとっては「純粋意識」であり、ブルジョワや労働者といった述語は「私が自分を外部から他人たちの眼で見る」限りでのみ私に現れるにすぎないという仮想的な反論が出される（PhP 511/II-362）。これに対してメルロ＝ポンティは、対自と対他というカテゴリーが相互に無関係に存在すると考えると、他人の知覚が不可能になると指摘する。前章でも見たように、他人も対自的には純粋意識だとすれば私が知覚できるのは物体としての身体だけであり、そこに他人の思考や意図は現れないことになってしまうからである。そこでメルロ＝ポンティは対他と対自を関係づけるよう主張する。

> 経験的に存在する他の人間たちが、私にとって他の人間たちでなければならないとしたら、私は彼

らを認識するために必要なものをもっていなければならず、したがって〈対他〉の諸構造がすでに〈対自〉の諸次元でなければならない。（PhP 511/II-363）

他人の知覚が可能であるためには、主体一般が（他人を知覚する能力をもつだけでなく）他人に知覚されうる者でなければならない。そして、今までの考察を踏まえると、この条件は生後の発達過程のどこかではなく、主体が初めて自分に与えられる瞬間、すなわち誕生において整うと考えられる。つまり、主体は自分に与えられると同時に他人に開示されるのであり、そのおかげで私たちは実際に他人の存在を経験できる。主体性はある時点で間主体性になるのではなく、初めから間主体性でもあるというわけである。他人の知覚が先行するのは議論の順序においてだけである。

　ここから導き出される主張が、本書第二部の主題の一つである対人関係の道徳的側面に関する議論の一つの重要な前提となる。この段落をメルロ＝ポンティは次のように締めくくる。

〈対自〉〔…〕は〈対他〉〔…〕の地の上に浮かび上がるのでなければならない。私の生は私が構成しない意味をもつのでなければならないし、厳密な意味で一つの間主体性が存在せねばならず、私たちそれぞれが絶対的個体性の意味で無名であると同時に、絶対的一般性の意味でも無名でなければならない。私たちの世界内存在は、この二重の無名性の具体的な担い手である。（PhP 512/II-363）

先ほど次元の概念で説明された事柄が、図と地の観点から語り直される。私が状況づけられていることが状況づけについての自覚の地をなしているように、私が自分をブルジョワや労働者として捉えるためには、他人に見える仕方でそのような者として実存していなければならない（時間的に先行する必要はないが）。つまり、私たちは望もうと望むまいとつねにお互いに開示されており、お互いに意味づけ合っている。言い換えれば、私たちは自分の生を自分だけで隈なく意味づけることができない。ここから、一つの間主体性というメルロ＝ポンティに特徴的な考えが引き出される。『ヒューマニズムとテロル』の次の一節は、右の引用よりも丁寧にそれを説明している。

> 愛において、感情において、友情において、私たちは、その絶対的個体性を不断に尊敬できる諸々の〈意識〉を前にしているのではなく、性質づけられた存在者たち――「私の息子」「私の妻」「私の友人」――を前にしている。私たちは私たち自身とともにこれらを共通の投企に引き込み、そこでそれらは（私たち自身と同様に）一定の力と義務をもって、一定の役割を受け取る〔…〕。主体の複数性ではなく一つの間主体性が存在するのであり、これこそ、ある者たちに対してなされる悪と、そこから他の者たちのために引き出される善の共通尺度が存在する理由である。（HT 128/159-160）

対他を対自の地としてもつ主体は、分離された個人ではありえず、人々の間で何らかの性質を付され、特定の役割を演じることを避けられない。「私たち自身」も例外ではない。誕生以来他人に開示されている私たちは、このように「一つの間主体性」に組み込まれている。『弁証法の冒険』の「終章」でも、「サルトルにおいては、主体の複数性が存在し、間主体性は存在しない」（AD 284/283）と、裏返した形で同じ言葉が使われている。そこでメルロ＝ポンティは、サルトルにとって「世界と歴史」は「けっして共存しない、相容れない展望の束」であって、「多くの入り口をもつ一つのシステム」ではないと批判している（AD 284/283）。メルロ＝ポンティ自身は反対に、多数の主体からなる一つのシステムとして間主体性を積極的に捉えていると見ていいだろう。

まとめよう。メルロ＝ポンティは他人の存在を認めた上で、従来は絶対的な個体として考えられてきた主体性の概念を書き換える。その結果、主体は誕生したときからすでに他人に開示されており、その構造には初めから対他存在が組み込まれているとされた。「超越論的主体性は間主体性である」というテーゼは、こうした概念の改鋳を簡潔に表現している。そこからさらに、間主体性は多くの主体が引き込まれる一つのシステムとして捉え直され、諸主体はその中で自分の構成するわけではない意味や役割を付されると主張される。

第二節　社会的なもの

次に、前節で言及した「社会的なもの」についての議論を見ていこう。

『知覚の現象学』に社会論なし？

まず、なぜ「社会」ではなく「社会的なもの」に注目するのかを説明するために、「他人と人間的世界」の章の構造を確認しておきたい。メルロ＝ポンティはたしかにこの章の大半を割いて「他人の構成」の問題を考察しているが、それは何のためだろうか。「どのように私は他の〈私〉たちがいることを知りうるのか」（PhP 400/II-211）という他我認識の問いが発せられる前後の文脈を見てみよう。この段落で最初に問われるのは、道具や家といった人間の生活の沈殿物からなる「文化的世界」を私がそれとして知覚することはどのように可能か、ということである（PhP 400/II-210）。この問いに対して、私は他人が道具を使っているのを見て、私自身の行為からの類推による他人の行為の解釈によってだと答えた上で、ではその知覚はどのように可能なのか、という流れの中で、右の他我の問いが提出される。つまり、他人の知覚の分析は、文化的世界の知覚という問題を解決するために要請されているのである[2]。

それ以上に重要なのは、他我の問いが出された後の論述である。メルロ＝ポンティは、他人の知覚には還元できない問題が存在することを指摘する。

> 他人の構成は、社会の構成を全面的には明らかにしない。社会とは、二人や三人での実存ではなく、不特定多数の意識との共存である。（PhP 401/II-211）

［2］文化的世界の問題は、前著『行動の構造』において、本来の人間的行為を名指すために、「物理的および生物的自然を変容する人間活動の総体を指す「労働」というヘーゲルの用語」を用いた時点からメルロ＝ポンティの関心事であった（SC 176/242）。「マルクス主義と哲学」（一九四六）では、「のちに現象学が取り上げ直し展開することになった「人間的対象」という概念を導入する仕事がマルクスに約束されていた」と述べられ、彼にとって文化的世界の問題はマルクス主義と現象学の結節点であることが明示される（SNS 159/191）。

他我の問いに答えることで明らかになるのは、「二人での実存（une existence à deux）」か、せいぜい三人でのそれにすぎない。それゆえ、他人の知覚の分析は、そのまま文化的世界――すなわち、ここで「不特定多数の意識との共存」と規定されている「社会」――の構成分析だというわけではない。メルロ＝ポンティが多くの紙幅を割いて他我の問いに取り組むのは、あくまでその考察が「文化的世界が引き起こす原理的困難」（PhP 401/II-211）に突き当たるからである。まとめると、（一）他人の構成は文化的世界あるいは社会の構成を解明するために要請されるが、（二）後者は前者に還元できない独自の特徴を備えている。

それゆえ、メルロ＝ポンティは他人知覚の分析を終えると、すぐさま次のように述べる。

> したがって、私たちは自然的世界に続いて社会的世界を再発見しなければならない。対象または対象の合計としてではなく、永続的な領野または実存の次元として再発見しなければならない。私はなるほどそこから背を向けることはできても、状況づけられるのをやめることはできない。（PhP 415/231）

ここでも上述の二点がメルロ＝ポンティの念頭にある。つまり、（一）「したがって」とあるように、他人の構成分析は社会的世界（文化的世界）の構成を問うためになされているが、（二）にもかかわらず社会的世界の問題は解決済みではなく、むしろこれから「再発見」すべきものと考えられている。

ここで当然、次のような反論が出るだろう――メルロ＝ポンティが社会の構成を明らかにするために他人の構成を論じたという見方は成り立つとしても、実際のところ「他人と人間的世界」の章は他人知覚の分析にほとんどの段落が割かれており、社会的世界の問題が論じられているのはわずか一段落にすぎないのだから、結局は他人の問題が社会の問題より重要なのではないか。なるほど、もし社会に関する分析がこの章に尽きているとしたら、こうした反論にも理があるかもしれない。しかし、ことはそう単純ではない。

社会的なものの動機づけ

『知覚の現象学』において社会の問題に取り組むメルロ＝ポンティの基本方針は、次の一文に示されている。「私たちは、私たちが実存するというただそれだけのことで私たちが接触しており、あらゆる対象化以前に私たちが自分に結びついたものとして身につけている社会的なものに立ち返らねばならない」（PhP 415/II-231）。つまり、明晰な思考の対象としての三人称的な社会ではなく、主体が非反省的な水準でつねに生きている「社会的なもの（le social）」を考察するという方針である。[3]

［3］この方針が示される「対象としてでなく私の存在の次元としての社会的なもの。外なる社会事象と内なる社会事象」（PhP 530/II-v）と題された段落は社会の問題に移行しており、もはや他人の知覚や交流を問題としていない。この段落を「世界との、あるいは社会的なものとの私の関わりという原初的な交流の立場」（酒井 二〇二〇：四七）を示すものと読み、他者論を締めくくるものとみなす解釈は、こうした問いの移行を無視している。なお、少なくとも前期のメルロ＝ポンティが「社会的なもの」に言及する際、平等や連帯に関わる政治的な理念としての側面（市野川・宇城 二〇一三）については強く意識していないように思われる。

では、社会的なものはどのように生きられているのか。私見では「動機づけ」と「性質づけ」という二つの様態が記述されているが、メルロ＝ポンティが明確に主張するのは前者なので、まずこちらを検討しよう（後者は次節で扱う）。「意識の把握に先立って、社会的なものは密かに、促しとして存在する」（PhP 415/II-232）。次の段落で「社会的なものの存在様相の問題」が「外的なものと内的なものの間にある動機づけの関係」の問題に結びつくと述べられているように（PhP 417/II-234）、「促し（sollicitation）」は「動機づけ」の同義語である。[4]

　メルロ＝ポンティが促しという観点から社会的なものの問題に取り組んでいることを考慮すると、彼が社会の問題に対して「他人と人間的世界」の一段落しか割いていないとみなすことはもはや不可能である。社会的なものの促しを論じた箇所は、他の章にも見出されるからである。まず予備的なものとして、「性的存在としての身体」の末尾に付され、目次にも「弁証法的唯物論の実存的解釈についての注」（PhP 528/I-vii）と特記されている注が挙げられる。そこでメルロ＝ポンティは、歴史を経済に還元する因果的な定式化に抗して、史的唯物論を「歴史についての具体的な考え方」として理解する立場を表明している（PhP 200/I-283）。メルロ＝ポンティとマルクス主義の関係を考える上でも重要な部分だが、今の文脈では次の箇所に注目しよう。

> この意味では、純粋な経済的因果性などけっして存在しない。というのも経済とは、一つの閉じたシステムではなく、社会の全体的かつ具体的な実存の一部だからである。しかし、歴史の実存的構想は、経済的状況からその動機づけの力を奪うものではない。実存とは人間が事実的状況を自分な

> りに捉え直し引き受ける不断の運動であるとすれば、その思考のいかなるものも、自分の生きている歴史的文脈から、とりわけその経済的状況から、まったく切り離されることはありえないだろう。経済が閉じた世界ではなく、歴史の中心ですべての動機づけが結びついているからこそ、外的なものは内的になり、内的なものは外的になるのであって、私たちの実存のどのような構成要素もけっして乗り越えられることはありえない。（PhP 201/I-284）

主体とその社会的状況が動機づけという関係にあること、そしてこの関係の解明によってこそ外的なものと内的なものの二分法を破りうることが主張されているが、これは上で見た「他人と人間的世界」の議論を先取りしている。とはいえ、この注でも、社会的なものの促しが詳しく記述されているわけではない。

社会的なものの動機づけに関する立ち入った考察は、「自由」の章の中核たる「私たちと歴史の関係」（PhP 505/II-355）を論じる諸段落にこそ見出される。本書第四章で述べたように、この章では動機づけられて行為する自由が論じられているからである。そこで問題となるのは「階級意識」であり、これを労働者の客観的諸条件から因果的に説明する客観的思考と、労働者がもつ自分の身分についての意識に還元する観念論的反省の双方とも階級意識を解明しえないと批判した上で、労働者の具体的な経験すなわ

［4］「空間」の章では「促された」が「動機づけられた」と言い換えられている（PhP 305/II-90）。なお、「言語の文学的用法の研究」講義において、この「促し」がヴァレリー由来の言葉であることが明かされる（RULL 131-132）。

ち「実存的投企」（PhP 509/II-360）から階級の自覚と蜂起への決断が結晶する仕方を明らかにすることが目指される。その仕方を端的に表すのが、「私の決断は私の生の自然発生的な意味を取り上げ直す〔…〕」（PhP 511/II-362）という定式である。観念論と客観的思考は「動機づけという関係」（PhP 511/II-362）を無視するがゆえに階級意識を把握できないと述べていることからも、メルロ＝ポンティが意味の捉え直しを動機づけとして理解していることは明らかである。このように、「他人と人間的世界」で提示された社会的なものの促しという問題は、「自由」の章で集中的に議論されており、メルロ＝ポンティはこれを軽視しているわけではまったくない。

しかしそもそも、なぜ社会に関する議論は「自由」の章に持ち越されたのだろうか。この問いに答えるには、『知覚の現象学』の構成を考慮する必要がある。本書第一章で確認したように、この著作の第一部と第二部はそれぞれ知覚する身体と知覚された世界を主題とし、第三部は主体性の解明を任としている。そして、「自由」の章は動機づけの観点から主体の世界内存在を論じている。ここから、メルロ＝ポンティは（少なくともこの時点では）、主体に備わる社会的なものという仕方で、社会の問題を世界の問題系にではなく主体性の問題系に帰していたために、第二部の「他人と人間的世界」ではなく第三部の「自由」で論じたのだと考えることができる。それゆえ、『知覚の現象学』[5]に関して、社会的世界の構成分析にうまく取り組めなかったという不備を指摘することは正当であるが、社会の問題を他人の問題よりも軽視しているとは言えないだろう。

本節をまとめると、『知覚の現象学』においては、（一）他人の問題は社会の問題を考察するために要請されており、（二）社会の問題は社会的なものの動機づけとして、つまり社会的世界ではなく主体の社会性として論じられていた。メルロ＝ポンティの立論の構図を把握したので、次節では「性質づけ」の問題に即して間主体性と社会的なものの関係を考察しよう。

第三節　社会的な性質づけ

先ほど述べたように、『知覚の現象学』のメルロ＝ポンティは、社会的なものを動機づけだけでなく「性質づけ（qualification）」という概念も用いて論じている。本章第一節でも触れたように、これは主体がその対他存在においてさまざまな性質を身につけていることを指す。「私の単独的な実存は、いわば自らのまわりに性質をもった実存を拡散していなければならない」（PhP 512/II-363）。主体とは、絶対的に自由で純粋な個人ではなく、社会の中でさまざまな性質を付与された誰かである。厳密に言えば、主体とはそうした二つの契機から成り立っている。「〔…〕主体の一般性と個人性、性質づけられた主体性と純粋な主体性、〈ひと〉の無名性と意識の無名性は、哲学がどちらかを選ばねばならないような二つの構想ではなく、具体的な主体というただ一つの構造の二契機である」（PhP 514/II-366）。

性質は、人が社会の中で成長するにつれ徐々に獲得していくようなものでは必ずしもない。性質に関して第一義的に問題となるのは、主体の外面性、つまり外から見た姿である。当の主体にとってみれば、

［5］廣瀬は、『知覚の現象学』では「社会的領野」の問題は「他人と人間的世界」でわずかに論じられるだけであり、「それ自体では十分に記述されているとは言いがたい」と述べている（廣瀬 二〇〇八：一一五）。

性質はすでに付与されており、後から何らかの仕方で引き受けることしかできない。この点をメルロ＝ポンティは次のように記述している。

> したがって私たちは、私たちの発意や、私たち自身であるところの厳密に個体的な投企の周りに、一般化された実存とすでになされた投企の地帯、つまり私たちと事物の間をさまよい、私たちを人間として、ブルジョワとして、あるいは労働者として性質づける諸々の意味の地帯を認める。自然や社会の配置が無定形なあれこれであることを止めてある状況へと結晶し、ある意味をもつや否や、言いかえれば要するに私たちが実存するや否や、すでに一般性が介入して、私たちの自己自身への現前もすでに一般性によって媒介され、私たちは純粋意識であることを止めるのである。(PhP 514/II-366)

誕生以来、身体をもって実存する以上、主体が外面をもつことは避けられない。またいかなる主体も特定の歴史的・社会的な事実性とともに世界に生まれてくることから、階級や民族といった社会的な性質を与えられる[6]。したがって性質とは、私が構成するわけではないにもかかわらず私の外面に付された意味にほかならない。

以上のように社会的なものを性質づけという観点から考察する『知覚の現象学』のメルロ＝ポンティは、しかし、階級意識の自覚という形で主体がその性質を引き受ける次第を論じることに終始しており、性質づけが引き起こす暴力的な事態をほとんど考察していない[7]。そのため、性質づけの考察も、共同性への平和な帰属を語っているように見えるかもしれない。しかしながら、『ヒューマニズムとテロル』で「性質づけられた存在者たち」との共存が「その絶対的個体性を不断に尊敬できる諸々の〈意識〉」との共存とは異なると語られるときには（HT 128/159）、「社会的な生は諸々の挫折をしか伴っていない」（HT 126/157）という認識と、「私たちが受肉している限り、暴力は私たちの宿命である」（HT 127/159）という主張がともに提示されている。

したがって、メルロ＝ポンティが社会的な性質づけを論じるのは、主体と社会の宥和を示すためではけっしてなく、むしろ歴史の中で否応なくお互いを位置づけ価値づけざるをえないという私たちの暴力的な宿命を明らかにするためだと解せる[8]。主体は原子的な個人ではなく、望むと望まざるとにかかわらず他人たちと不可分に結びつけられている。「主体の複数性ではなく一つの間主体性がある」（HT

[6] 社会的性質は自然的世界に実在するものではなく、社会的世界において具体的な経緯とともに構築されたものと考えられるが、その点はここでの問題ではない。

[7] 例外は、障害者や老人が自己を「他人の眼で」見て嘆くという記述である（PhP 496/II-341）。ただし、メルロ＝ポンティが障害や老いを社会的な性質とみなしていたかどうかは定かでない。

[8] 高橋哲哉は、「〈自然との原初的契約〉あるいは〈原初的自然との契約〉」としての自然との交流またはコミュニオンがあらゆるコミュニケーションの可能性をアプリオリに保証しているとみなし、「あらゆるディスコミュニケーション、対立、葛藤、闘争はこのコミュニケーションの上に、二次的にのみ生じるものにすぎ」ないから、われわれは「平和のうちにいる」ことになるとメルロ＝ポンティを批判している（高橋 一九九二：一一一、一三六‐一三七）。しかし、少なくとも前期のメルロ＝ポンティは自然的世界と人間的世界（社会的世界）を区別しており、後者についてはむしろ暴力、挫折、疎外がデフォルトであると述べているため、こうした批判は『ヒューマニズムとテロル』のような歴史や社会に関するテクストを検討対象から除外しながら下される一面的な評定であるように思われる。

128/159）とはその謂いである。こうした状況において、具体的にはいかなる暴力が生じ、いかなる道徳が可能なのかについて、本書第二部で考察しよう。

第二部　倫理学の再構成

第七章　メルロ＝ポンティの倫理学の基本的特徴

本章では、メルロ＝ポンティの倫理学の一般的な構えを概説することで、次章以降の準備を行う。メルロ＝ポンティの哲学が体系の構築ではなく既存の諸概念の批判的改訂という仕方で展開することを第一部で見てきたが、倫理学も同様である。哲学において主知主義や観念論が主たる論敵であったことと並行して、倫理学ではカント的な倫理で用いられる諸概念が改訂の主な対象となる。また、『行動の構造』や『知覚の現象学』では主に科学的知見を検討することで具体的なものと接触し、概念改鋳の必要性と方向性が汲み取られてきたが、倫理学においては文学作品や現実の諸経験が具体的なものの位置を占めることになる。特定の原理から出発して規範的な道徳判断を下すのではなく、道徳的な困難や葛藤の生きられた経験を記述・分析することに従事する点で、メルロ＝ポンティの倫理学は一種の記述倫理学として理解できる。個々の主題に立ち入る前に、こうした基本的な構図を確認することが本章の目的である。

以下、実質的な面と方法的な面に分けて、メルロ＝ポンティの倫理学の主要な特徴を一つずつ見ていく。第一節では実質的な特徴として、（一）原則主義批判、（二）内面性批判、（三）自律批判、（四）形式主義批判の四点を指摘する。第二節では（一）具体的な倫理学と（二）現象学的な倫理学という方法的な特徴について検討する。

第一節　実質的な特徴

原則主義批判

メルロ＝ポンティの倫理学の実質的特徴はまず、何らかの規則や原則に従って行為すれば道徳的に正しくあることができるという発想を批判する点にある。たとえば「小説と形而上学」の終盤で次のように述べている。

> 真の道徳は、外的な規則に従うことに存するのでも、客観的価値を敬うことに存するのでもない。正しくあり、救われてあるための手段というものは存在しないのだ。（SNS 51/59）

ここで「である」という動詞を強調していることから、メルロ＝ポンティは正しさや善さといった価値を固定的なものとして手にすることはできないと考えていると推測される。「外的な規則」ということで想定されているのは、社会においてあらかじめ定められた格率のようなものだと思われるが、メルロ＝ポンティはそれらの内容よりも、格率に従って行為すれば結果はどうあれ自分は正当化されるという考え、つまり倫理原則に従うことで道徳上の救いや安寧を得ようとする考え方を批判している。こうした考えを仮に「原則主義」と呼ぶことにしよう[1]。

『意味と無意味』の序文では、「小説と形而上学」を紹介しつつ、原則主義は倫理的に困難な状況に取り組むことよりも個人的な安心を得ることを目的としているのではないかとの疑念が述べられる。

> シモーヌ・ド・ボーヴォワールの『招かれた女』が示しているように、各人にとって他人の眼から見て自分が正当化してもらえるような行為の定式というものがあるのかどうか、〔…〕道徳の原理とは、救いにあずかり、さまざまな問題を解決するというよりも、むしろ心の平静を保ち、問題を厄介払いするやり方の一つではないかどうかが問題なのである。（SNS 8/2）

続く箇所において、メルロ＝ポンティは原則主義を採用する者について、救済欲求とは別の観点から説明している。

> 道徳においても、芸術の場合と同様、何よりもまず自分の歩みを確信したいと望み、いかなる時に

---

[1] 今日の倫理学において「原則主義」というとT・ビーチャムとJ・チルドレスが『生命医学倫理の諸原則』（Beauchamp & Childress 2013）で示した原則に基づくアプローチを指すが、そこには倫理原則を個別事例に適用すれば必ず解決策が得られるという発想はまったくないため（詳しくは奥田（二〇一二）第二章第三節を参照）、本書でいう「原則主義」とは異なる。

> も正しく、自分自身の絶対的な支配者たろうと思うような人には、解決はありえないであろう。（SNS 8/2-3）

ここから読み取れるのは、メルロ＝ポンティにとって原則主義とは道徳に関する客観的思考だということである。客観的思考とは、私が世界にはたらきかけることで世界が変化する可能性を認めず、世界をすでに完成したものとみなす思考であった。客観的思考の一種である観念論においては、世界の不変性はそのままに、「意識によって構成されたもの」という性格だけが世界に追加される。原則主義も、道徳をあらかじめ完成したものと考えており、個々人は既成の普遍的法則に従うだけでよいとする点で、一種の客観的思考だと言える。

メルロ＝ポンティにとって世界は未完成であり、私と世界の関わりによって創造され続けるものである。この見方は、主体は世界を隈なく構成する永遠的コギトではなく、ある時に固有の身体をもって生まれ、世界を知覚的に探索する者であるという見方と対応するものとして示される（PhP 465/II-300-301）。この文脈でマルブランシュのものとして何度か引用されるのが、世界は「未完成の作品」だという言葉である。ゲルー宛文書において『知覚の現象学』を要約する箇所では次のように引かれている。

> 私たちは最後に、知覚された世界もまた裂け目も空隙もない純粋な思考対象ではなく、すべての知覚的存在者が分与している普遍的スタイルのようなものであり、この世界がたしかにそれらの存在者を秩序づけはするが、私たちはこの世界を完成したものとみなすことはできない、ということに

> 気づくだろう。マルブランシュが深遠にも言ったように、私たちの世界は「未完成の作品」なのである。（PD 40/141）

ただし、世界の未完成性は単に哲学的な主張ではない。「知覚の優位性」講演の結びでは、メルロ＝ポンティがこの言葉に実践的な意味をも込めていることが示唆されている。

> 神は死んだというニーチェの考えは、神の死に関するキリスト教の考えの中にすでに含まれている。神は、人間の生と混じり合うために外的対象であることをやめたのであり、この生は無時間的な解決への単なる回帰ではない。神は人間の歴史を必要としている。マルブランシュが言うように、世界は未完成なのである。（PrP 72/35–36）

世界を最善のものにするためには、神との無時間的な合一ではなく、「人間の歴史」、つまりこの世界における人間の努力や諸々の制度化が必要である。あらかじめ定められた教義や規則に従うことで救いを求めるのではなく、手探りで進んでいくことが求められている。このように実存的な仕方でキリスト教を解釈することで、「未完成」な世界は人間の手によって「完成されるべき」であること、しかし完成できる保証があるわけではないことをメルロ＝ポンティは示している。[2]

「小説と形而上学」で肯定的に評価される『招かれた女』の登場人物たちも、メルロ＝ポンティと同様に世界を「未完成の作品」（SNS 49/57）とみなしているとされる。こうした発想から、原則主義とは対照的な考えとして、道徳的価値は個々の行為において創造されるのであり、その際には個別の状況を踏まえることが重要である、という見方が提示される。「人間における形而上学的なもの」では次のように、実存的な作用としての「価値評価」から価値が生じると述べている。

> もし私が真理とか価値というものは、私たちにとっては、世界と接触しながら、他人たちの前で、一定の認識と行為の状況の中で、私たちが行う検証と価値評価の結果でしかないということを〔…〕理解するそのときには、世界はふたたびその起伏を取り戻し、私がばらばらな経験を捉え直す検証とか価値評価という特殊な行為がその決定的な重要性を回復することになる〔…〕。(SNS 116-117/139)

このように、メルロ＝ポンティの倫理学では、あらかじめ確立された倫理原則を遵守することで満足する原則主義が批判され、特定の状況の中で正解の保障なしに問題解決を模索することが肯定的に評価される。

内面性批判

第二の実質的特徴は、主体の内面に定位して倫理を考えることを批判する点にある。この点は早くも『行動の構造』に見られる。何度か引用した一節をもう一度見ておこう。

> 批判主義的発想の哲学は、あらゆる対象の背後に自由によって思考する主体を見出す反省に、道徳を基礎づける。もし反対に、現象という資格においてであれ、意識と意識の堅固な諸構造の現実存在を認めるなら、私たちの認識は私たちが何者かに依存することになるし、道徳論も、自分自身についての心理学的・社会学的批判から始まることになる。（SC 240/332）

ここでもカント的な批判主義が批判されている。批判主義においては、意識は世界の絶対的な構成者であって、何にも依存していないとみなされる。そこでは道徳の源泉もやはり意識であるから、倫理学も意識自身への反省によって十分に遂行できることになる。反対に、メルロ＝ポンティは意識というものを身体や社会や世界に依存して初めて成立するものだと考えているため、倫理学を行う上でもそうした下部構造を――それらのどれか一つが意識のありようを決定してしまうわけではないにせよ――考慮に入れる必要があると主張するのである。このように、内面性批判はまず意識を絶対的なものとみなす発想に向けられる。

　内面性批判は他方で、道徳的評価を行う上で行為の意図や動機だけを重視することに関しても見られる。『招かれた女』の登場人物たちの間で起きた諍いに関して、メルロ＝ポンティは次のように述べて

［2］一九四七‐一九四八年度の「マルブランシュ、メーヌ・ド・ビラン、ベルクソンにおける心身の合一」講義でも、「世界はまだできあがっていない。現在の世界は「放っておかれた作品」である」というマルブランシュの考えに触れて、「宗教は回顧的であることを止め、前望的になる。創造の概念は転覆される。人間はもはや合目的性によって貫かれておらず、絶対的な主導権を握りうるようになった」と述べている（UAC 41/70）。詳しくは佐藤（二〇〇八）を参照。

> いる（この諍いについては第十章で詳述する）。
>
> フランソワーズはどこにいるのだろうか。彼女は彼女が自分自身について考えていることのうちにいるのか、それともグザヴィエールが彼女について考えていることのうちにいるのか。フランソワーズはグザヴィエールを苦しめようと意図したわけではない。〔…〕しかし、私たちの行為の意味は、私たちの意図のうちにあるのか、それとも行為が外に生み出す結果のうちにあるのか。（SNS 47/53）

意図や動機ではなく結果を重視する立場という意味では、メルロ＝ポンティは一種の帰結主義に立っていると言える。ただし、同じく帰結主義を採る功利主義のように俯瞰的な視点を取るわけではない。メルロ＝ポンティが「結果」と呼んでいるのはむしろ、特定の状況の中で主体が行ったことに関係する者（右の引用ではフランソワーズに関係するグザヴィエール）にとってその行為がどう見えるかということである。第六章で見たように、対自は対他の地の上にある、つまり内面は外面の地の上にあるのであり、私自身による私の行為への意味づけ（たとえば「自分としてはそういうつもりではなかった」）は、他人からの意味づけに対して優位をもつことはない。「他人は私たちの生の恒久的な座標であり」、私たちは「他人が私たちについて考えているところのものであるように拘束される」（SNS 47/54）。このように、メルロ＝ポンティの倫理学は内面よりも外面を、つまり他人から見た行為の意味を重視する。

自律批判

第三の実質的特徴は、自律という概念を批判する点にある。ここまで引用してきたテクストの中で、メルロ＝ポンティは「自分自身の絶対的な支配者」であろうとすることを批判していた。自律とは自己を律することであるから、この批判は自律を目指すことへの批判でもある。

メルロ＝ポンティの自律批判には、二つのポイントがあると思われる。いずれも、自律という規範そのものというより、この規範の前提に関する論点である。

一つは、自分の言動を自分でコントロールできるという前提に対する批判である。前節でも示唆されていたことだが、メルロ＝ポンティは行為の帰結が行為者に完全には予測できないことを重視している。このことは、「ドラマ」という言葉を用いて次のように語られる。

> ドラマの中で一人一人の責任に帰着するものを計算し、いろいろの責任を評定し、物語の本当の解釈を与え、さまざまな出来事を見通すことは不可能である。(SNS 46/52)

私たちの属している「一つの間主体性」とは一つのドラマでもあり、その中で各人が取った行動がどのような帰結を生むかを正確に予測することはできない。誰も自分が何をしているかを完全には理解していない以上、自己を支配することも完全には不可能である。

もう一つは、自律が前提としている個人という観念への批判である。第六章で見たように、主体は社会的な存在であり、特に実践においては何らかの役割を演じることになる。このことは、「戦争は起こった」（一九四五）において、戦前の自分たちに対する自己批判として論じられる。

> 誰しもいつでもつねに新たな自由の中で自分のなりたいものになり、したいことをするよう選んでいるように私たちには思われていた。私たちは理解していなかったのだ、ちょうど役者が、彼の理解を越え、彼の一つ一つの動作の意味を変えてしまう役割の中に滑り込んでいき、彼自身がその産み手でもあるが囚われ人でもあるあの大いなる幻を彼の周囲に連れ歩くように、共存の中にある私たちは誰しも自分が選んだのではない歴史性の背景のもとで他の人間に対して姿を現し、「アーリア人」、ユダヤ人、フランス人、ドイツ人として他の人間に対して振舞っているのだということを。（SNS 175/210–211）

役者の喩えが示すように、ここでもメルロ＝ポンティは私たちの社会生活を特異なドラマとして考えている。脚本のある劇であれば、役者は自分の行為の意味をかなりの程度把握することができるだろうが、私たちの生には脚本がなく、脚本家も存在せず、役者と観客の区別もない。そしてより重要なことに、私たちは自分がどのような役割を演じるのかを選択することができない場合がある。また、他人が自分の行為をどのように意味づけるかを制御することもできない。私たちはドラマとしての社会生活に投げ込まれ、そこで生きるほかないのであり、そこから自分の領分だけを切り出して支配できると考えるのはきわめて楽観的である。

このように、ドラマの中で役割を演じることとしての社会的生というメルロ＝ポンティの考えは、自己支配としての自律が幻想であることを明らかにする。その代わりに、私たちはさまざまな次元で他人や社会と結んでいる関係の中で行為することが強調される。

形式主義批判

第四の特徴は、道徳的な価値を形式的に捉えることを批判し、実効性（実質）を重視する点にある。言い換えると、メルロ＝ポンティにとって価値とはあらかじめ保障されているものではなく、実践を通して現実化したり維持したりしなければ存在しないものである。この点は、やはり「戦争は起こった」で自己批判として述べられている。

> 私たちは例外的な状況が結合されてできた、平和と経験と自由とが可能となる特定の場所に住んでいたのだが、それが護るべき土地であるなどとは知らなかった。それは人間の自然の分け前であるというふうに考えていた。〔…〕子どもの頃から自由を行使し、個人生活を生きることに慣れてきた私たちが、自由や個人生活は苦労をして手に入れたものであることをどうして知りえただろうか？自由を持ち続けるためには自由を拘束せねばならないことをどうして学びえただろうか？（SNS 170/204）

平和や自由といった価値を形式的に捉え、本性的に世界や主体に備わったものとみなすことができるのは、それが獲得されたものであることを忘却した場合だけである。フランスに平和と自由があったとすれば、それは過去にフランスで生きた人々が実現させ維持してきたからにすぎない。価値の来歴を不問にする点で、形式主義は主体の来歴を忘却する主知主義に対応しており、メルロ＝ポンティの実効性重視は誕生を主体論の根幹に据えることとパラレルである。

「戦争は起こった」の結びにおいて、メルロ＝ポンティは実効性の重要性を強調している。

> 一九三九年に私たちが、自由を、真理を、幸福を、人間の間の透明な関係を望んだことは誤りでなかったし、私たちはヒューマニズムを放棄してはいない。戦争と占領は私たちに次のことを教えただけなのだ。すなわち、価値とはこれを存在の中に引き入れる経済的・政治的下部構造なしには名目だけに留まり、価値とさえもならないということを。さらに言うなら、価値とは具体的な歴史の中では、人間たちの労働、愛情、希望の様式、一言で言えば人間たちの共存の様式にそって打ち立てられた人間相互の関係を指し示す一つの仕方以外のものではない、ということを。一九三九年の私たちの諸価値を放棄するのではなく、これを成就させるべきなのである。（SNS 184–185/222–223）

私たちの生において、価値なるものがそれ自体として存在するわけではない。あるのは個々の具体的な制度、政治体制、経済状況、人間関係、労働実態などであり、それを実現し維持する実践である。

第四章で見たように、実効的自由の概念は『知覚の現象学』において提示されていたが、その実現には下部構造にまで及ぶ社会変革が必要であるという主張がなされるのは同書より後の諸論文である。この主張は実存的で現象学的であると同時にはっきりとマルクス主義的な色彩を有しており、フランスにおける共産主義社会の到来へのコミットメントが含まれている。しかしここではメルロ＝ポンティにおける共産主義の問題を追うことはせず、実効性の重視というポイントを確認するに留める。

本節ではメルロ＝ポンティの倫理学の実質的な面について、四つの特徴に注目して説明してきた。既存の原則を遵守して足れりとするのではなく個々の状況をよく見て最適の対応をそのつど探ること、行為者の内面的な意図や動機ではなくそれが他人や世界に対して引き起こした帰結や意味を重視すること、自己統御や個人性を前提として道徳を考えるのではなく、脚本のないドラマに巻き込まれ、覚えのない役割を割り当てられた役者の振舞いとして私たちの行為を考えること、価値を所与のものとみなさず、獲得されたもの、または獲得すべきものとみなし、価値を成就する実践を重視すること。続く諸章において、これらの特徴は繰り返しメルロ＝ポンティの倫理学に見出されることになる。

第二節　方法的な特徴

具体的倫理学

本書第一章・第二章で見てきたように、『行動の構造』と『知覚の現象学』は心理学をはじめとする科学を検討することによって、抽象的・形式的な思考（反省）に終始しがちな哲学を具体的なものと接触させ、私たちの生きる現実に沿うように哲学的概念を改鋳する試みであった。倫理学においてメルロ＝ポンティは科学をほとんど参照しなくなるが、具体的なものから出発する姿勢は崩していない。「資格と業績」で標榜されている「具体的哲学」（PD 25/18）をもじって、その姿勢を具体的倫理学と呼ぶこともできるだろう。

すでに『知覚の現象学』でもセザンヌの絵画やプルーストの『失われた時を求めて』、あるいはフランス革命やロシア革命といった政治的な出来事が考察されていたが、その後のテクストでは芸術作品や現実の事象がより積極的に取り上げられることになる。たとえば『ヒューマニズムとテロル』では、モスクワ裁判をはじめとするソ連の政治と、これをモデルとしたA・ケストラーの小説『真昼の暗黒』（一九四〇）が検討されている。『意味と無意味』では、セザンヌの絵画に加えてボーヴォワールやサルトルの文学、いくつかの映画、そしてフランスにおける第二次世界大戦の経験が論じられている。

学術文献から文化的・政治的なテクストへの重心移動が生じたからといって、この時期のメルロ＝ポンティに方法上の変化を認めなければならないわけではない。『行動の構造』と『知覚の現象学』が科学の自己批判的な進展に哲学的な意義を見出していたのと同様に、メルロ＝ポンティは文化や政治の変化にも潜在的な哲学を発見しようとしているからである。

たとえば「小説と形而上学」の冒頭では、「これまでの作品においては、つねに精神が問題となってきたが、今後は明らかに、世界に関する特定の立場を固めることが問題になるのであって、文学や哲学も、政治と同様、そうした立場の異なった表現にすぎない」（SNS 35/38）と述べている。現代の文学は「精神」のような「その上に安らぎうる人間本性」を提示するのをやめ、「人間の一つ一つの行為」に「形而上学的なもの」が侵入する様を表現するようになっている（SNS 37/40）。メルロ＝ポンティにとって、こうした文学の変化は「実存哲学の歴史的必然性と重要性」（SNS 35/39）を証言しており、合理主義・主知主義から現象学・実存哲学への移行を動機づけるものである。

政治的事件も同様である。「戦争は起こった」によれば、戦前にフランスで教えられていたのは、社会を「つねに平和と幸福に備えている意識の総和」に還元する「楽観主義的な哲学」であった（SNS 169/203）。「自由」や「個人生活」を所与のものとみなす「個人主義」と、自分をいかなる特殊性も来歴もなく「世界を前にした裸の意識」だと信じ込む「普遍主義」が当時の雰囲気であった（SNS 170/204）。戦争は、そこに漂っていた「自分の人生の主人である」という陽気な感情が実のところ「共存の一つの様態」であり、「特定の雰囲気においてしか可能でなかった」ことを明るみに出した（SNS 173/208）。また、人間は何の性質ももたない精神ではなく、歴史の中で必ずしも自分で選んだわけではない役柄を割り振られながら、何者かとして他人に対して振舞う存在であることも、ドイツによるフランス占領の経験の教訓であった（SNS 174–175/209–211）。このように、戦争と占領は「歴史の信じがたい力」（SNS 184/221）を教えることで、個人主義、自由主義、普遍主義といった楽観的な思想から人間の社会性や歴史性を真剣に考慮する思想への移行を促している、というのがメルロ＝ポンティの見解である。これはもちろん第二次世界大戦そのものを肯定しているわけではまったくなく、戦争が起こった以上はその教訓を真面目に受け止めるべきだという趣旨である。

　これらの例が示すように、メルロ＝ポンティは自分の確固たる思想を都合のよい事例に当てはめて解釈するのではなく、それぞれの領域に哲学や倫理学が潜在しているとみなし、その変化を観察して思想的な意味を読み取ることを通して自分の思想を展開している。メルロ＝ポンティ自身の言葉を借りれば、具体的な倫理学とは「自らを危険にさらして〔諸現象〕を読解し理解し、その結果それらを一時的で偶然的な出来事という身分から引き上げる思考」（PD 25/18）なのである。

現象学的倫理学

もう一つの方法的な特徴は、メルロ＝ポンティが現象学的な記述を通して倫理学を行う点にある。メルロ＝ポンティにとっての現象学をここで隈なく説明することはできないが、少なくとも以下の二つは重要な契機だろう。

一つは、「客観的世界の手前にある生きられた世界へと立ち戻ること」(PhP 69/I-110) である。前節でも述べたように、客観的思考において私たちは世界を初めから完成したものとみなしており、それがこれまでに生成してきたものであり、今も生成しつつあるものであることを見失っている。生きられた世界とは、単なる日常経験のことではなく、生成の相において、つまり未完成の作品として捉えられた世界である。本書にとって重要なのは、私たちを生きられた世界へと還帰させるものとして「没理性の経験」(SNS 7/1)、あるいは次のように「カオスの経験」が特記されていることである。

> 思弁の地平においても他の地平においても、カオスの経験は私たちに、合理主義が原理的に免れていると称していた歴史的展望において合理主義を把握するように誘い、理性が作ったわけではない世界における理性の湧出を私たちに理解させ、それなしでは理性も自由も空虚となり解体してしまうような下部構造を準備させる哲学を追求するように誘う。(PhP 69/I-110)

生きられた世界へと還帰するとは、最初からずっと独立して存在すると思われていた理性や自由が実は歴史をもっており、偶然的で事実的なものによって支えられていることに気づくこと、あるいはカオスの経験において気づかされることである。

ただし、これは「最初の哲学的行為」（PhP 69/I-110）にすぎない。この行為だけで終えるなら、哲学者は無意味な諸断片以外のものを世界に見出すことができないだろう。右の引用では第二の行為も示唆されている。つまり、没理性的な経験において理性が湧出するさまを見ることや、理性や自由を支える実質的なものを探求することである。「自由」への言及から、「他の地平」には実践の地平が含まれると推測できる。実際に『意味と無意味』では、「私たちは道徳を再発見しなければならないが、それは非道徳主義が経験した諸々の葛藤との接触においてでなければならない」（SNS 8/2）と明言されている。普遍的で無時間的に思われた道徳が通用しなくなる「葛藤」の経験へと還帰した上で、新たに実効的な道徳を発見することがメルロ＝ポンティにとっての現象学的倫理学の行程である。この方法は前節で見た原則主義と形式主義への批判とも密接につながっている。

　メルロ＝ポンティ的な現象学の第二の契機は、経験の非明示的あるいは前述定的な水準に注目することである。『知覚の現象学』では、明確な認識や判断を行う「表象志向性」（PhP 142/I-209）あるいは「作用志向性」（PhP viii/I-19）よりも深いところで密かにはたらいている志向性として、「作動的志向性」（PhP viii/I-19）が重視される。それは、「世界と私たちの生の自然的かつ前述定的統一をつくるものであり、客観的認識においてよりも私たちの欲望、価値づけ、風景においてはっきりと現れるもの、私たちの認識がその正確な翻訳たろうとしている原文を提供するものである」（PhP xiii/I-19-20）。

　メルロ＝ポンティはこの概念をフィンクの論文「エトムント・フッサールの現象学の問題」（一九三九）から借りている（Saint Aubert 2005: 142）。フィンクによれば、「単純な原様態的な作用」つまり「単純な……についての意識」は、「ある単純化する能作の結果」である（Fink 1939: 266/166）。この能作が「作動的志向性」、つまり「生き生きと意味を形成し、意味を作動させ、意味を変化させる意識の機能」である（Fink 1939: 266/166）。したがって志向的分析は、単純な作用から作動的志向性へと遡って問うことを課題とする。メルロ＝ポンティが現象学の独創性を志向性一般ではなく作動的志向性の発見に見出す背景には、こうしたフィンクのフッサール解釈があったと考えられる（PhP xii/I-18–19, 141/I-208–209）。

作動的志向性には身体の運動性や知覚が含まれるが、右の引用で「価値づけ」と書かれているように、倫理に関するはたらきもある。メルロ＝ポンティの現象学的倫理学は、はっきりと言明された道徳判断や決断、あるいは意図的になされた行為に先立って、そうした作用の目立たない基礎となっているはたらきに注目する。例としては、誰かの発言をよく聴いて内容の是非を判断する前にその人を何となく信用ならないとか攻撃的であると感じること、何らかの決断を下す前にその決断によって向かうことになる方向が他の方向よりもよさそうに思われること、約束を破る前にその約束はたいして重要なものではないと感じていることなどがあるだろう。前節で内面性批判に関連して、メルロ＝ポンティの倫理学は行為する本人の意図とは異なる行為の意味を問題化しうると述べたが、必ずしも本人が自覚しているわけではない作動的な水準に着目することもその点と関係する（たとえばハラスメントはしばしばそうしたレベルの立ち居振舞いにおいて生じる）。メルロ＝ポンティの倫理学がこうした水準に注目していることは、特に第十章や第十一章で明らかになる。

本章で見てきたメルロ＝ポンティの倫理学の諸特徴は、現在主流の倫理学から見ればどれも異様なものだが、それだけに倫理学を批判的に拡張する可能性を秘めていると思われる。その点は終章で考察しよう。本章ではごく形式的にいくつかの特徴を素描したにすぎない。章を改めて、メルロ＝ポンティが実際に倫理学を展開する次第を追っていこう。

第八章　自己自身との交流

本章では、メルロ゠ポンティの自由論のうち、倫理学の問題である「自己自身との交流」に関する議論を検討する。自己自身との交流という問題圏にはさまざまな論点が含まれるが、メルロ゠ポンティが立ち入って論じているのは自分の過去あるいはコンプレックスとどのように付き合うかという点である。この問題は、『知覚の現象学』に基づいて『意味と無意味』の巻頭論文「セザンヌの懐疑」で詳しく論じられるので、本章ではこれらのテクストを検討する。

まず、「セザンヌの懐疑」を自由論として読むという本書のアプローチについて説明した上で、同論文の大まかな構成を確認する（第一節）。その後、自分の過去との交流という倫理学的問題について考察する（第二節以降）。

第一節　「セザンヌの懐疑」における二つの自由

本書第四章で確認したのは、『知覚の現象学』の自由論が、主体論の一角として、離脱と参加の二側面を表す二つの自由を提示しているということであった。しかし、二つの自由は別々に認められており、それらがお互いにどのような関係にあるのかは不明確である。中断の自由は世界への普遍的参加を前提するとは言われているが、動機づけられた個々の参加は普遍的参加と同じではない。普遍的参加が被投性の別名である一方で、動機づけられた参加は自発的な行為である。そこで以下では、『意味と無意味』、とりわけ「セザンヌの懐疑」において、二つの自由の関係が明確化されることを示したい。

「セザンヌの懐疑」は二つの部分に分けて読まれてきた。前半はセザンヌの「絵画の意味」（SNS 15/12）を理解する試みとして、後半はセザンヌの生と作品の関係についての考察として捉えられてきた。特に前半部分は頻繁に引用されてきたが、その背景には、『知覚の現象学』の知覚論にたびたびセザンヌへの言及が見られること（PhP 303/II-87-88, 372-373/II-175, 380/II-185）、同書序文の有名な結びにおいて、バルザック、ヴァレリー、プルーストと並んで、画家としては唯一セザンヌの名が挙げられ、彼らの努力と現象学が合流すると述べられていること（PhP xvi/I-25）、後年の芸術論「間接的言語と沈黙の声」（一九五二）や「眼と精神」（一九六一）でもセザンヌに触れられていること（S 64/I-77; OE 22/256 et *passim*）、こうした事情があるだろう。たとえば美学者の横山奈那は、メルロ＝ポンティも参照しているオーストリアの美術史家F・ノヴォトニー（PhP 372/II-187）がセザンヌの作品を「描かれた認識論」（カント的なそれ）と解釈したことを受けて、メルロ＝ポンティにとってセザンヌの作品は前客観的な知覚世界を解明する

「描かれた知覚論」だったと主張する（横山 二〇一二：二〇〇-二〇一）。またメルロ＝ポンティの芸術論の代表的な研究者であるG・A・ジョンソンも、「セザンヌの懐疑」は「絵画の現象学のトポグラフィを分節する」と述べて、その前半部分を現象学との関連で検討している（Johnson 1993: 3）。それに比べると、後半部分は注目されることが少ないとはいえ、たとえば円谷裕二が天才芸術論（絵画を画家個人の才能や霊感に帰する議論）を否定する議論として解釈している（円谷 二〇一四：三二六-三三〇）。これらの試みはたしかに「セザンヌの懐疑」の理解に寄与している。

しかし私見では、この論文でのメルロ＝ポンティの主題は自由である。この点に関して、『知覚の現象学』の自由論が「セザンヌの懐疑」の後半部分の理論的骨組みをなしていることがすでに岩崎陽子によって指摘されている（岩崎 二〇〇一）。しかし岩崎は『知覚の現象学』の自由論をサルトル批判として紹介しており、本書第四章で見た二つの自由、特に中断の自由の概念を見落としている。また岩崎は「セザンヌの懐疑」の後半部分しか扱っていない。しかし、中断の自由を考慮に入れるならば、前半部分も自由論として解釈することが可能となり、結果として「セザンヌの懐疑」全体を自由論として理解できるようになる。本節ではまずこの点を明らかにしてみたい。

非人間的な自然の開示

前半部分から見ていこう。メルロ＝ポンティはまず、伝記的事実から作品の意味を説明するアプローチや、セザンヌの精神病理の表現として作品を解釈するアプローチを、「彼の作品の意味は、彼の生によっては決定されえない」（SNS 15/12）として退け、また美術史的な影響関係に基づく解釈の有効性も否定した上で、セザンヌの絵画の現象学的な分析を試みる。そこでは、『知覚の現象学』の知覚論を背景に、遠近法、奥行、そして何よりも色彩という現象が取り上げられ、表現の行為を通じた普遍的な意味の創造が記述されており、多くの先行研究がこの部分を対象としている（Madison 1973: 91–99; Haar 1992）。しかし本書で注目したいのは、セザンヌの作品と「人間性」（SNS 22/21）の関係が問題とされる箇所である。

> 私たちは、人間によって構築された諸対象からなる環境の中で、諸々の道具の間で、家や街路や町の中で生きており、たいていの場合は、それらがその適用の点になりうる人間の行為を通してのみそれらを見ている。私たちは、こうしたことすべてが必然的に存在し、揺るがしがたいものだと考えることに慣れている。セザンヌの絵画は、これらの習慣を宙吊りにし、人間がその上に身を置いている非人間的な自然という地を開示する。（SNS 22/20）

『行動の構造』においてすでに、メルロ＝ポンティは「使用の対象」や「文化的対象」といった「人間固有の環境を構成する」ものを生産する「労働」に人間的秩序の開始を見ており（SC 175/241）、『知覚の現象学』でも「行動は自然の中に降っていき、文化的世界という形でそこに沈殿する」（PhP 399/II–209）と述べていた。「セザンヌの懐疑」の翌年に発表された「マルクス主義と哲学」では、「ある社会の精神は、それが自らに与え、その只中で生きている文化的諸対象によって実現され伝達され知覚される。実践的カテゴリーは、そこに沈殿するのであり、今度は文化的諸対象のほうが人間たちに存在と思考の仕方を示唆する」（SNS 159/192）と語り直されることになる。引用の前半で語られているのは、このように文化的対象や道具によってすでに人間的世界が構成されている状態での私たちの生活である。

　さて、人間的世界は通常「揺るがしがたい」ように思われるわけだが、対象に「私たちが自分の仕事を中断して、形而上学的で没利害的な注意を向ければ」、そこに「非人間的な」ものが隠されていることが明らかになる（PhP 372/II-174）。セザンヌは「文化的対象のうち最初のもの」である「他人の身体」（PhP 401/II-211）、しかもその「顔」を「もののように」（SNS 21/19）描いたとされるが、メルロ＝ポンティがここに人間的世界への没入の中断を見出していることは明らかだろう。私たちは自然的世界から人間的世界へと上昇していくのではなく、いきなり人間的世界へ投げ込まれるからである。「セザンヌの言葉によれば、顔を小石のようにまなざすことを私たちに教えるのは画家たち——特定の画家たち——である。人間的意味のほうが、いわゆる感覚的記号よりも前に与えられる」（SC 181/248）。したがって、右の引用における非人間的な自然のセザンヌによる開示とは、第四章で見た中断の自由の一用例だと考えられる。

　興味深いことに、ここでメルロ＝ポンティはこうした中断と開示を人間に固有の力として捉えている。「ただ人間だけが、構成された人間性の手前で、根元にまで達するこの視覚を行使しうる。動物たちが事物を眺めたり、真理以外の何も期待せずに事物の中に入り込んだりできないのは明らかである」（SNS 22/21）。出来合いの人間的対象を使いこなす能力は、人間的世界から身を引いてその根源を発見する力に比べれば二次的である。特定の環境（環世界）を生き続ける動物とは異なり、人間は自分たちの作った環境からさえ抜け出すことができる。[1] セザンヌは、この自由を構成された世界全体に対して行使することによって「根源的世界」（SNS 18/16）を見出すことが可能になることを、身をもって私たちに教えるのである。

「セザンヌの懐疑」の前半部分において中断の自由の概念が密かに用いられていることが明らかになった。しかし、ここで検討を終えるなら、セザンヌの自由は単に「人間的世界からの逃避、彼の人間性の疎外」（SNS 15/12）にすぎないことになる。もしそうであれば、なぜメルロ＝ポンティは「人間的世界が可能であることに確信がない」「今日の市民」（SNS 9/4）に対して、セザンヌを引き合いに出すことで希望を与えようとしたのか、理解できなくなってしまう。その理由を知るためにも、後半部分の検討に移ることにしよう。

動機づけの諸関係

論文の中程に至って、メルロ＝ポンティは改めて、セザンヌの人生における「諸々の偶発事」が「彼の作品の字面の意味しかもたらさない」ことを強調する（SNS 26/26）。なぜなら、「芸術家の創造は、人間の自由な決断と同様に、このような所与に、それら〔創造や決断〕以前には存在していなかった具象的な（figuré）意味を課す」（SNS 26/26）からである。言い換えれば、生育環境や重大な事件といったさまざまな所与がセザンヌに現れる仕方は、「彼が生きなければならないものとして自らを提示しつつ、その生き方は未決定のままにしておく」（SNS 26/26）というものなのである。

このように述べることで、メルロ＝ポンティは二つの考えを一挙に退けている。一つはもちろん、セザンヌの人生における所与が作品の原因であり、作品の意味を余すところなく説明するという考えである。もう一つは、自由を「何らかの抽象的な力」（SNS 26/27）と捉えて、どんな所与があっても任意の投企が可能だとする見方である。知覚が事物の自然な分節に従うように、生と作品は「通じ合う」、あるいはむしろ一体となって「ただ一つの冒険」をなす（SNS 26/27）。メルロ＝ポンティがここでサルトル的な自由——未来の投企に照らして過去と現在が意味づけられる——を論敵として想定していることは明らかだろう。同じ趣旨の主張が『知覚の現象学』にもすでに見られるが、そこではサルトル的な自由との対抗関係がより明白である。「私たちが自分の生についてなす選択は、いつも特定の所与を土台にして生じる。私の自由は私の生をその自然発生な意味から逸らすが、それはまずその意味を取り入れながら、一連の滑り込みによってであって、けっして絶対的創造によってではない」（PhP 519/II-374）。

このように、生と作品は遠心的かつ求心的な関係にある。D・A・ランズが述べるように、セザンヌ個人の歴史には「重さ」があるが、それは「決定論」や「原因」ではなく「動機づけ」として捉えるべきである（Landes 2013: 37）。メルロ＝ポンティ自身、誕生や過去を「未来を決定する力」として捉えるのではなく、「動機づけの諸関係」を見て取るよう勧めている（SNS 31/33）。

次節以降ではより踏み込んで個人史との関係における自由を考察していくが、その前に二つの自由の関係を示しておこう。『知覚の現象学』とは異なり、「セザンヌの懐疑」では、二つの自由はどちらも同じ一つの行為、つまりセザンヌの表現行為に見出されている。重要なのは、この行為が単に人間的世界からの離脱ではなく、同時に復帰でもあるという点である。セザンヌはたしかに「黙した孤独な経験と

［1］動物と人間のこうした差異について、メルロ＝ポンティはシェーラーの『宇宙における人間の地位』（一九二八）などを参照しながら論じていた（SC 189–191/260–262, PhP 377/II-181, 406–407/II-219）。ただし、後期の「自然」講義などでは人間と動物の境界についてより微妙な見方を示すようになる（加國 二〇〇二：二〇五–二一三；Toadvine 2009b: 86–96）。

いう地」(SNS 25/24) に立ち戻るが、その制作はやはり「世界の中で、キャンバスの上で、色彩とともに」なされるのであり、「彼は自分の価値の証明を、他人たちに、彼らの同意に期待せねばならない」(SNS 32/35)。セザンヌは自然的世界の促しに応えているだけでなく、人間たちに呼びかけてもいる。「作品は、成功すれば、自分自身を教えるという奇妙な力をもつ」(SNS 25/25) のであり、そのときには作品は「これらばらばらの生を結びつけ」、「複数の精神の中に、推定的にはすべての可能な精神の中に、ずっと続く獲得物として、分割されずに住みつくだろう」(SNS 26/26)。廣瀬が示唆するように、ここですでに作品の制度化が語られているのであり (Hirose 1993: 154)、セザンヌは単に「表現」だけでなく「交流」をも遂行したとメルロ＝ポンティが言いえたのもそのためである (SNS 8/2)。セザンヌの表現とは、出来上がった文化の手前に遡り、文化を「新たに創設する」(SNS 24/24) ことであって、けっして自然への逃避に尽きるものではないのである。なお、短文「ひんしゅくを買う作家」でも、サルトルの作品は「人間以前の根を見せる」(SNS 60/70) ことで「構成された人間を焼き尽くす」(SNS 57/66) ものであり、サルトルの自由は「所与の種としての人間性の否定であり、自己を創造するような人間性への呼びかけである」(SNS 58/68) として、セザンヌと同様の人間性の破壊と創設を見出している。

第二節　コンプレックスによる動機づけ

以下では、過去の個人史との関係における自由を考察する。この問題に関するメルロ＝ポンティの議論の背景として、精神分析のコンプレックス概念を彼がどのように理解しているかをまず押さえておく必要がある（本節）。次いで、セザンヌの表現と彼の過去の関係を表す「多元決定」の概念について、『知覚の現象学』における「雰囲気」の概念との関連から説明する（第三節）。最後に、過去を捉え直すことで自己を創造することに自由を見出す（第四節）。

「セザンヌの懐疑」がまとまりを欠いた印象を与える一因は、後半でセザンヌから離れてレオナルド・ダ・ヴィンチに関する議論が展開されることにあるだろう。メルロ＝ポンティはまずヴァレリーの「レオナルド・ダ・ヴィンチ方法序説」（正確にはこれを総題として『ヴァリエテⅡ』（一九二四）に収録された「注記と余談」と「序説」）におけるダ・ヴィンチ像を、いかなる動機づけももたず、すべてを自発的に行い、自分が何をしているか知り尽くしている「純粋自由の怪物」（SNS 28/29）として紹介する。次いで、フロイトの「レオナルド・ダ・ヴィンチの幼年期の思い出」（初出一九一〇年、第三版一九二三年）を対置して、「ダ・ヴィンチにおいては、精神を定義するこの純粋な精査や孤独や好奇心でさえも、彼の歴史との関係においてのみ確立された」（SNS 31/32）ことを主張する。そして最後に、精神分析に対するメルロ＝ポンティの見解として、すべてを性に還元するような「説明」は退けつつも、「精神分析的直観」は排除できないこと（SNS 31/33）、そして精神分析が私たちに教える種類の自由がセザンヌにも見出せることが指摘され、論文は閉じられる。

このようにメルロ＝ポンティは、セザンヌの自由を明らかにするためにダ・ヴィンチにおける個人史と精神の関係を考察しているわけだが、精神分析に関する「セザンヌの懐疑」以前の議論を考慮に入れなければ、この箇所を理解するのはやや難しい。自由の問題と関わる限りで振り返ってみよう。

まず注目されるのは、『知覚の現象学』の「自由」の章で、「劣等コンプレックス」（PhP 504/II-353）が問題となっていることである。サルトルは未来への選択が過去または事実性に価値を与えると主張した[2]が、メルロ＝ポンティは選択にそのような力を認めず、むしろ「私たちの生の一種の沈殿作用」（PhP 504/II-353）を強調する。「世界に対するある態度がたびたび強められると、それは私たちにとって特権的になる」（PhP 504/II-353）。二十年間養ってきたコンプレックスは、それゆえ「宿命ではないとしても、少なくとも特別な重みをもつ」（PhP 505/II-354）。メルロ＝ポンティによれば、自由はこの沈殿した重い過去を無に帰すことはできず、むしろそこに「自らを噛み合わせる」（PhP 505/II-354）。コンプレックスは私の行動を決定するわけではないが、動機づけを通して「特権的な解決の諸様式を求める」（PhP 505/II-355）のである。

コンプレックスの概念は、『行動の構造』でもすでに論じられていた。そこではフロイトがコンプレックスの形成や抑圧といった現象について、力の葛藤やエネルギーといった「因果的な諸概念の体系」（SC 192/264）を用いて説明したことが批判され、同書で練り上げられた「構造の用語によるフロイト主義の解釈」（SC 247/19）が試みられる。そこでコンプレックスは、特定の部分的行動が行動の構造全体にうまく統合されず、「断片」（SC 192/264）として孤立している状態だと解される。コンプレックスをもつ人は、すべての契機が構造全体と内的に結びついた「完全に統合された行動」（SC 192/264）をなす正常者との明白な対比において、「異常者」（SC 194/266）と捉えられる。

『行動の構造』では、画家エル・グレコの視覚異常と作品の関係が論じられており、「セザンヌの懐疑」後半の内容がすでに素描されているとも言えるのだが、そこでもコンプレックスが引き合いに出されている。ただし、エル・グレコの視覚異常は「外部から課せられた特殊性としてよりも彼の存在の必然的な表現として現れるほど深く、彼の考え方とあり方に統合された」（SC 219/302）、つまり正常な行動の構造に組み込まれたのに対して、コンプレックスは「予期せぬ経験には抵抗しない常同的な統一」、「見かけの統一」（SC 219/303）でしかないとされる。同じ「感官的・体質的虚弱さ」でも、エル・グレコにおいては「より大きな自由の機会」となるのに、コンプレックスに支配された人にとっては「隷属の原因」なのだとメルロ＝ポンティは述べる（SC 220/303）。

ところが、バンブネも指摘するように、「『行動の構造』においては明らかに病理的なものとして定義された」コンプレックスや抑圧といった精神分析の諸概念は、「『知覚の現象学』ではまったく異なる意味をもって再び現れる」（Bimbenet 2004: 124）。それは何よりもまず、これらの概念が身体の両義性を表現するものとして捉え返されたことによる。患者が自分の身体の欠損を認められず、欠損以前の過去の身体が習慣的身体として現在にも非反省的な水準で残存していることとして幻影肢の現象を記述する際、メルロ＝ポンティは抑圧の現象を引き合いに出す。抑圧においても、患者は「ずっと同じ不可能な未来に開かれたままでいる」（PhP 98/I-149）からである。過去の経験が流れ去らずに「固着」（PhP 98/I-150）して、主体自身には表象されることなくそのあり方を一般的な仕方で構造化していること、それが抑圧と呼ばれる。これだけなら単なる類比にすぎないが、メルロ＝ポンティはさらに進んで、抑圧の意味を拡張して、「非人称的なものの到来」を表す「普遍的な現象」（PhP 99/I-150）として承認する。自然的世

［2］「対自が、その未来の選択によって、過去の事実性にある価値を、ある階層的な秩序を、ある切実さを与え、それらから出発してこの事実性が対自の行為や行動を動機づけるとき、過去は状況に統合される」（Sartre 1976: 549/III-193）。

界と関わる生物学的な水準の身体、つまり「私の有機体」もまた、私の人格に対して抑圧されたものの位置にあるというのである。「私の有機体は、世界の一般的形態への前人格的粘着として、無名で一般的な実存として、私の人格的生の下で、生得的コンプレックスの役割を演じる」（PhP 99/I-151）。身体の両義性とは、人格としての私が自分の有機体を抑圧しながらも完全に乗り越えることはできず、また有機体へと完全に還元されることもできないということを指す。

こうしてコンプレックスは病理的状態の名称から私たちの存在仕方そのものを表す概念へと転換されたのであり、だからこそ「自由」の章でも私たちの生の沈殿作用の典型として登場しえたのである。[3]「セザンヌの懐疑」でフロイトのダ・ヴィンチ論が好意的に取り上げられる背景には、こうした精神分析への評価の変遷があったと考えられる。しかし、コンプレックスに関する検討から読み解けるのは、「レオナルドが〔…〕最初の数年間に彼の同意の力をすべて備給してしまったかのように、最後まで幼年期に忠実であったかのように、すべては進行する」（SNS 30/31-32）という点、つまり固着した過去によって重みを授けられたある特権的な態度がダ・ヴィンチに見られるという点だけである。その上でメルロ=ポンティは、独自のフロイト解釈を施すことで動機づけの概念を深化させている。その実相を理解するために、今度は『知覚の現象学』の「性的存在としての身体」におけるフロイト解釈を見てみよう。

第三節　雰囲気と多元決定

「自由」の章に先立って、「性的存在としての身体」の章も動機づけの問題に触れている。「性は明確な意識の作用の対象となることなく、私の経験の特権的な諸形態を動機づけうる」(PhP 197/I-279)。興味深いのは、性による動機づけを指して、性は「曖昧な雰囲気」(PhP 197/I-279) であるという表現がなされることである。この雰囲気という概念は、「自由」の章でも、コンプレックスが特別な重みをもつことについて、それは「私の現在の雰囲気」(PhP 505/II-354) になっていると言い換える際に用いられている。また、「他人と人間的世界」の終盤でも、他人が私にとって「拒否できない共存のスタイルまたは場」として存在していることを、「私の生はある社会的な雰囲気をもつ」と言い換えたり、「私が自分の死を考えないとしても、私は死一般の雰囲気の中で生きる」と述べたりしている (PhP 418/II-235)。要するに、雰囲気とは私が諸々の超越 (性、過去、他人、死など) と動機づけの関係にあることを指す概念なのである。

「性的存在としての身体」の章には、この概念に関する考察が見出せる[4]。まず雰囲気と動機づけの関係については、この「個人的な霧」を通して「私たちは世界を知覚する」こと、その霧には「漠然とした諸形態、特権的な諸関係」が存在することが指摘されている (PhP 196/I-278)。私たちは覚醒していても世界を隅々まで明晰に表象しているわけではなく、「いつもまどろんでいる部分」(PhP 196/I-278) があ

[3] 一九四九-一九五〇年度のソルボンヌ講義「大人から見た子ども」においても、J・ラカンの執筆した辞典項目「家族」を検討するに先立って、次のようにコンプレックスの全般的な重要性が主張される。「「コンプレックス」の概念を病的形成の意味でではなく、あらゆる通常の形成の鍵として理解しなければならない (「コンプレックスのない人間」は存在しない)。コンプレックスとは、特定の状況に対する常同的態度であり、いわば行為のもっとも安定した要素であり、特定の諸状況の間に類似があるとき、いつも再現される一群の行動特性である」(CS 109/161)。この講義については澤田の研究を参照 (澤田 二〇二〇：一九三-二一五)。

[4] 以下の数段落は澤田による考察 (澤田 二〇一二：二〇八-二一二) に多くを負っている。

り、それが雰囲気（霧）として私たちを取り巻いている。何かを性的なものとして知覚するとは、表象であるよりもまず、雰囲気を通して性的な関係が特権的になるということである。

さらに重要なのは、雰囲気の概念が性と実存の関係を示すという点である。メルロ＝ポンティはこの概念によって、実存を性という下部構造に還元しようとする俗流フロイト主義を退け、自分なりに性を位置づけようとしていると言える。「性は人間の生の中で乗り越えられることも、無意識的な表象によってその中心に形作られることもない。性はある雰囲気のように人間の生にたえず現前している」（PhP 196/I-278）。性と実存は一方が他方の原因または基礎であるような関係にはなく、両者の間には「相互浸透（osmose）」（PhP 197/I-279）があるとされる。そのため、ある行動について、性的な動機と他の動機の持分を区切ることはできず、ひいてはその行動を「性的」と呼ぶことも「非性的」と呼ぶこともできない（PhP 197/I-279）。

メルロ＝ポンティはこのことを「人間的実存には未決定性の原理がある」（PhP 197/I-279）とも表現している。本章にとって重要なのは、この原理が性だけでなく他の超越との関係にも妥当するということである。「多義的なことが人間的実存に本質的である」（PhP 197/I-279）と言われるように、実存に浸透しているのは性だけではなく、人間は種々の雰囲気に取り巻かれていると考えられる。死の雰囲気、固着した過去の雰囲気、社会的な雰囲気が記述されていることはすでに確認しておいたし、おそらく政治や宗教の雰囲気も同様に語れるだろう[5]。それらの雰囲気は順番に主体を取り巻くわけでも、部品のように区切れるわけでもなく、すべてがたえず実存に浸透している。メルロ＝ポンティが次のように実存を定義するのは、こうした事情を念頭に置いてのことである。

> 〔…〕実存とは、他の諸事実に還元できるような、または他の諸事実がそこに還元されうるような（「心的事実」のごとき）諸事実の秩序ではなく、それらの交流する多義的な環境、それらの限界がごちゃまぜになる点、あるいはそれらの共通の横糸である。（PhP 194/I-275）

さまざまな事実（超越）が実存によって引き受けられ、その行動を動機づける雰囲気に転じるという発想をもつがゆえに、メルロ＝ポンティはフロイトの「多元決定」の概念を重視することになる。多元決定とは「症状はいつも複数の意味をもつ」（PhP 184/I-265）ことを指しており、フロイトが同じ症例について複数の解釈（多元解釈）を示すことの根拠となる考えである。[6]『知覚の現象学』では注での言及に

---

［5］「性的存在としての身体」の前半で、メルロ＝ポンティはシュナイダー症例に関して「シュナイダーが性的状況に身を置くことができないのは、一般に彼が感情的またはイデオロギー的な状況に身を置けないのと同様である」（PhP 183/I-260）と述べ、彼が「政治や宗教」（PhP 183/I-261）について考えられなくなっていることを紹介している。なお、猥褻な絵などを見てもエロティックな状況に身を置くことができなくなったことがシュナイダーの症状として記述されていることは、J・バトラーが批判するように女性を男性の一方的な性的まなざしの客体とみなしている点でミソジニー的であり、女性の身体が男性の性的欲望を引き起こすことを前提している点で異性愛主義的である（Butler 1989; 藤高 二〇一八：一一三-一一八）。また、他人に性的に惹かれないアセクシュアルなあり方を異常視している点では「強制的性愛」の規範を前提してしまってもいる（Gupta 2015; 松浦 二〇二〇）。こうした問題点はフェミニスト現象学およびクィア現象学による非規範的なセクシュアリティの記述によって乗り越えていかなければならない。

［6］J・ラプランシュとJ-B・ポンタリスは次のように説明している。「無意識の形成物〔症状や夢〕は、多数の無意識的な要素に関係しているという意味に〔多元決定は〕理解される。これらの無意識的な要素は、違った意味をもついくつかの場面系列として組織することができ、解釈の水準のとりかたによって、それぞれの水準に固有の一貫性のある意味をもつものである」（ラプランシュ・ポンタリス 一九七七：三〇九）。

留まるが、後の「受動性」講義ではフロイトのダ・ヴィンチ論に再び言及しつつ（IP 212）、次のように多元決定の意義が指摘されている。

> フロイト主義の本質は、見かけの下にまったく別の実在があることを示したことにではなく、ある行為の分析はいつも複数の意味作用の層を見出すこと、それらの層はすべてそれなりの真理をもつこと、可能な解釈の多元性は一つの複合的な生——そこではそれぞれの選択がいつも複数の意味をもち、そのうちどれか一つだけが真であるとは言えない——の言説的な表現であることを示したことにある。（RC 71/51–52）

本書では後期メルロ＝ポンティのフロイト解釈は検討できないが[7]、そこで重視される「原初的で根源的なシンボリズム」（RC 69–70/51）が「セザンヌの懐疑」でも素描されていることを見ていきたい。それによって、セザンヌの自由の自由たる所以も明らかになるだろう。

第四節　自己自身の創造的な捉え直し

フロイトの取り上げるダ・ヴィンチの幼年期の思い出[8]は、メルロ＝ポンティにとって、「彼の未来を決定する力」ではなく「諸々の可能な出来事の複数の線に対して前もって適用される両義的な象徴」（SNS 31/33）である。つまりこの思い出は「多元決定されて」（SNS 31/33）おり、さまざまな象徴系列に関係づける諸解釈を許容する。この「すべてがすべてを象徴する〔…〕私たちの生の循環運動」（SNS 32/34）を、メルロ＝ポンティは次のように明確化する。

> 誕生と過去は、それぞれの生に対して、根底的なカテゴリーまたは次元を定めるのであり、これらのカテゴリーや次元は、どんな特定の行為も課すことはないが、あらゆる行為のうちに読み取られ再び見出される。（SNS 31–32/33–34, cf. HT 172–173/221–223）

私たちの生はそれぞれ複数の次元によって構造化されている。ちょうど照明がそれ自体は見られることなく室内の事物を見させるように、諸次元は表象されることなくあらゆる経験に側面的に影響する。それは原因が結果に及ぼすような単一で一方的な影響ではなく、「反響」や「暗示」（SNS 31/33）と呼ばれる間接的で潜在的な関係である。それゆえ、あらゆる行為にその人の過去を読み込むことができるとしても、それはそう解釈しようと思えばできるというだけのことであり、占いが当たっているように思えるのと同様である。どれほど特権的な重みをもつ過去であれ、それはあくまで多義的な「象徴」にす

［7］廣瀬 二〇〇二；澤田 二〇一二：二三九–二六三；廣瀬 二〇一二；Saint Aubert 2013; 加國 二〇一四を参照。

［8］「私はまだ幼くて揺りかごの中にいる。すると一羽のハゲワシが私のところに降りてきて尾でもって私の口を開け、何度も自分の尾で私の唇をつつくのだ」（フロイト 二〇〇九：二九）。フロイトはこの思い出をダ・ヴィンチと母親および父親との関係、そしてダ・ヴィンチの同性愛的な感性との関係から解釈している。メルロ＝ポンティが多元決定の概念を強調するのは、そのように性の観点だけから生を解釈する傾向から距離を取るためでもある。

ぎない[9]。

さらに、どのような事実が雰囲気または次元としてある人の経験を特権的な仕方で形態化するのかは、その人の表現を待たなければ分からない。メルロ＝ポンティにとって、表現とは先在する原典の翻訳ではないからである。「表現以前にあるのは漠然とした熱気だけであり、制作された作品だけが、無よりもむしろ何かをそこに見出すべきであることを証明するだろう」（SNS 24-25/24）。無言の経験は、表現されることによって事後的に発見可能となる。それはたしかに表現行為を動機づけていたが、しかし表現されたものはいかなる動機によっても完全には説明されえない。「作品の意味は、作品自身によってしか定式化できない」（SNS 8/2）。セザンヌの表現には、彼が「出来事や経験」に加えた「変質」、つまり「彼の意味作用」があるからである（SNS 32/35）。

こうして自由とは、「あとで起こる、つねに私たち自身に忠実な、私たち自身の創造的な捉え直し」（SNS 32/34）だと主張される。言い換えれば、表現は創造であると同時に主体の変容でもある。この点は『知覚の現象学』では不明確だったから、「セザンヌの懐疑」において表現の問題に取り組むことで自由の概念も深められたと言えるだろう。序章でも述べたように、「セザンヌの懐疑」は真理論ではないため中期のテクストとは言えないが、表現を論じている点では中期の論述を先取りしている。本章で論じてきた自己自身との交流における自由については、中期でそれほど多くのことが付け加わるわけではない。中期の本格的な表現論である「間接的言語と沈黙の声」において、再びフロイトのダ・ヴィンチ論に触れながら、メルロ＝ポンティはこの「後戻りできない」「その場での乗り越え」たる自由な捉え直しについて、それは所与の「結果」ではなく所与への「応答」だとして、こう語り直している（S 80/I-98）。

> 出来事の秩序から表現の秩序へと移行するとき、人は世界を変えるわけではない。かつて被った同じ所与が、意味するシステム（système signifiant）になるのである。それらの所与は、掘り下げられ、内側から手を加えられ、最後には、私たちにのしかかってそれらを苦しく傷つけるものにしていたあの重みから解放され、透明に、あるいは光り輝きさえするようになり、それらに似た世界の側面だけでなく他の側面をも解明する力をもつわけだが、それらはいかに変形されても（métamorphosé）、そこにあることをやめはしないのである。（S 80/I-97-98）

私たちはセザンヌの作品と生の関係を範例として、個人史との関係における自由を考察してきたわけだが、今となっては「作品と生」ではなく、「作品となった生」と言ったほうが適切に思われる。自分の過去を引き受け、「同じ者であることをやめることなく」（SNS 28/29）、しかしその場で変身すること、「セザンヌの懐疑」が教えるのはそのような自由である[10]。

まとめよう。本章では、倫理学的問題としての自由について考察した。自由は他人や歴史との関係に

[9] フロイト自身、たとえ十分な資料を用いて精神分析的研究を行ったとしても、「この人物がほかならずこのようにしかなりえなかったという必然を洞察すること」（フロイト 二〇〇九：九四）は無理だと述べている。

[10] 一九五三年度のコレージュ・ド・フランス講義「言語の文学的用法の研究」でも、ヴァレリーがダ・ヴィンチ論の立場を後年には自ら乗り越えたという解釈に基づいて、「私たちは生の中に作品を見出さない。というのも、作品とは生から表現の「異常な時」への移行の結果だからであり、生が作品に寄与するとはいえ、生はそこで、それまではまだそうでなかった言語と意味作用になる（se faire）からである」（RULL 135）と述べている。「セザンヌの懐疑」とこの講義におけるヴァレリーの位置づけの変化についてはZaccarello（2012）を参照。

おいても論じられるが、まずは自己自身との交流における自由を考えるために、自分の過去と関係する限りでの自由に論点を絞って、これが論じられる「セザンヌの懐疑」を中心に検討した。その結果、中断の自由と動機づけられた自由という二つの自由概念が、構成された世界から退いて自然的世界へと立ち戻ると同時に自分の過去を引き受けるセザンヌの創造において統一されることが明らかになった（第一節）。さらに第二節以降では、雰囲気の概念によるメルロ＝ポンティ独自の精神分析解釈から、過去は多元決定を免れない象徴として捉えられることを示した上で、過去を意味作用のシステムへと生成させる表現のはたらきとして自由概念が更新されることを確認した。「どこかに向かって進んでいるのかどうか誰も言えない霧の中の歩み」（SNS 8/2）を経て、「セザンヌは偶然にうち勝った」（SNS 9/4）という『意味と無意味』序文の言葉も、今や十分に理解されるだろう。

偉大な芸術家の生を取り上げたために、自由の実現は難しく思われたかもしれない。しかし、セザンヌもまた一人の人間であったことをメルロ＝ポンティは示したのであり、私たちも自分なりに自由になれると思われる。たとえば村上が語りを分析している看護師のFさんは、病気と障害を抱える妹、家と病院の生活が混合した環境、妹の看護と家事を同時に担う謎の存在である母といった受け入れがたい現実を子ども時代に経験したが、看護師となって訪問看護で患者とともに外に出ることを通して現実を受容し、マニュアルを超えた看護を実践する主体となる。メルロ＝ポンティの「重みから解放され」という言葉と呼応するように、Fさんも「ずいぶん軽くなって」と語っている（村上 二〇一三：五二）。過去の創造的な捉え直しとしての自由がFさんにも見出せると言えるだろう。表現はいわゆる作品制作に限られず、職業や職場の選択でもありうるし、他にもさまざまな形態があると思われる。

メルロ＝ポンティがセザンヌに見出した自由は、過去による決定か過去の無化かの二者択一を乗り越えるだけでなく、主体の前反省的な変容と未来の世界への呼びかけを一挙に遂行する。作品による呼びかけという点では、セザンヌの自由はすでに他人との交流であるとも言えるが、この点には後で立ち戻ろう。

第九章　愛

本章では、他人との道徳的な交流としての愛について考察する。メルロ＝ポンティにおいて、愛という現象は感情論や制度論といった多様な文脈で論じられるが（加國 二〇〇四：Dufourcq 2005）、本書では倫理学の観点から検討する。メルロ＝ポンティが愛を倫理学的な問題の一つだと考えていたことは、「知覚の優位性とその哲学的諸帰結」の道徳を論じた箇所で愛を事例としていることや（PrP 68–71/32–35）、道徳を明示的に主題に据えた「小説と形而上学」（次章を参照）で愛が問題となることから明らかである。

ただし、さまざまな交流の中でとりわけ愛が道徳的であるとか、人は誰かを愛するべきであるとか、誰かを愛することが人間にとって自然であるとか、愛は家族や社会の基礎であるといった主張はそこには含まれない[1]。メルロ＝ポンティが愛を取り上げるのはおそらく、自由と暴力という倫理学的な論点が顕著に見て取れる現象だからである。

［1］さらにメルロ＝ポンティは「人間のカップルは自然的実在ではない」（SNS 45/51）とも述べており、一対一の関係が標準的とみなされていることも歴史的な制度化の結果にすぎないことを示唆している。

メルロ＝ポンティの愛の倫理学のうち、本章で取り上げるのは知覚としての愛に関する問題である（行為としての愛については次章で考察する）。そこでメルロ＝ポンティが取り組むのは、誰かを愛しているというとき、人は実のところ何を愛しているのか、という問いである。

これは「知覚の優位性」講演において倫理の問題として提示されたものだが、そこでの議論は簡易的である。『知覚の現象学』で密接に関連する議論がより詳しく展開されているため、本章では『知覚の現象学』における愛の記述から倫理学的含意を引き出すことを試みる。ただし、考察を進める中で愛に関する前期の論述はある限界を抱えていることが明らかになるので、最終節において中期のテクストでの考察の深まりを確認することになる。そのような手順で右の問いへの回答を再構成することにより、愛とはさまざまな性質をもつ主体間の関係であり、変化を含む継続的な過程でありうることが示される。

以下、まず本章の問いが属する文脈を確認し（第一節）、メルロ＝ポンティの答えを再構成する（第二節）。次に答えの鍵となる「地」の概念を検討し（第三節）、最後に何が愛されるのかを考察する（第四節）。

第一節　愛は性質を超えるか

人は何を愛するのかという問いに関して、メルロ＝ポンティの論敵はパスカルである。「知覚の優位性」講演から引用しよう。

> パスカルの有名なテクスト以上に悲観的で懐疑的なものはない。そこで彼は愛するとは何かと自問

して次のように述べている。人は女性をその美しさ故に愛するのではない、というのもそれは消滅しうるからだ。あるいは、彼女の精神の故に愛するのでもない、彼女はそれを失いうるから、と。そして突然こう結論する。「したがって、人はけっして誰も愛しはしない。人はただ諸性質だけを愛する」と。(PrP 70/34, cf. CS 565)[2]

この講演でのメルロ＝ポンティは、人は他人の性質だけを愛するというパスカルの主張に対して、性質を超えて他人を愛することは可能だと主張している。しかし『知覚の現象学』では、性質への愛も含めてより詳しく考察しているので、こちらを検討しよう。

まず、性質とは何か。ここで問題となるのは、本書第六章で見たような、主体に備わる性質である。

---

[2]「誰かをその美貌のために愛する人は、その人を愛しているのか。否、天然痘にかかれば、命は失わなくても、美貌は失われるが、そうなれば、彼はもはやその人を愛さないだろうから。／そして、もし私が、判断力や記憶力が優れているという理由で愛されるとして、この私はたしかに愛されているのか。否、私は自分を失うことができるのだから。それでは、この〈私〉はどこにあるのか。体のうちにも、魂のうちにもないとしたら。そして体にせよ魂にせよ、その性質のためでなしに、どうしてそれを愛することができるのか。しかるにその性質は滅びゆくものである以上、〈私〉を形作るものではない。いったい、ある人の魂の実質を抽象的に、そこにどんな性質があろうと愛するなどということがあるだろうか。それは不可能だし、だいいち、不正だろう。だから人が愛されることは決してない、愛されるのは性質だけだ」(Pascal 1954: Brunschvicg 323, Lafuma 688, Plèiade 306-[C. 375]/389)。山上浩嗣によれば、たしかにパスカルにとってこうした愛は自己の「邪欲」に発する性質への「執着」であり、「他者そのものへの愛とはなりえない」が、神への愛を最終的な目的とする場合は、他者への愛は「慈愛」に転じて正当化される（山上 二〇一四：二一九-三二）。

主体は実存するや否や不可避的に諸々の性質を身につける（PhP 513-514/II-366）。この「性質づけられた実存」は、主体の可視的な側面であり、「他人にとっての私と、私自身にとっての他人」すなわち「対他」に属する（PhP 512/II-363）。性質は誰かに固有のものではなく多くの人に共通するので、「一般化された実存」とも言い換えられる（PhP 513/II-365）。言及されているのはブルジョアや労働者といった社会的な性質だが、対他と一般性という規定は、美しさや若さといった他の性質にも当てはまる。さらに、メルロ＝ポンティがパスカルの断片を念頭に置いていることを考慮すれば、性質は可変的であり消失しうると言える。

それでは、性質への愛とはどのようなものか。「コギト」の章の感情的志向性を論じる段落で、自己欺瞞・偽りの愛・真の愛という三種の感情が区別される。この真偽は価値の序列ではなく感情の現実性に関するものだが、本書ではこの点は扱わない（Dufourcq（2005）および國領（二〇一八b）を参照）。代わりに、偽りの愛と真の愛の区別が、性質への愛と性質を超える愛の区別に重なることに注目しよう。偽りの愛においては、「私は諸性質（別の微笑と似たこの微笑、事実として押しつけられたこの美しさ、振舞いや行為のこの若々しさ）だけを愛していたのであり、その人そのものであるその特異な実存する仕方を愛していたのではなかった」（PhP 434/II-256-257）。性質への愛は他人を諸性質へと断片化してしまい、一人の実存としての統一性を見失う。その意味で、愛は性質への愛でしかありえないという考えはメルロ＝ポンティにとって経験論的であり、本当の意味で他人と出会うことなどできないのではないかと思わせる点で懐疑主義的でもある。

これに対して、諸性質を超えて相手そのものを愛するのが真の愛だとされる。しかし、対他存在が諸性質からなる限り、他人に対して性質以外のものが現れうるとは考えられないのではないか。実際、『ヒューマニズムとテロル』では次のように明言されている。

> 愛、愛着、友情において、私たちは数々の「意識」を前にしているが、それらの意識の絶対的個性を不断に尊敬しうるわけではない。私たちの面前にいるのは、性質づけられた存在者――「私の息子」「私の妻」「私の友人」――であって、私たちは私たち自身とともにこれらを共通の投企のうちに引き込み、そこでこれらの存在者は（私たち自身と同様）一定の能力と義務をもって、一定の役割を受け取る〔…〕。（HT 128/159）

だとすれば、性質を超える真の愛は原理的に不可能ではないか。メルロ＝ポンティは「〔…〕愛の諸矛盾は、他人にとっての対象であると同時に私にとっての主体である私の身体の形而上学的構造に由来する、より一般的なドラマに結びつく」（PhP 195/I-276）と述べているが、対他に関わるこれらの疑問は愛の矛盾の一つを表していると言える。しかしまずは、性質を超える愛の実態を理解する必要がある。

第二節　性質を介する愛

メルロ＝ポンティは実際のところ、性質なしに愛すること、つまり性質を知覚せずに人を愛することが可能だとは述べていない。むしろ、性質の知覚は避けられない（PrP 71/35）。それゆえ一九五二年の

「他人の経験」講義では、性質を超えた愛は「性質を介して愛する」ことと表現し直される。

> 他人の知覚とは、状況を介して現れると同時にその状況を変えるある自由の知覚である。ひとは性質だけを愛するのではなく、性質を介してしか愛さないのである。しかしそのとき、生き生きしている限りでの他人は、その役割が含む常同症の可能性によっていつも脅かされている。他人は消失し、その役割だけを残すかもしれない。（CS 566）

　引用文中の「ある自由の知覚」が第四節で考察する愛にあたるが、ここではその愛を妨げるものについても語られている。私たちは特定の状況において生きており、対人関係において特定の役割を割り当てられている。自覚の有無にかかわらず、その役割を演じることも多々ある。この事情は愛の関係においても同様である。そして、すべての行動が役割に沿ったものとなるとき、他人はいわば「常同症」に陥っていつも同じような言動をするようになり、その生き生きした姿は消失してしまう[3]。

しかし、他人が消失する要因は、他人を愛する者の知覚にも求められねばならない。それは、メルロ＝ポンティによれば知覚そのものの本性である。『知覚の現象学』で次のように言われている。

> 実存がある行為において自己を取りまとめて巻き込むや否や、それは知覚の手中に落ちる。他のすべての知覚のように、この知覚も事物についてそれが捉えた以上のことを断定する。灰皿を見ているとか、そこに灰皿があると言うとき、私は無限に進むはずの経験の展開を完結したとみなし、す

べての知覚的未来を巻き込んでいる。（PhP 415/II-231）

知覚一般のこうした性格が、愛を論じる文脈において強調される。つまり愛の現象は、不確定な未来を巻き込む断定という知覚の性格を前景化させるのである。「アランが言っていたように、誰かを愛するとは誓うことであり、その人について知っている以上のことを断定することである」（PC 228/191）[4]。

---

[3] 酒井によれば、常同症とは「統合失調症の一亜種において観察される」「同一の姿勢や動作、言動を繰り返す症状」であり、メルロ＝ポンティは「それまでと同じ行動や紋切り型の表現に終始する様子を比喩的にこう述べている」（酒井 二〇二〇：一一七）。

[4] 参照先は明示されていないが、たしかにアランはいくつかの箇所で愛を意志や勇気を伴う誓いとして語っている（新田 二〇一六：二九五-三〇〇）。たとえばメルロ＝ポンティが別のところで参照している『精神と情熱に関する八一章』（一九一七）では次のように述べている。「幸いにして、諸々の結果に照らして、世間の知恵は、幸福の最初の瞬間に誓いを求めている。しかし、誓いは予言ではない。誓いは、私は欲しまた行うだろうということを意味する。それについて、「愛を約束することはできない」とひとは言う。それは最初の情動については真であり、誰も情動を約束してはならないが、完全な愛や幸福については、誓うことができるだけでなく、誓わなければならない。音楽を学ぶ場合と同様である。また、よく分かっておかねばならないことだが、自分の誓いに縛られていると考えてはならない。むしろ運命が誓いによって縛られ、手懐けられるのである」（Alain 1921: 256/260-261）。誓いという性格を知覚にも見出している点にアランとメルロ＝ポンティの差異があると思われる。知覚という動機づけの関係として愛を捉えることで、メルロ＝ポンティは愛をまったくの意志の産物とみなす主意主義的な立場から距離を取っているとも考えられる。なお、アランがここで結婚する際の約束を誓いと呼んでいるのに対して、メルロ＝ポンティは誓いと結婚を結びつけていない。ただし、長く継続する排他的な愛の関係を他のタイプの愛よりも高く評価していると解するならば、メルロ＝ポンティもいわゆる「恋愛伴侶規範（amatonormativity）」からは自由でないことになるだろう（Brake 2018）。この限界は、この規範に従わない生を生きる経験のクィア現象学的な記述によって乗り越えられねばならない。

知覚としての愛のもつ断定性は、「暴力的」とも形容される（PhP 415/II-231）。知覚という側面に限っても、愛はすべて一種の暴力である。[5] 知覚が特定の状況で特定の視角からなされる以上、その断定が誤りである可能性はいつも排除できないからである。

ただし、どんな愛も暴力的であるとはいえ、性質を介する愛と性質への愛では事情が異なる。性質への愛は他人を自分好みの性質へと還元するため、誤った断定を訂正する可能性がない。より正確に言えば、断定が誤りだったことが判明したときには愛そのものが終わる（たとえば表情の若々しさを愛していて、老け込んだ表情を目にして幻滅する場合[6]）。

これに対して、性質を介して愛する場合には、一時の断定的なイメージが誤りだと判明しても愛は存続しうる。先に引用した『知覚の現象学』の灰皿の知覚の記述に続く一文にはそうした含意が見て取れる。

> 同様に、私は誰かを知っており、その人を愛していると言うとき、私はその諸性質を超えて、ある汲み尽しえない地を目指している。その地は、私が作ったその人のイメージをいつの日か打ち砕くかもしれない。（PhP 415/II-231）

性質を介する愛は、イメージが壊されても存続しうる。愛する者はまさにイメージを破砕する力をもつ「ある汲み尽しえない地（un fond inépuisable）」を目指しているからである。それでは、地とは何であり、なぜそれはイメージを壊しうるのか。

第三節　他人の地

本節では「ある汲み尽しえない地」がどのような概念であるかを明らかにする。注意すべきは、この地がそのまま愛されるものではないという点である。地はあくまで目指されるものにすぎない。それでも、地の概念の解明は愛を考察する上で不可欠である。

まず、それはいかなる「図」にとっての地なのか。対他の次元では諸性質が図となる一方で、対自における地は、すべての個別的作用（知覚、行為、懐疑、判断など）のなされる「あらかじめ開かれた領野」である（PhP 411/II-224）。諸作用はこの地の上に生じることで当該主体の経験となる。第三章第一節で見たように、「黙せるコギト」とはこうした地の別名にほかならない。

第五章で詳しく述べたように、地は各経験の自己性を担保するが、裏を返せばある主体をその経験の領野に閉じ込めるため、「生きられた独我論」を帰結する（PhP 411/II-225）。すなわち、私と他人は各自の地をもつがゆえに、お互いの経験は共現前化できるが現前化できない（PhP 409/II-222）。他人の知覚の分析を締めくくる愛の記述においてもなお地の概念を用いている以上、メルロ＝ポンティは（哲学的主張としての独我論から区別した上で）生きられた独我論を認めていると言わねばならない。彼の愛の記述は、

[5] サントベールは、サルトルやボーヴォワールから影響された暴力的な対人関係論を「蚕食」概念の生成過程に組み込んでおり、その中で愛も論じている（Saint Aubert 2004: Sec. A, esp., 132–137, 180–191）。

[6] それゆえ、メルロ＝ポンティはある人の性質への愛を同じ人の性質を介する愛へと転換すべきだと主張することはない（ただし、そうした転換が不可能だとも言っていない）。

自他の癒合ではなく他人の我有化不可能性を明示するのである。

さて、他人の地が汲み尽くしえないとはどういうことか。本書第三章で述べたことを振り返りつつ、二つの観点から見ていこう。

（一）自由。メルロ＝ポンティは地を「変幻自在の自由」（PhP 414/II-230）とも言い換えているが、この自由は「あらゆる事実的状況に関して距離を取る能力を保持していること」（PhP 413/II-228）と規定される。個別的な経験の手前にある地によって、主体は特定の状況および「視点」に固定されることから免れるのであり、それゆえ「諸状況の可能性」と規定される（PhP 466/II-301）。主体はたえず特定の状況に置かれているが、そこからいったん離脱して再び別様に状況づけられる力をもつ。それゆえ、特定の状況に置かれた他人を知覚しても、状況からの離脱が可能である以上、その知覚は一面的なものである。他人が自由であり特定の状況に恒久的には拘束されないこと、これが地の無尽蔵性の第一の含意である。

（二）生の連関。メルロ＝ポンティは、主体性の図と地の関係を「時間性」の章でも取り上げ直している。時間の自己触発において、触発するものが時間化の「推力」、触発されるのが「諸々の現在の展開された系列」とされる（PhP 487/II-329）。前者は「分節されない叫び」（PhP 488/II-331）と言い換えられ、他人の推力には「けっして立ち会えない」（PhP 495/II-340）とされる以上、黙せるコギトにほかならない。それゆえ、そのつど個別化される現在と時間化の推力とは図と地の時間的関係にあると言える。同一の推力によって触発される限りで、諸々の現在は内的に交流しつつ一つの時間系列に属する。このことが「生の連関」と呼ばれる（PhP 481/II-322）。時間性が生に結びつくのは、メルロ＝ポンティが時間を主体として捉え、「私たちは時間の出現である」（PhP 489/II-333）と考えるからである。主体すなわち生の連関は、「その誕生以来自己を顕在化し、各現在において誕生を確認する唯一の時間性」にほかならない(PhP 466/II-302)。誕生において与えられた地は、時間としての主体の統一性を基礎づける。しかしそれ自体としてはけっして図にならず、それゆえ諸々の現在に尽きることもない。地の汲み尽くしえなさの第二の含意はここに見て取れる。

まとめると、他人の地の汲み尽くしえなさが意味するのは、他人が特定の状況や視点から離脱する自由をもつこと、そして他人が諸々の個別的な現在に還元できない一つの生の連関であること、この二点である。それでは、このように特徴づけられた地を目指す愛とは何だろうか。

第四節　変身する生への愛

前期倫理学における愛

二つの仮説を前もって退けておきたい。まず、もし地を単に内面的な自己接触または自己現前として捉えるなら、愛は他人の経験の現前化を求める不可能な試みにすぎないことになるだろう。しかし第五章で見たように、他人は絶対的な無為または沈黙に止まらない限り、私を決定的に超越することはない(PhP 414/II-230)。他人の生を生きることはできないが、知覚を通じた接近は可能である。そこで本書では、他人の私秘性ではなく生の汲み尽くしえなさを担うものとして地を捉え、メルロ＝ポンティが愛に見出す積極的な意義を解明したい。愛が暴力的であることは動かないとしても、すべての愛の暴力性が一様だとは限らない。実際、メルロ＝ポンティは「〔…〕隔たっており、その自律性のうちにあるものとして他人を捉える優しさに支えられた」愛があることを別のところで認めている（S 289/II-132）。
また、他人が一つの生の連関だということから、地を目指す愛は他人の人生全体への愛であると結論するのも拙速だろう。他人の人生を見通すことは人間には不可能である上に、上空飛翔的な発想に陥っているからである。私たちの「〔…〕実存は、それが狙うものを一般化すると同時に特殊化するのであって、包括的にはなりえない」（PhP 519/II-373）。生の連関への愛すなわち人生への愛という見方は有効だとしても、その具体的なあり方を俯瞰とは別の仕方で考えねばならない。

　さて、知覚としての愛が暴力的であるのは、愛する者が愛される者のイメージを作ることが知覚の本性からして避けられないからであった。ところが、愛される者の地は「私が作ったその人のイメージをいつの日か打ち砕くかもしれない」。つまり、地にはイメージ作成の暴力に対抗する力がある。その理由は今や明らかである。地とは他人が特定の状態に固定されないことの根拠だからである。ある時に特定の状況に置かれた他人を知覚することで作られたイメージは、たとえば異なる状況に置かれた他人を知覚することによって、誤りだと判明するかもしれない。地を与えられているがゆえに、人はいかなる個別的な経験にも固定・回収されずに、その生の連関の中で自己を変容し更新していくという無尽蔵の可能性をもつ[7]。

　イメージが破砕されるのは、愛される者が諸々の状況を生きつつ変容することによってだと考えられる。そうだとすれば、特定のイメージに固執せずに（それは性質への愛に帰着する）、地を目指す愛とは、さまざまに変容する他人に居合わせ、イメージをそのつど更新することとして理解できるのではないか。

　イメージの更新という発想はメルロ＝ポンティの知覚論一般に見られる。世界は「汲み尽くしえない貯蔵庫」であると述べた上で、メルロ＝ポンティは次のように主張する。

> 知覚されたものを、その可能な解体と別の知覚による時折の置換を同時に告知する世界地平とともに、全体として捉えるならば、それは私たちを絶対に誤らせない。(PhP 396/II-205)

ある知覚がより真なる知覚に置換されることで錯覚は判明するが、地平としての世界の汲み尽くしえなさこそがこの脱錯覚を可能にしている。メルロ＝ポンティ自身は明示していないが、同様の事情が他人の知覚においても成り立つと考えられる。すなわち、イメージの更新は、他人についてのある知覚が別の知覚に置換されることで起きるが、この脱錯覚を可能としているのは他人の無尽蔵の地である。ただし、真なる知覚へと向かう意識の目的論が世界の知覚の場合と同様に他人への愛においてもはたらくかどうかは定かではない。

置換を通した知覚の漸進は「移行の綜合」とも呼ばれる(PhP 380/II-185)。メルロ＝ポンティは、無時間的な主観が非連続的な諸項を結びつけるという綜合の古典的な観念に対して、ある知覚から別の知覚への移行を通じた実存的な綜合の概念を提示する。そこでの強調点は、移行の綜合が本質的に時間の経過を伴うことにある。それゆえ、イメージの更新としての地を目指す愛は、愛される者だけでなく愛す

［7］河野哲也が指摘するように、物も汲み尽くしえないが（河野　一九八九）、物の無尽蔵性は知覚の必然的な未完結性によるものであって、自己変容の可能性を含む人のそれとは異なる。それゆえ、物への愛は人への愛とは異なる性格をもつと考えられる。

る者にとっても、時間が決定的に重要となる経験だと考えられる。

　しかし、『知覚の現象学』と「知覚の優位性」講演から言えるのはここまでである。前期のメルロ＝ポンティは、「夢見る者」に比しうる仕方で「状況」に没頭するところの愛する者についてしか考察しておらず（PhP 436–437/II-260–261）、また未来を巻き込んで断定する知覚として愛を論じているため、どのようにしてイメージの更新が起きうるのかを考えるに至っていない。そこから引き出せる実践的な主張も、「目を閉じたまま〈なすこと〉の中に身を投じる」こと、つまり未来の不確定性に臆さず愛することでしか「誠実さ」には辿り着けないということに限られている（PhP 438/II-263：佐野 二〇一九：一七四–一七六）。愛にそのような面があるのは確かだろうが、メルロ＝ポンティ自身が事物の知覚について示した脱錯覚という考えをうまく取り込めていないことも事実である。愛に関する前期倫理学のこうした限界を、中期のメルロ＝ポンティがどのように克服しているかを最後に見ていこう。

愛される者の変身――中期における愛

　前期のメルロ＝ポンティが主に愛する者の側に注目していたのに対して、中期では愛される者の変容も記述されている。本書でこの変容に着目する根拠は地の概念だけではない。イメージとは愛する者にとっての愛される者のことであり、すなわち対他存在であった。それゆえ、知覚を通してイメージが更新されるためには、愛される者の対他そのものが変化しなければならない。そして、メルロ＝ポンティにおいて、自己変容の瞬間こそが、対自と対他が一挙に変化する時なのである。

　この点は「間接的言語と沈黙の声」において明確になる。この論文の主題は「表現」だが、これは世界を作品に変えると同時に、「その出発から成熟に至るまで、画家を彼自身に変える」ような「変身」である（S 72/I-87）[8]。このように自己変容する表現者の対自と対他の関係について、メルロ＝ポンティは次のように述べている。

> ヘーゲルの弁証法が無数の仕方で立ち戻っている中心的事実は、私たちは対自と対他の間で、私たち自身による思考と他人による思考との間で、選択する必要がないということであり、しかしまた、表現の瞬間において、私が語りかける他者と、自己を表現する私とが容赦なく結びつけられるということである。（S 91–92/I-112, cf. HT 192/247）

それゆえ、表現者の変容は単に対自的なものではなく、外からも知覚しうる。つまり、表現者の対自と対他は一致しつつ変容する。その変容を見る者は、イメージの更新を迫られるはずである。

　ここでの表現には文学や芸術だけでなく「愛」など「生のあらゆる企て」が含まれる（S 93/I-113）。事実、同時期の「他人の経験」講義でも、愛と表現が関連づけられる[9]。

---

[8] 本章で変容と呼ぶのは、愛される者がますますその者自身になっていくような変身のことである。『知覚の現象学』で「私が変わるとき、あるいは愛される人が変わるときに、真の愛は終わる」（PhP 434/II-257-258）という場合の変化は、これとは異なる種類のものだと思われる。

[9] この講義については酒井（二〇二〇）第一部第五章も参照。

> 多産的な諸瞬間においてのみ、私は、役割を知覚するのではなく、誰かを、他人の現れを目撃しているという印象をもつ。（CS 566）

「誰か（quelqu'un）」とは、性質を超えて愛される人そのものを指す（SNS 45/51）。他人がその自由を発揮しつつ自己変容する多産的な瞬間においては、その対自と対他が一致しているがゆえに、私は役割や性質に尽きない他人そのものの現れを目の当たりにしたと感じる[10]。この貴重な表現の時において、愛される者はイメージへの固定から免れ、愛する者の作ったイメージは打ち砕かれ更新されるだろう[11]。

　知覚としての愛において、愛する者は愛される者について実際に知っている以上のことを断定し、イメージを作ることを避けられない。その意味で愛は暴力的である。しかし、性質を介して他人の地を目指す愛は、イメージが破られてもなお存続しうる。ここまでが前期で言われたことであった。中期で深められた考察によれば、イメージが更新されるのは、愛される者が自己を変容しつつ表現するのを愛する者が知覚するときである。変身する他人を目の当たりにし、イメージを次々と置換することによって、知覚としての愛の暴力性は最小限度のものとなるだろう。そのとき斜交いに愛されるのは、いかなる性質にも還元できない他人の生である。

　ここまで、「人は何を愛するか」という問いに対するメルロ＝ポンティの答えがどのようなものであるかを検討してきた。その結果、とりわけ「真の愛」と呼ばれるものについて、諸々の性質や役割を介して、それらには還元不能な「地」、すなわち愛される者の生が無尽蔵に変容する様を知覚し、過去のイメージを更新することとしてこれを定式化できた。彼において愛は自他の平和な癒合ではなく、いつも部分的な知覚に基づく断定的なイメージへの固定を含む暴力的な過程であり、真の愛、つまり道徳的でもある愛とは非暴力ではなく暴力の最小化にほかならない。

最後に、こうした愛の偶然性について補足しておきたい。愛されるのが一般的な諸性質に尽きない個人の生である以上、この愛は合理的な説明を容れない。そこには「偶然的で純粋に非合理的な一要素」（SNS 174/210）がある。なぜ他でもなくその人を愛するのかと問われても、性質への好みでは済まず、個人の出会いという偶然的な事実に訴えざるをえないからである。こうして、「いったん確立されてしまうとこの愛は運命の姿を取るが、最初の出会いの日には絶対に偶然的である」（SNS 174/210）という主張も、本章の考察によって裏づけられる。

本章では、『知覚の現象学』での愛に関する論述の倫理学的な可能性を最大限に引き出す形で、愛の知覚的側面における暴力の問題を検討した。その結果、他人を自分好みの性質へと疎外する自己中心的で暴力的な愛と、自分の構築したイメージが打ち砕かれてもなお継続することで暴力が最小化される愛が区別され、後者が肯定的に論じられていることが明らかになった。前期では不確実性に臆さず愛に身を投じるという能動的な面が強調されたが、中期では相手の変容によってイメージを砕かれるという受

［10］対自と対他の一致という考え自体は『知覚の現象学』にも見られるが（PhP 515/II-368）、そこではまだ表現にも他人の知覚にも結びつけられていない。

［11］なお、こうした愛においては愛する者自身も変容すると考えられる。性質を超える愛は「主体の資質すべてを呼び出し、そのひとをまるごと（tout entier）関わらせる」（PhP 434/II-257）ものであり、「私の思考や行動の転回」にほかならない（PhP 436/II-260）。

動的な面も前景化するようになった。

パスカルが人間同士の愛に対して悲観的な態度を取り、神の介在なしには自己愛でしかありえないと主張したのに対して、メルロ＝ポンティは神なしでも我執を超えて他人そのものを愛することが可能であると考えた。神のいない世界において、懐疑主義に陥ることなく道徳的交流の可能性を探究する姿勢は、次章で検討するＡ・カミュとの対決においても見出されることになる。

第十章　責任

本章では、メルロ＝ポンティが倫理学をもっともまとまった形で展開したテクストの一つである「小説と形而上学」を扱う。この論文の主題は、他人との交流における道徳であり、とりわけ責任ある行為とは何かが問われる。前章では他人の知覚としての愛を考察したが、本章では行為としての愛が具体的な事例となる。

まず「小説と形而上学」というタイトルについて簡単に説明し（第一節）、この論文が『知覚の現象学』の他者論を発展させる仕方で書かれていることを示す（第二節）。その上で、この論文の主題である道徳について考察する（第三節以降）。

第一節　「小説と形而上学」の位置づけ

メルロ＝ポンティは『知覚の現象学』と同じく一九四五年に発表した「小説と形而上学」において、

ボーヴォワールの小説『招かれた女』を読解している。これはボーヴォワールが一九四三年に出版した最初の作品であり、直ちに成功を収めた。よく知られているように彼女はメルロ＝ポンティと同学年の友人だったし、サルトルらとともに雑誌『レ・タン・モデルヌ』を創刊した仲間でもあるから、「小説と形而上学」は一見すると同志の実存主義的文学を讃える評論にすぎないと思われるかもしれない。しかし、この論文はメルロ＝ポンティの哲学において、次の二点からきわめて重要な位置を占めている。

第一点は、哲学と文学の関係が論じられていることである。メルロ＝ポンティにおける文学といえば、「言語の文学的用法の研究」講義に顕著なように、言語論の一環として文学における言語の使用が研究されていることにまず思い当たる（佐野 二〇一九）。序章でも触れたが、中期のメルロ＝ポンティは「表現と真理についての一つの理論」（PM 22/31）を作ることを目論み、その研究をまず「文学におけるパロールのはたらきを明らかにしようと努める」（PM 23/32）ことから始めたのであり、『世界の散文』として死後に刊行されたのはその研究草稿である。私たちの手元にある『世界の散文』は文学を本格的に論じてはいないが、これは予定では第一部にすぎず、メルロ＝ポンティは完成されなかった第二部でスタンダールやプルーストといった作家を主題とするつもりだった。「言語の文学的用法の研究」や「パロールの問題」といった講義はその準備だったと考えられる。C・ルフォールが『世界の散文』の「まえがき」で紹介しているメモが示すように、この構想はサルトルの『文学とは何か』（一九四八）を受けて生じたものであろう（PM vii/6）。しかしながら、加國尚志が指摘するように、「メルロ＝ポンティが文学を言語の問題から扱う」以前には「道徳の問題としてとらえていた時期」が存在する（加國 二〇一二：九三）。メルロ＝ポンティの倫理学が展開されていたその時期を代表する論文が「小説と形而上学」にほかならない。

哲学と文学の関係は本書の主題ではないから、ここではごく簡単に見ておこう。[1]「小説と形而上学」の最初のパートで次のように論じられる。「古典的な形而上学」は、「はっきりした合理性の地の上で機能しており、世界と人間の生を概念の組み合わせによって理解させられると確信していた」(SNS 35/39)ため、自らを文学とは無関係なものと考えていた。これに対して「現象学的または実存的な哲学」は、「世界についてのあらゆる思考に先行する世界との接触」を定式化することを目指すため、今や哲学と文学は「世界の経験に語らせ、意識がどのように世界に現れてくるかを示す」という課題を共有することになる(SNS 36/40)。実際、日記とも哲学論文とも対話とも取れるC・ペギーの作品のように、哲学と文学の「雑種的表現(expression hybride)」(SNS 35/38)が出現している。メルロ=ポンティによれば、『招かれた女』もまた哲学と深く結びついた「形而上学的文学」(SNS 36/40)であり、現代の哲学と同様に超越的な「精神」ではなく「世界に対する特定の立場の決定」を問題とする作品である(SNS 35/38)。それゆえ、「小説と形而上学」は単なる批評ではなく、『招かれた女』に「人間における形而上学的なもの」(SNS 36/40)を見出そうとする哲学的な試みなのである。[2]

「小説と形而上学」の第二の重要性は、やはり加國が指摘するように、「メルロ=ポンティの他者論の道徳論的展開の可能性を素描している」(加國 二〇一二:九六)点にある。この仕事は、論文の大部分をな

[1] 個々の作家(ヴァレリー、プルースト、シモンなど)との影響関係も含めて、メルロ=ポンティと文学の関係については、加國(二〇一二)の他、以下を参照。Simon et Castin 1997; 加國 一九九八:Bonan 2001: 84-106; Saint Aubert, 2004: 225-255; Saint Aubert, 2005: 159-184; 澤田 二〇一二:二六五–二九〇:Zaccarello 2012; Zaccarello 2013; 加國 二〇一七。

す第二・第三のパートで行われている。本書にとって重要なのはこちらの点である。以下、立ち入って検討しよう。

第二節　純粋意識から自己の客体視へ

『招かれた女』と『ピュロスとシネアス』

『招かれた女』は、フランソワーズとピエールというカップルのところにグザヴィエールという第三者の年下の女性が介入することで新たに生じた一種の三角関係の変転を辿り、フランソワーズによるグザヴィエールの殺害をもって幕を閉じる。三人称で書かれた小説だが、基本的にはフランソワーズの視点に定位して書かれている。エピグラフとして「それぞれの意識は他の意識の死を求める」（I 6/上 4）[3]というヘーゲルの言葉が掲げられ、最後の殺害の場面でも「彼女の意識ではないような意識の存在はどのように可能だろうか？　そうなれば、彼女のほうが存在しなくなるのだ」（I 503-504/下 304）と書かれているのを見ると、サルトル的な出口なき自他の相克が主題となっているように思われる。「文芸評論家たち」はこの作品を「不道徳」と非難したのだが、メルロ＝ポンティはむしろこれに「真の道徳」を見出すことによって、ボーヴォワールを擁護しようと試みる（SNS 37/40）。

この試みは一見すると強引であり、悲壮な小説を自分の思想に沿って前向きに読解しているように映る。しかし、事態はもう少し複雑である。というのも、ボーヴォワールは「小説と形而上学」の前年にエッセイ『ピュロスとシネアス』（一九四四）を出版しており、『招かれた女』から考えを改めているからである。ボーヴォワールは次のように回顧している。

『招かれた女』の結末は私を満足させなかった。共存によって惹起されたさまざまな困難を乗り越えさせるのは、殺人ではない。私は、それらから身をかわすかわりに、正面から取り組もうとして、『他人の血』や『ピュロスとシネアス』で、他者との正しい関係を定義しようとした。私は、好もうと好むまいと、私たちは他の人たちの運命に介入するのであって、私たちはこの責任を引き受けなければならない、と決心したのである。（Beauvoir 1986a: 786/下 225）

実際に『ピュロスとシネアス』は、第二部「他者たち」において、献身や交流といった他者との関係を積極的に語っている[4]。自分と相容れない他の意識の否定を殺人として描いた『招かれた女』と比べて、ボーヴォワールの態度は明らかに一変している。『ピュロスとシネアス』は、自他の自由の相互否定を超えて、未来への投企を通じた相互承認を強調しているのである。

「小説と形而上学」で同書からも引用している以上（SNS 51/60）、メルロ＝ポンティがこうした思考の

[2] この論文における「形而上学」の意味については、八幡が「あらゆる自然の人間性の手前（あるいはその崩壊のなか）で、その人間性が私に最初にあらわれる瞬間をとらえ、そしてまさにその瞬間のうちに、世界や他者、さらに自分自身とのもっとも深いきずなを（実存の絶対的な「孤独」を裏面として）見いだすという営み」と明確にまとめている（八幡 二〇一五：一四七）。八幡の研究は「小説と形而上学」の構成をクリアに示しておりきわめて有益だが、「真の道徳」に関しては「非人間性における人間性の誕生」と述べるに留まっている（八幡 二〇一五：一四七）。

[3] 以下、『招かれた女』からの引用に際しては、基本的に邦訳を参照したが、検討の都合から変更した箇所もある。

変化を知っていたことは明らかである。そこから推理されるのは、成功の保証のない交流の試みに自由を認めるメルロ＝ポンティの『招かれた女』解釈は、『ピュロスとシネアス』の時期のボーヴォワールの考えを、回顧的に最初の小説にも見出そうとしたものだったのではないか、ということである。そう考えてよければ、「小説と形而上学」は最新のボーヴォワールの思想を考慮した上で『招かれた女』から道徳を学ぼうとする論文だと言えるだろう。

とはいえ、その読解がメルロ＝ポンティ自身の言葉遣いで展開されており、『知覚の現象学』の延長線上で行われたものであることも確かである。本節ではまず、本書第五章で見た『知覚の現象学』の議論との対応関係も考慮しながら、『招かれた女』における間主体性の成立を辿っておく。

二人での存在

小説の冒頭で、深夜に仕事部屋から暗い廊下に出るというフランソワーズの行動について、次のように記述される。

このほこりくさい匂いも、暗がりも、がらんとしたさびしい空気もすべて、彼女がそこにいなければ、誰のためにも存在しない。いや全然存在しないのだ。こうして彼女がそこにいると、絨毯の赤い色が、ほの暗い常夜燈のように、闇の中に光りだす。彼女の現前は、物をその無意識から引き出し、物に色や匂いを与えるのだ。（I 8/上 6）

こうした記述を踏まえて、メルロ＝ポンティはこの小説における主体をひとまず「意識」、すなわち「世界への直接的現前」と捉えて、「生起するすべてのことは、この公平で寛大で不滅の傍観者にとっての光景にすぎず、すべてはそれにとってしか存在しない」と述べる（SNS 38/42）。客観的思考が他人の問題を無視したように（第五章参照）、こうした主体は「不安を抱かせる他人の実存を眠らせようとする」（SNS 38/42）。意識としての主体は、自分を一つの対象に貶める他の意識の存在を否定する。その主体は同時に、自分が「身体」をもつことをも否認する。メルロ＝ポンティはこの否認を、鏡を見ない限り自分の顔が存在すると思っていないというフランソワーズのあり方に看取している（SNS 38/42）。

厳密に言えば、そのような主体が他人とカップルを形成することは不可能なはずだが、ピエールはフランソワーズの世界の中の一対象でもなく、かつ彼女を対象化する「〈他者〉（un Autre）」でもない存在として、彼女と「二人での存在（l'être à deux）」を形成しているとされる（SNS 39/43）。つまりピエールとフランソワーズの間に限っては、一種の癒合態が成立している。ボーヴォワール自身も次のように書いている。

［4］「私が自分の存在の必要な根拠となると期待する人々を、私が彼らの存在の中に確認できるのは、ただ自分の存在へと向かう私の自由な運動によってのみである。人々が私に世界の中の一つの場所を与えてくれることができるためには、まず私が自分の周りに、人々が彼らの場所を持てるような世界を出現させなければならない。だから、愛し、望み、為さねばならない。私は自分の行動を公衆に提示するが、公衆を定義することになるのは私の行動そのものである」（Beauvoir 1944: 109）。

> ピエールは舞台に、フランソワーズは見物席にいるが、どちらにとっても、同じ劇場で同じ芝居が演じられている。二人の生活も同様だ。〔…〕時間も、距離も、その生活を断ち切ることはできない。なるほど、まずピエールにとって存在する街もあれば、考えや、人の顔もあるし、まずフランソワーズにとって存在する他のものもあるが、こうしたばらばらな瞬間も、君の瞬間と私の瞬間が識別不能になる、ただ一つの全体に結びつけられてしまう。そして二人とも、その唯一の世界から塵一つくすねることをしなかった。それは最悪の、しかも考えうる唯一の裏切りだった。（I 59/上 73）

ただし、自他未分とは言っても、『知覚の現象学』で論じられていた幼児の前交流とまったく同じではない。メルロ＝ポンティは、この二人での存在が「ある誠実さ」と「言語装置」によって支えられていると指摘する（SNS 39/43）。つまり、お互いに隠し事をせず、すべてを言葉にして伝え合うことによって、二人の関係は保たれている。それゆえ、メルロ＝ポンティは「本の初めのフランソワーズ」を「言語と合理的決断への絶対的信頼」とも、「自己を超越することで空虚になる実存」とも呼んでいる（SNS 51/58）。

さらに重要なのは、この「合一」において二人は「自由なままでいられる」（SNS 39/43）という点である。実際のサルトルとボーヴォワールの関係を思い浮かべてもらえば分かりやすいが、フランソワーズもピエールが他の女性と関係をもつことを禁じない。要するにこの関係は、二人の自由な個人が、誠実な発話を通してすべてを共有することで構築されている。つまりこの関係には、シェーラー的な癒合態と同時に、「一致（accord）」が当然のごとく成り立つ「カント的意識」も見出される（SNS 42/47）。メルロ＝ポンティにとって、後者は「純粋さ」や「公平無私」、「道徳性」といった個人主義的な倫理を帰結するものである（SNS 43/48）[5]。お互いの自由を侵害することのない平和で透明な共存、それが「二人での存在」である。

外との関係について言うと、フランソワーズ一人の場合と同様に、このカップルも、見られることなく一方的に見るという態度を世界や他人に対して取っている。たとえばピエールが別の女性たちを愛するとしても、それらの愛は二人の「話の対象」であり「彼ら二人の世界（leur monde à deux）の中の単なる地方」にすぎない（SNS 40/44）。それゆえ、二人に接する他の人々は主体性を奪われて、「この双頭の怪物によって排除されていると感じる」（SNS 40/44）。この点を指して、八幡は二人での存在を「構成者である二人以外の主体をみとめない、独我論的な間主観性」と呼んでいる（八幡 二〇一五：一四一）。

このように、ピエールとフランソワーズは、いずれも対象化する意識でありながら相克を引き起こさず、むしろ自由なままで合一している奇妙なカップルとして描かれている。しかし、第五章での考察を踏まえれば、この対人関係には相容れない契機が詰め込まれているから実際には不可能だろうと思わざるをえない。他のすべてを対象とするフランソワーズが、なぜピエールだけはそうしないのか。他人と合一しながら自由であることは可能なのか。事実、「実を言えば、この構築体には初めから亀裂がある」（SNS 39/43）とメルロ＝ポンティは指摘する。たとえばフランソワーズはピエールへの愛になりきって

［5］W・S・ハムリックは、フランソワーズとピエールがこの段階では「純粋な意図のカント的道徳性を生きようとしており、それを通して彼らはお互いを目的として扱う」（Hamrick 2002: 294）と説明している。

いるわけではなく、ピエール以外の人物（ジェルベール）への愛を「抑圧」（SNS 39/44）している。またピエールが他の女性を愛することがフランソワーズを脅かさないのも、「ピエールがけっしてそれに真面目に関わらない」（SNS 40/45）からでしかない。つまり、彼女が愛するのは彼の「どこにも拘束されない無関心という自由」であって、ある行為に自己を全面的に参加させる「実効的自由」ではない（SNS 40/45）。要するに、「二人での存在」が辛うじて成り立っているのは、実のところ二人がそれぞれの流儀で「何事も諦めること」（SNS 41/46）によってでしかないのである。

自己自身との共犯性

それゆえ、グザヴィエールの登場によってカップルが破綻するというよりも、カップルに潜在していた亀裂が顕在化すると言ったほうが正確である。「二人での存在」がシェーラー的な自他未分の亜種だとするなら、亀裂の顕在化において問題となるのは、主体の自己性ゆえに自他の状況が重なりえないこと、つまり生きられた独我論だと言える。『招かれた女』のドラマは「心理学的ではなく形而上学的である」（SNS 42/47）とメルロ＝ポンティが主張するのは、登場人物の性格ではなくこうした対人関係の根本的な構造が問題となるからにほかならない[6]。この見立てが正しいかどうか確認していこう。

グザヴィエールの世界への態度は、フランソワーズやピエールのそれとは明らかに異なるものとして描かれている。フランソワーズは小説の執筆、ピエールは演劇の上演といった活動に打ち込んでいるのに対して、グザヴィエールは（二人に勧められてしぶしぶ演技の練習を始めるまで）何にも参加せず、部屋で過ごしている。また、二人がお互いの言葉を信じることで関係を作っているのに対して、グザヴィエールは他人の言葉を信用しない。こうした描写を受けて、メルロ＝ポンティは彼女のあり方を「あらゆる発話とあらゆる参加の手前で自己自身に閉じ込められた直接態」（SNS 50–51/58）と表現する。グザヴィエールはいわば黙せるコギトが形象化された人物として理解されるのである。[7]

同様に、他人への態度も異質である。グザヴィエールは、胸襟を開いて思いを率直に述べたり、他人と親密な関係を結ぼうとはしない一方で、ピエールやフランソワーズが自分抜きで話したり出かけたりすることを嫌う。メルロ＝ポンティはこの態度について、「参加することを恐れながら、他人にとって価値あるものであろうとする欲求」（SNS 41/46）とか、「人は彼女のそばで生きるが、彼女とともに生きはしない」（SNS 46/52）と形容している。

カップルの構成の変化は、こうしたグザヴィエールのあり方にピエールが惹きつけられることから始まる。重要なのは、グザヴィエールに強い関心をもって会話を続けたり、世話を焼いたりするピエールについて、フランソワーズが以前とは異なる考えを抱き始めることである。

むかしは、ピエールの話となれば、彼女自身に目を向ければよかったのに、今は、一歩うしろへさ

[6] 前章でも触れたように、すでに『知覚の現象学』でも愛に関する諸問題を心理学的にではなく形而上学的に捉える可能性が示唆されていた（PhP 195/I-276）。

[7] グザヴィエールの沈黙は、彼女のジェンダーとの関連から考察する余地があるかもしれない。家父長制によって内的および外的に沈黙を強いられた女性が声を取り戻すことについて、メルロ＝ポンティの沈黙論と結びつけて考察した McLane（2008）を参照。

> がって、とっくりとピエールの表情を見きわめなければならない。〔…〕ピエールはいつも自分自身とのあらゆる連帯を拒否する。一分ごとに進歩を求めて、背教者のような狂熱的な態度で、現在のために過去を生贄にして顧みないのだ。〔…〕もとは、ピエールがけっして現在の瞬間にとらわれないのを、興あることに思ったものだが、考えてみれば、自分も、どの程度まで、こうした不貞な逃げ方からまもられているのだろうか？　もちろん、誰かと共犯になって、あたしを苦しめるようなことは夢々考えられない。だが、自分自身と共犯だったら？（I 153–154/上 195–196）

ピエールがグザヴィエールに熱を上げ、フランソワーズの思いから隔たることで、彼がカップルに全面的に身を入れているわけではなく、「彼自身と共犯関係にある」（SNS 43/48）ことが明るみに出される。自他の区別なく二人で一つの生活を送っているというのは「単なる言葉」にすぎず、「実際は二人なのだ」ということが判明する（I 164/上 209）。

自己自身との共犯性の発見によって、自他の合一と思われていたものが、実際には分離された二人の主体の関係であることが示されるわけだが、これが本書第五章で見た「生きられた独我論」の発見に相当することは見やすいだろう。『知覚の現象学』でもすでに、「もし私たちが何か共同で計画を立てるとしても、この共通の計画は唯一の計画ではないし、私とポールに対して同じ様相で現れるわけでもない」（PhP 409/II-222）という例とともに、自他の状況が重なりえないことが主張されていた。

自分の生の客体的な姿

自他の合一が各自の自己性の発見によって退けられた後、『知覚の現象学』であれば議論は交流の可能性の立証へと進むのだが、「小説と形而上学」では交流が原理的に可能であることは前提されている。論述は『招かれた女』の展開に沿って進む。ピエールの彼自身との共犯性を示した後で、ボーヴォワールは、それまで身体をもたない純粋な意識であるかのように生きてきたフランソワーズが、自分を客体視する様子を記述し始める。

> 以前はよく、他人みたいに、狭い、ちっぽけな個人的限界に閉じ込められないことを、誇らしく感じたものだった。〔…〕世界を前にした裸の意識、という風に自分を考えていたものだが。フランソワーズは自分の顔にさわってみた。自分にとっては、のっぺりした面でしかない。だがこれだけは言える。この人たちがこの顔を見ているからには、否応なしに自分も世界の中にいるし、この世界の一部なのだ。（I 183/上 232）

ここでの問題が、他人のまなざしによって私が対象化されることだと言えば不正確だろう。[8] むしろ論点は、私が自分自身を他人のまなざしで見るという現象である。私が自分を何者かとして捉えるとき、すでに対他がその対自的な認識の地となっていることを本書第六章で述べたが、メルロ＝ポンティはこの点を小説に即して取り上げ直していると言える。

> そうなると、フランソワーズはもはや内面の証言だけで自己を認識することはできないし、このカップル〔ピエールとグザヴィエール〕のまなざしのもとで真の対象であることを疑うことはできず、彼女は初めて、外から、彼らの眼で自分を見ることになる。（SNS 43/48）

他人のまなざしで自分を見ることによって、フランソワーズは自分が「意識」ではなく「身体」であること、そしてさまざまな性質をもっていること（「三十歳で、すでに多くのことがどうしても不可能になっており、たとえばうまく踊れない成人女性」（SNS 43/48, cf. I 179/上 227））に気づく。この点も、一つの間主体性をなす諸主体が「性質をもった実存」（PhP 512/II-363）をもつという『知覚の現象学』の主張に沿っている。こうしてフランソワーズは、「他人たちの眼で見る自分の生の客体的な姿」（SNS 43/48）を受け入れるに至る[9]。一方的に構成する純粋意識を自称していた主体が、他人との合一不可能性を覚り、他人たちの目で自己を認識することを通して、最初から間主体性に取り込まれていたことが開示されるのである。

　その後の三人の関係の変転についてもメルロ＝ポンティは読解を行っているが、本書では一点に絞って検討したい。間主体性のシステムにおいては、各人の行為がある意味をもつだけでなく、一つの行為が多様な意味をもつという点である。このことは、行為の善悪の確定という従来の意味での道徳を不可能にするだろう。

第三節　行為の意味の多元決定

メルロ＝ポンティはまず、フランソワーズが自己を客体視して「疎外された意識」（SNS 43/49）となる中で、肺炎にかかって入院するという件に触れながら、この論点を取り上げる。一つの見方をすれば、彼女は普段の生活を中断して、病室の「ガラス瓶」や「エナメル塗装」に興味を覚えるようになっているのだから、「苦しみを味わっていた彼女の人間的世界から自然的世界に退却し、そこに氷の平和を見出している」と言えるかもしれない（SNS 44/49）。そうだとすれば、彼女は問題を避けるために「病気を作った」（SNS 44/49）のだと言えよう。しかし、別の見方をすれば、疎外の危機がきわめて烈しかったのは、入院以前に蓄積していた「疲労」と「始まっていた病気」が原因ではないかと考えることもできる（SNS 44/49）。他の見方もできるだろうが、これら二つの見方だけでも、どちらが正しいかを決すること

---

［8］サルトルのまなざし論（Sartre 1976: 292-341/II-92-218）がここでそのまま受容されているわけではない。メルロ＝ポンティは、まなざしが苦痛に感じられるのであればそれは「可能な交流にとって代わっているから」（PhP 414/II-230）にすぎないとまなざしの独自性を否定していたし、「社会的なものについての理論を『存在と無』はまだ与えていない」（SNS 100/118）とも述べているが、以下で見るように、ここでは社会的な性質をもった者として自己を客体視することが問題なのである。

［9］ただし、このまなざしに性差別的な見方が含まれていることに注意すべきである。また、他人から見られることは必ずしも（フランソワーズのように）否定的な事態を帰結するわけではない。たとえば宮原優は、自分の思い通りの身体を作ろうとして病理的な状態に陥るケースを念頭に置いて、「見られることを通じて、私は自分の知らなかった自分、自分の可能性と希望に臨む。これを通じて、私たちは自己支配とその願望から抜け出すことができる」（宮原 二〇一一：一三八）と主張している。

はできないとメルロ＝ポンティは述べる。ここから、次の一般的な見解が導かれる。

> どう考えても、すべての生は両義的であり、人がすることの真の意味を知るどんな手段もないのであり、おそらく私たちの行為の一つの真なる意味というものは存在さえしないのだろう。（SNS 44/49–50）

問題は認識論的な次元に属するものではない。つまり、行為の真の意味は存在するが、私たちの認識の限界によって隠されている、というわけではない。行為というものの本性からして、その意味を一つに限定することはできないとメルロ＝ポンティは見ている。

すでに第八章で、行為の意味を行為者の特定の過去から十全に説明することはできないということを「多元決定」の概念によって述べたが、「小説と形而上学」でもこの概念が明示的に用いられている。「真理は、私たちの諸行為は唯一の動機と唯一の説明を許すものではなく、フロイトが深遠に言っているように、それらは「多元決定」されている」（SNS 47/53）。ただし「セザンヌの懐疑」とは重要な差異があり、個人の生以上のものが問題となる。なぜなら、「私たちは、解きがたい混乱の中で、世界および他人たちと混じり合っている」（SNS 46/52）からである。それゆえ、たとえばフランソワーズ・ピエール・グザヴィエールのトリオが最終的に破綻することについて、誰か一人の過ちだけに原因を求めることはできないとされる（SNS 46–47/52–54）。

議論がさらに複雑になるのは、当事者である三人の間で解釈がなされる場合である。たとえばグザヴィエールは、ピエールに愛されている自分に対してフランソワーズは嫉妬しており、それゆえにピエールがグザヴィエールを嫌うように仕向けた上に、ジェルベール（グザヴィエールは彼を好いているが、彼はフランソワーズを愛している）まで奪ったのだと言う（I 499/下 299）。フランソワーズは彼女を苦しめようと意図したわけではなかったので、この解釈を受け入れない。しかしメルロ＝ポンティは、まず「私たちの行為の意味は私たちの意図の中にあるのか、その行為が外に生み出す効果（effets）の中にあるのか」（SNS 47/53）と問うて、行為の意味が当人の意図には還元されないことを示唆する。さらに彼は、ジェルベールを愛することがグザヴィエールにとって仕返しの意味をもつという帰結を、フランソワーズは「暗黙のうちに受け入れていた」とまで主張する（SNS 47/54）。ただし、「ここで語られるべきは無意識ではない」（SNS 47/54）とされる。つまり、メルロ＝ポンティのいう暗黙の受容とは、フランソワーズは無意識においてグザヴィエールへの仕返しを望んでおり、それがジェルベールへの愛という形で当人の知らぬ間に表出されたということではない。それは、私たちは行為が多元決定的な意味をもつこと、それゆえに身に覚えのない非難や賞賛を受けることを避けられないことを指しているだろう。

> ただ、私たちの行為はすべて複数の意味を、とりわけそれが外部の目撃者に示す意味を持っており、私たちは行為しながらそれらの意味をすべて引き受けている。なぜなら、他人たちは私たちの生の恒久的な座標だからである。（SNS 47/54）

ただし、後の議論から明らかになることだが、この一節は、私たち全員が自分の行為の他人から見た意味を実際に認めていることを意味しない。はねつける、言い訳する、黙り込むといった対応は世界に溢れているし、フランソワーズもグザヴィエールの非難を否認している。メルロ＝ポンティが言いたいのは、「自分が他人の判断を免れていると感じるのは、不正直で愚かだろう」（SNS 48/55）ということである。

いったんまとめよう。自他未分の錯覚を脱して、間主体性のシステムを認めるや否や、そこにともに属する他人からのまなざしは退けがたいものとなり、すべての行為は行為者の意図を超えた意味をもつ[10]。行為は多元決定されており、複数の意味のうち、どれ一つとして真の意味はない。それゆえ、ある出来事について、ある解釈に基づいて誰か一人に責任を負わせることも不可能である。「ドラマの中で各人に帰着するものを計算し、諸々の責任を評定し、物語の真の解釈を与え、諸々の出来事に見通しをつけることは不可能である。最後の判決というものは存在しない」（SNS 46/52）。それでは、道徳的な行為は不可能であり、私たちは複数の解釈に引き裂かれたまま分かり合えないということになるのだろうか。本書第六章で検討したメルロ＝ポンティの間主体性概念は、ボーヴォワールの読解を通して倫理学的な意義を獲得し[11]、道徳的な行為、とりわけ道徳的な交流をきわめて困難なものにする私たちの生の条件を明るみに出す。次節以降では、メルロ＝ポンティがこうした共存の厳しい現実を認識した上で、どのように「道徳を再び見出す」（SNS 8/2）のかを考察しよう。

第四節　懐疑的ニュアンスの実存主義

「小説と形而上学」の第三パートは、「絶対的反道徳主義」（SNS 49/56）を帰結する考え方を辿ることから始められる。メルロ＝ポンティはこの立場に対して、先に少し触れたカント的道徳性に対するのとはおよそ異なる態度を取る。後者は分離された個人という虚構に依拠する点で容易に批判することができたが、前者はこれまで見てきたメルロ＝ポンティの主張を共有しているため、安易に退けることはできない。メルロ＝ポンティはむしろ、彼自身の思考からもこの立場を導けることを示そうとする。

どういうことか。前節で見たように、私の行為はすべて、他人から意図せぬ意味づけを受けうる。つまり「私たちが自分を見るのとは別の仕方で見られることは、私たちにとって避けられない宿命である」（SNS 49/56）。しかし、この宿命を前にした私たちの選択肢は、外からの意味づけを引き受けることだけではない。むしろ、「外部から来る諸々の非難を、私たちが自分とは何の関係もないと感じるのは

［10］八幡はフランソワーズとピエールの「二人での存在」を一種の間主体性とみなし、グザヴィエールの介入を経てフランソワーズが自己の身体を発見するに至る過程でこの間主体性が「崩壊」したと解した上で、その後は「（本来的な）間主体性の関係」は構築されないと捉えている（八幡 二〇一五：一四一－一四五）。こうした解釈は、間主体性が相互的な意味づけのシステムであることを看過している。

［11］J・アンドリューズは、ボーヴォワールは知覚を見る者ではなく見られる者の側から記述したことを強調して、「その可視的な存在のもつ事実、リスク、なじみにくさ、そして究極的には不確定性と行為者性をも受け入れようとするがゆえに、身体こそがその方向性において深く倫理的である」ことをメルロ＝ポンティが語りえたのもボーヴォワールに学んだからであることを示唆している（Andrews 2006: 181）。

当然であり、私たちの生の根底的な偶然性によって、私たちは、他人たちが私たちに対してなす訴訟とは無縁だと感じる」(SNS 49/56)。それゆえ「私たちはいつも行為の責任を拒むことができる」と述べた上で、メルロ＝ポンティはこのように他人から見た自分とそこに課される責任を拒絶できる根拠として、「私たち自身の中心においては、「私たちは世界に属していない」(ランボー)」ことを挙げる(SNS 49/56)。『地獄の季節』(一八七三)からのこの引用は、ここで『知覚の現象学』の主体論が暗に取り上げ直されていることを示唆している。この言葉は「コギト」の章ですでに引かれており、ランボーがこのように言いえた根拠として、「あらゆる事物を疑い、私たちのあらゆる信憑を宙吊りにした」上で、「私たちの特定の参加の地平」としてのみ垣間見られうる「非人間的な地」の概念が提示されていた(PhP 466/II-302)。この「地」が黙せるコギトを意味することはこれまでの考察から明らかである。そして、本書で見てきたように、黙するコギトは中断する自由でもあった。実際、「自由」の章には、「老人」や「身体障害者」といったスティグマ化された人々でも、「その意識の中心に立ち帰れば、各人はその性質づけを超えたところにいると感じている」(PhP 496/II-341)と、「小説と形而上学」の論述を先取りする指摘が見出される。黙せるコギトを間主体性の水準で捉え返すと、他人および他人の目で見る自分からの性質づけ(「老いている」など)を逃れる力になるのである[12]。

　この自由が「絶対的反道徳主義を基礎づける」(SNS 49/56)。なぜなら、「それ〔自由〕は、私においても他人においても、それぞれの過ちの後でも完全なままであり、各瞬間に私たちを新しい存在にするからである」(SNS 49/56)。黙せるコギトは私のあらゆる作用の地平であって、それ自体は世界と混じり合うことなく純粋なままで私の生を推進していくのだったが、この特徴が今や絶対的な無責任を帰結する。

私がたえず生まれ変わることで、時間は瞬間ごとに分断され、前後のつながりを切られるから、過去の過ちも現在の私には無関係となり、責任を負う理由もなくなるというわけである。

このように、中断する自由に基づいて進められる思考は、「時間を非連続的瞬間に断片化し、生を意識の諸状態の集合に還元する、「孤立させる」分析」（SNS 50/58）に陥ることになる。メルロ＝ポンティはそうした思考を「懐疑的ニュアンスの実存主義」（SNS 50/57）と呼ぶ。この種の実存主義は、人間の行為は文脈から切り離して物質的要素に分解すれば意味を失うのだから、「あらゆる行為は馬鹿げている」（SNS 50/58）と主張する。これは哲学における経験論におおよそ対応する倫理学上の立場だとみなせるだろう。メルロ＝ポンティは、『異邦人』（一九四二）へのサルトルの論評に同意しつつ、カミュにこうした傾向が見られると指摘している[13]。

懐疑的な実存主義は、時間を断片化することによって、あらゆる行為についての無責任を導き、道徳

---

[12] 性質づけを超えた自己への現前という考えは、第六章で見たような対他を地とする対自という考えと相容れないのではないかと言われるかもしれないが、デュポンが言うようにこの二つは同時に成り立ちうる。「性質づけられた実存」は、「自己を人間または労働者として見るときにはいつも、絶対的な実存としても自己を見る」（Dupond 2004: 46）。

[13] メルロ＝ポンティは同じ箇所でヴォルテールの『ミクロメガス』を「孤立させる」分析の例として引いているが（SNS 50/58）、これもサルトルが「『異邦人』解説」（一九四三）でカミュと親和的な著作として挙げているものである（Sartre 1947: 108/96）。サルトルはまた、カミュに近い考えをもつモラリストとしてパスカルの名前も出しているが（Sartre 1947: 93/83）、以下で見るようにメルロ＝ポンティもカミュとパスカルをともに自分に対立する立場と捉えている。なお、『ピュロスとシネアス』にも、「カミュ氏の〈異邦人〉」について、私と他者を結合する絆を作る私の超越という力を理解していないとの批判があるため（Beauvoir 1944: 15–16）、カミュと自分たちを差異化する姿勢はボーヴォワールも共有していたと言える。

を不可能にする。カミュに帰されるこのような方向性は、しかし、あらゆる実存主義が共有するものではない[14]。メルロ＝ポンティは、ボーヴォワールのうちに異なる実存主義を見出すことによって、道徳の可能性を引き出そうとする。

第五節　時間を横断する実存

メルロ＝ポンティは、前節で見た懐疑的な実存主義が不可能であるとは言わない。あらゆる行為から意味を奪い、世界を全面的に不条理なものとするその立場においては、しかし、見落とされているものがあると彼は指摘する。

> 不条理な世界においても、言語や行為が、話し行動している人たちにとってはある意味をもつという、このもう一つの奇跡を理解する必要がある。(SNS 50/58)

サルトルがカミュの手法をヴォルテールの『ミクロメガス』のそれと類似していると述べたように、懐疑的な実存主義は人間を外から、遠くから捉えるがゆえに意味を見失う。これに対して、メルロ＝ポンティの読む『招かれた女』は、人間の経験に内在して、世界や他人との接触を描いているため、意味の生成に立ち会うことができる。それはまた、時間を相互に外面的な諸瞬間へと断片化するのではなく、私たちがそれを生きるがままに捉えることでもある。かくしてこの懐疑的ならざる実存主義は、「行為のサイクルとして展開され、メロディのような仕方で組織され、その投企によって、時間を去るのではなく横断する（traverser）ような、実効的な実存」（SNS 51/58）を見出す。

行為としての愛

人間的実存をこのように理解するなら、愛も違った仕方で捉えられる。ボーヴォワールがフランソワーズとピエールの行為として描く愛においては、人間は実存として、したがって根底的には時間として捉えられる。そして、その愛においては「〔…〕私の時間の諸瞬間の間にも、私の時間と他人たちの時間の間にも、それらを対立させる競合にもかかわらず、ある交流が存在する」（SNS 51/59）と主張される。どういうことだろうか。さしあたり明らかなのは、第五章で引用した『知覚の現象学』の「時間性」の章における、二つの時間性としての私と他人が、現在においてお互いに開かれ、そこで「絡み合う」（PhP 495/II-340）という主張が繰り返されている点、つまりここでの交流が基本的には『知覚の現象学』の他者論の結論と同じものだという点である。しかし、愛をめぐる論述を辿りつつ、さらに立ち入って

〔14〕カミュが時間の流れという観念に対して否定的なのは確かである。千々岩靖子によれば、『異邦人』やそれ以前のテクストにおいてカミュの表現の基盤にあったのは、「時間を過去、現在、未来に区分し、その関連性のなかに現在時を閉じ込めることの拒否であり、現在時の絶えざる更新として歴史を捉えようとする」（千々岩 二〇一四：一四二）態度であった。時間の流れを断つことによって、カミュは永遠的な特権的瞬間を描こうとしていたのである。ただし、反道徳主義という批判については留保が必要であろう。カミュによる時間の流れの否定、そしてそれに基づく過去の過ちを悔いることへの拒否（Camus 1942: 169/125）は、自己の運命を明晰に見つめ、現実の生を全面的に肯定することで幸福を得るというカミュのモラルと結びついているからである（千々岩 二〇一四：一三四－一三五）。

考えてみよう。知覚的な側面は前章で考察したので、本章では行為としての愛に絞って検討する。

他人を愛するとはどのような実践なのか。「小説と形而上学」では、「善意、約束への忠実さ、他人への尊敬、寛大さ、真面目さ」（SNS 52/59）といった特徴づけがなされているが、それ以上は語られていないので、別のテクストを参照しながら考察しよう。

一方で、尊敬や寛大さといった言葉には、他人を自分の思い通りにしようとせず、その自由を尊重するという性格が見て取れよう。「人間と逆行性」でも、「各瞬間にすべてを求める幼児の「情愛」」を「克服」した結果として獲得される「信頼し、各瞬間に絶対的な愛情の新たな証拠を求めず、その隔たりと自律性において、あるがままに他人を捉える優しさに支えられた成人の愛」（S 289/II-132）が語られている[15]。もちろんメルロ＝ポンティは、「他人の意志への侵食でないような愛を考えることができるだろうか」（PC 227/190）と反語的に問うこともあるし、暴力は私たちの宿命だと断じることさえあるから、成人の愛が非暴力的だとは言えないだろう。相手に影響を与えまいとしても、その振舞いがかえって相手に影響を与え、自分の気に入るような行動を誘うかもしれない（PC 227/190）。相手の自由が見出されるのは、そうした「虚しい節約の中ではなく、まさに愛するという行為の中」である（PC 227/190）。つまり尊敬や寛大さとは、相手の自由を侵すまいと引き下がることではなく、おそらくはむしろ、成功の保証を欠いたまま相手の自由を引き出し発揮させようとする行為において実現されるものだろう[16]。

他方で、「約束への忠実さ」は何を意味するだろうか。「知覚の優位性とその哲学的諸帰結」を見てみよう。

たしかに、こうして見出される世界は絶対に安心を与えるわけではない。〔だからこそ〕私たちは愛の果敢さを評価する。それは知っていることを超えて約束し、永遠であると言い張る。病気や事故がそれを破壊するかもしれないのに……。しかし、この約束の瞬間においては、次のことは真である。つまり、諸性質や身体や諸瞬間なしに愛することはできないとしても、人は諸性質を超えて、身体を超えて、諸瞬間を超えて愛するということは真である。(PrP 71/35)

ここでの約束の内容は、相手をずっと愛するというものである。私たちは未来に何が起きるか知らないにもかかわらず、この約束をし、未来を愛に巻き込む。事故や病気が幸いなことに起きなかったとしても、老いが容姿や性格を変えるかもしれないし、社会的・歴史的な事情によって引き離されるかもしれ

[15]「幼児の対人関係」講義では、幼児の情愛が「アバンドニック」という病理的な対人関係に比され、その上で「病理的でなく正常な態度は、証明しうる以上のことを信頼するところに、感情の現実性について差し挟みうるいかなる疑いをも、実践の寛容さによって、つまり実現する中で自らを証明する行為によって、乗り越えるところにある」(PC 228/191) と主張される。アバンドニックについては酒井がメルロ＝ポンティの参照したG・ゲクスの文献にまで遡って研究している(酒井 二〇二〇：二四六-二六一)。

[16]「愛することと愛されることを受け入れることは、さらに、ある程度の影響を与え、他人のために何かしようと決断することを受け入れることである」(PC 227-228/190)。船木も、メルロ＝ポンティにおける真の愛を次のように説明している。「わたしが自由にしようとすれば、通常はだれかが不自由になったりもするのであるが、相手を自由にすることを通じてしか自分自身が自由になれないという場合がある。そのような人間関係のことを、われわれは総じて(男女間にかぎらず)愛と呼んできた。〔…〕自分が自由であろうとするよりも、まずは相手を自由にしようとすべきなのである」(船木 二〇〇〇：一三四-一三五)。

ない。現在と未来のつながりを見ない懐疑的な実存主義や、他人を性質に還元するパスカルなら、こんな約束は虚偽でしかありえないと批判するだろう。

しかしメルロ＝ポンティは、それらの危険を認めた上で、なお愛の約束の「果敢さ（hardiesse）」を重視する。約束が必ず果たされると信じているからではない。この世界において、人間と人間の間で、道徳的な価値を実現しうるのは、こうした無謀な試みだけだからである。メルロ＝ポンティが「モンテーニュを読む」の中で述べているように、「私たちの条件を呪うことには意味がない。悪も善も私たちの生の中にしか見出されない」し、「危険なしには真の自由も存在しない」（S 265/II-93）。私たちは果たせないかもしれない約束しかできないが、そこにしか愛の可能性はないのだから、思い切って約束するしかない、というわけである。

約束への忠実さとは、このように未来を巻き込みながら交わされた約束を、あらゆる困難の中で果たし続けようとする努力であろう。約束の瞬間には未来への横断があり、忠実さにおいては過去への横断が加わる。過去の約束を引き受けつつ、未来への約束を更新し続けること、いかなる瞬間に途絶しても不思議ではないこの行いに、メルロ＝ポンティは「真の道徳」（SNS 52/59）を見出すのである。

責任ある行為

こうした愛についての記述は、責任ある行為とは何かという問いにも深く関わる。責任という観点から「小説と形而上学」の議論を見直して本章の結びとしよう。

時間を横断するとき、実存は世界から退却するのではなく、「事実的状況〔…〕を引き受け、責任を取り、世界や他人と契約を結ぶ」（SNS 49/56）。そのようにはたらく限りで、自由は「あらゆる道徳性の条件」（SNS 49/56）をなす。『知覚の現象学』で提出された「実効的自由」（PhP 516/II-369）の概念が、ここでは道徳的価値をもつ行為の条件となる。自由は責任ある行為の条件をなすと同時に、責任を拒む可能性をも与える。つまり、自由は道徳を基礎づけると同時に道徳を危うくする。自由の両義性と呼んでいいだろうが、これは身体の両義性と同様に、時間の両義性に送り返される（PhP 101/I-153）。時間を横断することによって初めて善い行為や正しい行為が可能になるが、そこには諸瞬間への断片化の恐れが必ず伴う以上、時間は責任逃れをも条件づけているのである。

さて、時間を横断する実存は二つの極限の間に位置づけられる。一方の極限は、無為に留まって世界内に存在しない状態であり、個々の参加という図を欠いて非人間的な地だけがある状態である。そこでは行為そのものが存在しないため、価値ある行為もなしえない。黙せるコギトが表現の手前で沈黙し続けていると言ってもいい。他方の極限は、時間を超越し、自他の隔たりも超えた状態である。そこには道徳的な葛藤は存在せず、善さや正しさは初めから所与である。そこにあるのはメルロ＝ポンティが「カント的意識」と呼んでいるものであって、全員がお互いを純粋な人格として尊重する「目的の国」が実現した状態である（SNS 42/47）。

実効的実存、つまり具体的状況に入り込んで行為する主体は、これら二極の間で揺れ動くことしかできない。それゆえ、「人間的な問題には解決というものはない」（SNS 51/58）。道徳的な価値を前もって保証された行為は存在しない。それでもメルロ＝ポンティが反道徳主義に与しないのは、行為を通じて価値が生成することはありうると考えるからである。

『招かれた女』に即して言えば、フランソワーズとピエールの「二人での存在」は、自由を尊重し合う倫理的関係であるかに見えたが、実際には両者の諦めに支えられていた。これは道徳的救済の不可能性を示す。他方、グザヴィエールはいつも受け身で、何事にも積極的に関与しない存在として造形されているため、道徳的な価値も創造しえない。

メルロ＝ポンティが価値を見出すのは、ピエールとフランソワーズがトリオを組むことを誠実に試みたという点である。「障害物なき交流、所与の幸福、純粋さという幻想」（SNS 44/50）を失った上で、フランソワーズはピエールとグザヴィエールとの生活をやり直す。彼女は、「幸福は作られうる」（SNS 44/50）ことに、それは所与ではなく行為によって獲得するほかないことに気づき、改めてトリオを模索するのである。その投企には「善意、約束への忠実さ、他人の尊重、寛大さ、真面目さ」（SNS 52/59）があったとメルロ＝ポンティは述べる。彼女らは、幸福や救いの保証のない中で事実的状況に沈潜し、自他に関する「可能な限りの正直さと理解」（SNS 48/55）をもって隔たりを横断しようとした。そうした「私たちを他人たちに結びつける自発的運動」（SNS 8/3）だけが、責任ある行為たりうるのである。

ただし、このように実効的自由を発揮する行為もまた、他人にもたらす帰結、または他人にとっての意味に応じて評価されることは避けられない。メルロ＝ポンティは「自分が他人の判断を免れていると感じるのは、不正直で愚かだろう」（SNS 48/55）と述べて、行為者が自分の行為の価値を自分だけで判断し、主観的な潔白に安んじることを強く戒めている。したがって、彼の倫理学から学ぶべきは、正当なまたは価値ある行為をなすための指針ではなく、理論上は正当性を際限なく疑えるからといって、それが行為を避ける理由にはならないということであり、さらには、正当性や価値は実践によってのみ作り出しうるということである。

こうした発想が私たちの実践について的を射たものであるとしても、「小説と形而上学」が厳しい論調に支配されており、最後まで人間が疎外されたままであるように感じるのも確かである。それは、前章の終わりで中期のテクストに見出したような、対自と対他が一致する表現的な行為という考えをこの論文から読み取ることが難しいからだと思われる。『招かれた女』にそのような行為が含まれていない以上はやむをえないかもしれないが、当時のメルロ゠ポンティは愛を表現の観点から考察するに至らなかった。これは同時に、他人との関係を一つの倫理的な制度として創設する行為について思考しなかったという不足でもある。こうした前期倫理学の限界については、次章で立ち入って検討することにしたい。

第十一章　歴史における責任と悲劇

本章では、社会的・歴史的・政治的な文脈が重要な場面における交流について、倫理学の観点から考察する。第一部第六章で見たように、メルロ＝ポンティによれば私たちの生は「社会的なもの」を帯びている。社会的なものは、他人から見た姿（性質）や行為の動機といった現象の中で経験されている。社会的なものを含み込んだ仕方で、私が他人たちと不可避的に結んでしまっている一つの関係のことを、メルロ＝ポンティは間主体性と呼んでいた。本章の目的は、社会的な生という不可避のあり方が私たちにどのような倫理的困難をもたらすのか、そしてその中で倫理的に行為するとはどのようなことかを考察することである。

まず、第六章で見た「社会的な性質づけ」の現象に立ち返り、そこから引き起こされる暴力について検討する（第一節）。次に、『ヒューマニズムとテロル』第一部を取り上げて、歴史の中で他人から見た姿に基づく「歴史的責任」の問題を考察する（第二節・第三節）。最後に、歴史上の交流に関する前期倫理学の限界と、中期倫理学における理論的進展について検討する（第四節・第五節）。

第一節　社会的性質への一般化

性質づけは、実際の歴史的状況の中ではどのように問題となるのだろうか。本節ではこの問いに、雑誌『レ・タン・モデルヌ』創刊号に掲載された論文「戦争は起こった」に即して取り組もう。この論文の趣旨は、戦前のフランスの「楽観主義的な」哲学が、実のところ第一次大戦の戦勝国という政治的状況によってのみ可能だったことを、第二次大戦の経験が明るみに出したという主張にある。[1] このいわば「おめでたい」哲学は、平和を当然の所与と思い込んでいた。[2] しかし大戦の勃発は、フランスがたまさか「例外的な状況が結合されてできた、平和と経験と自由の場所」（SNS 170/204）だったにすぎないことを露呈させた。第七章でも述べたように、既存の哲学が自明視していた平和な状況を壊す戦争という出来事そのものが、セザンヌやボーヴォワールによる既成の人間性や道徳の破壊と同じ役割を果たしていると考えられる。

さて、ここでメルロ＝ポンティは、平和――そこで人は自由な個人として尊重される――を例外的なものと位置づけている。代わりに基本的な状況とみなされるのは、疎外的なまなざしを向けてくる他人との敵対的な共存である。フランスがドイツに降伏し、パリがドイツ軍に占領されてからの対人関係がその範例をなす。そのときパリの住民は、ドイツ軍のまなざしの下で「人間としてではなく「フランス人」として自分を感じねばならなかった」（SNS 172/207）。これを「一般化」（SNS 173/208）の暴力と呼ぶことができるだろう。私という個人が、その歴史的な事実性に基づいて、「フランス人」という一般的な社会的性質に還元されるからである。

しかし、それは単に受動的な現象ではない。

私たちは理解していなかったのだ、ちょうど役者が、彼の理解を越え、彼の一つ一つの動作の意味を変えてしまう役割の中に滑り込んでゆき、彼自身がその産み手でもあるが囚われ人でもあるあの大いなる幻を彼の周囲に連れ歩くように、共存の中にいる私たちは誰しも自分の選んだのではない歴史性の背景のもとで他の人間に対して姿を現し、「アーリア人」、ユダヤ人、フランス人、ドイツ人として（*en qualité*）他の人間に対して振舞っているのだということを。〔…〕（SNS 175/210-211）

一般化は、ある者から別の者へ向けられるまなざしに尽きない。実際にまなざしを受けてからか、まなざしを先取りしてか、私たちは自分の性質に従って「振舞う」。対他が対自の次元をなしている以上、こうした能動性が生じることもありうるのである。

［1］金田耕一が指摘するように、ここでメルロ＝ポンティが念頭に置いているのは急進社会党の理論的指導者であったアランである（金田 一九九六：一九-二一）。北川忠明によれば、アランの政治思想は「およそ政治権力をつねに専制に向かう悪ととらえ、普通選挙制度に基づく議会を市民の個人的自由を保護するために政治権力を抑制する手段として位置づける」ものであり、「およそ戦争は政治権力が自己の力を誇示し、それを増大させる好機であると考えるところから、戦争とナショナリズムの誘惑を一切拒絶するものである」（北川 一九九五：六）。

［2］「この楽観主義の哲学は、人間社会を、つねに平和と幸福に備えている意識の総和に還元していたが、実のところこれは、辛うじて勝利国となった国の生み出した哲学だった。一九一四年の思い出の、想像界における埋め合わせだった」（SNS 169/203）。

ところで、この現象を説明するために「大いなる幻」をまとう役者を引き合いに出すとき、メルロ＝ポンティはディドロの『俳優の逆説』（一八三〇）を暗に参照している。この言葉は、すでに『知覚の現象学』のシュナイダー症例の分析において、実験的状況で抽象的運動を行う身体を説明する際に引かれていた（PhP 121/I-182）。また、「コギト」の章で感情を論じる際にも、それと知らず想像的で偽りの恋に落ちている少女の状態について、「役者が自分の役の中でそうするように、少女はそれら〔彼女の現在の感情〕の中で自分を「非現実化する」のである」と述べている（PhP 435/II-259）。サルトルが想像力論で用いた「非現実化」の概念（Sartre 1986: 368/423）を積極的に取り上げ直している点で注目に値する議論ではあるが、『知覚の現象学』ではこの役者の比喩が社会的世界の経験に結びつけられることはなかった。「戦争は起こった」において初めて、社会生活が「幻たちの対話と闘い」（SNS 175/211）であること、つまり想像的なものが社会生活の隅々まで浸透していることが示されるのである。その二年後、『ヒューマニズムとテロル』の序文の中で、メルロ＝ポンティは再びディドロに言及しつつ、私たちの社会生活が不純なイメージと役割の幻に満ちていることをより明確に指摘することになる。

> 公的人間は、他人たちの統治に好んで手を出しているのだから、他人たちがその報いを被るところの彼の行為や、他人たちが彼についてもたらすしばしば不正確なイメージに基づいて裁かれても文句は言えない、ということを私たちは示した。ディドロが舞台上の役者について述べていたように、私たちの主張するところでは、ある役を演じることを引き受けた人間は誰もが自己の周囲に「大いなる幻」をまとっていて、今後はそこに身を隠すのであり、また、彼は、たとえそこに自分がなり

たいと欲しているものを見出さないとしても、その役柄に責任を負っている。（HT 25/24）

第九章で愛に関して述べたように、他人の知覚が不正確なイメージを必ずしも排除しないという論点は『知覚の現象学』にも見出せる。しかし、イメージを抱かれる側に身を置いた上で、これを社会的・歴史的な役割を演じることに付随させた点、さらにはたとえ望まない役回りであっても責任があると主張する点において、戦後の政治的著作は倫理学的な面で議論を前に進めていると言えるだろう。

　歴史という単一のドラマに巻き込まれている私たちは、そのつどの状況から何らかの一般的な役柄を押しつけられ、それを演じることが何を意味することになるか予見できないままにそれを引き受ける。たとえば「戦争とは存在することへの我執を描く武勲詩またはドラマである」（Levinas 1990: 15/23–24）と述べるレヴィナスにとって、メルロ＝ポンティのこうした立場は主体を存在に従属させる存在論であり、何としても乗り越えるべきものだっただろう。実際、『存在するとは別の仕方で』（一九七八）の中でメルロ＝ポンティの名前が出るのは、「主体とその世界を一つの世界に集約すること」すなわち「根本的歴史性」を語った者としてだけである（Levinas 1990: 76/117, 114/173, 250/364, 259/379）[3]。レヴィナスは「隔時性」や「身代わり」の概念によって、あるいは独自の正義論によってこの歴史性から主体を救い出そう

［3］この言葉は、メルロ＝ポンティの意味論への批判を展開する「意義と意味」（一九六四）でも用いられている。そこでも、知性と知解可能なものとを「世界の唯一の面の上で一つに結びつける隣接関係、並列関係、姻戚関係」を主張する「現代哲学の反プラトン主義」（Levinas 1987: 32/48–49）がメルロ＝ポンティに見出されるが、もちろんこの主張はレヴィナス自身の見地とは相容れないものである。

としたが、メルロ＝ポンティはむしろ歴史の内側に留まり、役割やイメージといった想像的なものと予期せぬ偶然の出来事に満ちたこの「ただ一つのドラマ」（PhP xiv/I-22）を理解しようと努めた[4]。その結果、共存が避けがたく引き起こす相互的な一般化という暴力的な現象が明るみに出されたのである。

さて、歴史の中で特定の位置を占めながら生きることについて、メルロ＝ポンティは「戦争は起こった」以後の諸論文でも考察を続けていく。なかでも『ヒューマニズムとテロル』の第一部、特に第二章「ブハーリンによる歴史の両義性」は、教条的なマルクス主義には尽きない現象学的倫理学的な分析を提供している。メルロ＝ポンティはこの章で、スターリンによる大粛清の一環としてソヴィエト連邦の政治家ニコライ・ブハーリンら十八名に死刑判決が下された第三回モスクワ裁判（一九三八）での彼の尋問と最終弁論（ソ連邦司法人民委員部・トロツキー　一九七二）を綿密に分析している。『ヒューマニズムとテロル』は、政治哲学的な関心から主に第二部が検討されてきた（Cooper 1979; Whiteside 1988）。しかし、加國が指摘するように、ブハーリンの経験には、ヴァレリーやモンテーニュといった作家の生に見られるのと同様の「両義的な道徳経験、あるいは前道徳的経験」（加國　二〇一二：一〇〇）が見出される。また澤田も、ブハーリン論について「メルロ＝ポンティは政治を思想の対立（資本主義と共産主義）ではなく人間の実存をめぐる「ドラマ」という視点から論じている」（澤田　二〇一〇：四五）と指摘している。本書でも、政治哲学ではなく倫理学という観点からブハーリン論を検討していく。

メルロ＝ポンティはブハーリン裁判を「悲劇」として考察しているが、この悲劇は歴史の性格に対応して二つの側面をもつ。第二節では時間的側面を扱い、これを踏まえて第三節で間主体的側面を検討する。

第二節　歴史的偶然性の悲劇

本節では、「歴史的偶然性の悲劇」と呼ばれるブハーリン裁判の時間的側面をメルロ＝ポンティの記述に即して明らかにする。[5]（一）まず、未来の問題に関して重要となる見通しの概念について、その規定を確認する。（二）次に、悲劇をもたらす見通しの両義性について考察する。

未来の見通し

『知覚の現象学』の「自由」の章では、歴史的状況から供される動機を捉え直す行為が記述されたが、その行為は「過去と現在における私の共存の様態」（PhP 510/II-361）から湧出する意味の実現だと主張されており、過去と現在の側面が強調されていた。これと対照的に、ブハーリン論では未来の側面が前景化する。これを要請したのはモスクワ裁判という事象そのものである。裁判に至った次第を理解するた

[4] 廣瀬は後年の「受動性」講義を取り上げながら、メルロ＝ポンティは「構造主義が語る象徴界の優位、死のまなざし、象徴界の穴（ラカン）、超自我的な審級やイデオロギー的呼びかけの内面化（アルチュセール）といった言語・社会制度を前提した議論には同意しないだろう。メルロ＝ポンティはむしろ「現実」と「夢幻的な世界」が絡み合う世界を暴き出す〔…〕」（廣瀬 二〇一二：八三）と指摘しているが、この指摘は「戦争は起こった」などのテクストについても的中する。

[5] メルロ＝ポンティのモスクワ裁判理解の正当性を問うことは本書の目的ではないが、多くの問題が指摘されている。たとえばルフォールは、（一）歴史的分析からマルクス主義理論への移行が不当になされた結果、ブハーリンの行動が彼の思想であるマルクス主義によって決定されたかのように論じられている点、（二）大文字の〈党〉の概念がマルクス主義理論の主要部分であるという前提のために、党と指導部の一体化というスターリン的な発想が受け入れられている点を批判する（Lefort 1976: 145–161）。

めには、政治家たちがそれぞれ未来を描くことを真剣に考慮せねばならないのである。

ただし、メルロ＝ポンティは未来を「目的」の概念によって考えるわけではない。「目的とは、ひとが表象し獲得しようと企てるところの来るべき結果である」が、メルロ＝ポンティは革命的行為をそうした目的の措定として定義することを拒む[6]。「〈来るべき社会〉の表象」とは別の仕方で未来を考慮に入れることが求められる（HT 141）。

決定的な役割を果たすのは「見通し（perspective）」の概念である。「プロレタリアートの発展の針路を未来へと延長しながら、革命的行為は自らにある見通しを与えることができる」（HT 141/178）。現在の状況の「解読」（SNS 205/247）から出発して見通しを描くという仕方で、未来は行為の記述に組み込まれる。見通しの重要な規定として以下の三点が挙げられる。

第一に、見通しの真理性は蓋然的である。ある見通しが未来の出来事を正確に予見しているかどうか、その時点では誰にも分からない。

> 諸々の見通しがあるのだが、この語が十全に語るように、そこでは私たちの知覚の地平に似た蓋然性の地平だけが問題である。この地平は、私たちが近づきそれが現在へと転じるにつれて、予期していたのとは大きく異なるものとして開示されることがある。大筋だけが確実である、より正確には、特定の諸可能性が排除される。（HT 83/101）

知覚と同じく不可避的に蓋然的な見通しにおいて、真なるものは措定できない。その代わり、誤った可能性の排除あるいは「不可能性の確認」（HT 141/178）という否定的なはたらきによって蓋然性は高められうる[7]。それゆえ見通しの蓋然性は相対主義を帰結しないが、「私たちが何をしようともそれはリスクの中でのことである」（HT 91/113）。

第二に、見通しをもつことは特定の未来への加担である。ある見通しはそれだけで特定の価値を表現する。見通しは「場合によっては起こるかもしれない（éventuel）特定の諸事実を既得のものとするこの評価」であるばかりか、見通しに基づいて諸行為がなされる（またはなされない）以上、「未来を不可避なものにするのに貢献するような未来の計算」でさえある（HT 83/100-101）。メルロ＝ポンティが印象的に表現するように、「考慮に入れること（compter *avec*）、それはある意味ではあてにすること（compter *sur*）である」（HT 84/102）。

第三に、複数の主体がいる限り、同時に複数の見通しがありうる。これは第一の規定と同様、未来についての真なる知をもたないという私たちの根本的なあり方に由来する[8]。現状の読解に基づくとはいえ、

［6］自由を目的への投企とみなすサルトルの議論（Sartre 1976: 532/III-153）が暗に批判されていると考えられるが、未来を表象とみなすことにはサルトルも反対している（Sartre 1976: 159/I-350）。

［7］金田も見通しと知覚の類似性を指摘している（金田 一九九六：一六〇－一六五）。たしかに『知覚の現象学』では知覚されたものの地平は「その可能な解体と別の知覚による時折の（éventuel）置換を同時に告知する」とされ、諸知覚の置換による蓋然性の向上が語られる（PhP 396/II-205）。しかしブハーリン論では、後に引く箇所で見通しが「イメージ」と言い換えられるように、見通しは知覚よりも不確実であることが示唆されている。

［8］「歴史は、未来へと延長すべき諸事実の線を私たちにもたらすが、成就された際に最終的に私たちの現在を下描きしたことになるであろう特権的な諸事実の線を、幾何学的な明証性とともに私たちに認識させることはない」（HT 91/112-113）

人々の描く見通しが一つに収束することはない。それはまた、歴史が多元決定されており、多元的な解釈を許容するからでもある。それにもかかわらず、各人は必然的に「行為において、複数の可能的なものの一つを実現されたものとみなし、複数の未来のうち一つをすでに現前しているものとみなさざるをえない」（HT 91/112）。それゆえ、相異なる見通しをもつ者の間で衝突が生じうる。

　モスクワ裁判はまさしくそのような衝突の一局面である。メルロ＝ポンティも言うように、「モスクワ裁判は通常の裁判として呈示された革命裁判である」（HT 62/72）。そこでは「司法的なものと政治的なものの相互干渉」（HT 65/75）が露呈する。両者は平時には独立に機能しているが、革命の中では後者が前者を吸収する。時間性の観点から見ると、革命裁判の「最終審級」は裁く側の見通す「未来」である（HT 61/70）。モスクワ裁判は「客観的で時間を超えた正義」とは一切無関係であり、被告たちの行為が犯罪とされるのは「権力に就いた人間たちの未来の見通しの中で見られる限りにおいてのみ」である（HT 61/70. 強調削除）。それは裁判の体裁をもつ政治的行為にほかならない。このように述べることで、メルロ＝ポンティはこの裁判が法や正義といった超越的な審級による裁きではなく、見通しという（すぐ後で見るように）一種の想像的なものの入り混じった衝突であること、つまり「幻たちの対話と闘い」（本章第一節を参照）であることを示唆していると考えられる。

見通しの両義性

　以上のように規定される見通しの概念によって、ブハーリンの「敗北」は説明される。彼は自らの見通しのかどで糾弾されたのである。メルロ＝ポンティの見るところ、その敗北の理由はスターリンの破壊的な独裁よりもむしろ「外国〔ドイツや日本〕との戦争の脅威」の迫る「一九三八年の世界状況」である。この出来事が彼の「見通しを覆し」たとされる（HT 87-88/108-109）。ある見通しをもって特定の未来を実現しようとする主体は、その見通しに対して責任を負わされる。

> 一九三八年の裁判では、個人的悲壮は消え、人間の行為のもっとも一般的な構造と結びついたドラマ、歴史的偶然性の悲劇という真の悲劇が透かし見えてくる。その善意がいかなるものであれ、人間は、自らの行為の客体的意味を正確に見積もりえないまま行為することを企て、未来のあるイメージ〔見通し〕を構築するのだが、イメージは蓋然性によってしか正当化されないにもかかわらず実際に未来を促すのであって、この人は自らのもつイメージについて糾弾されうる。〔実際の〕出来事は両義的ではないからである。（HT 90/111）

しかし、見通しの転覆によって説明できるのはあくまで敗北にすぎない。それが「歴史的偶然性の悲劇」と呼ばれる所以を理解するためには、「両義性」を考慮に入れねばならない。序文によれば、「彼〔ブハーリン〕はその振舞いのうちに、それがどんなに正当なものであれ、ある避けられない両義性（une ambiguïté inévitable）を認めたのであり、この両義性ゆえにその振舞いは糾弾の手がかりを与える」（HT 11/5）。

メルロ＝ポンティの念頭にあるのは次のような事態である。急速な農業集団化と工業化を進めるスターリンに対して、ブハーリンはネップ〔市場原理を部分的に導入する「新経済政策」〕を支持し、農民との協力の下に漸進的な社会主義国家建設を主張する「反対派」を率いていた[9]。しかし、「戦争の切迫」という「革命全体が再び問いに付される極限状況」は、「反対派なるものの性格を変える」。つまり、それまでは単なる「政治的見解の相違」だったものが、「危機的状況においては一九一七年十月の獲得物を危うくし、裏切ってしまう」(HT 11-12/6)。ここに至ってはブハーリン自身でさえ、実質的に裏切り者であったことを認めざるをえない。このように両義性とは、同じ行為の意味が状況に応じて変化しうることを指す。明示的に言われているわけではないが、ここでも多元解釈の概念が活かされていると考えられる。

　この両義性が「避けられない」のは、やはり未来が予見不可能だからである。この「人間の行為のもっとも一般的な構造」ゆえに、政治家に限らずすべての人間は不透明な未来を見通しながら行動せざるをえない。歴史的偶然性の悲劇とは、私たちに与えられたこの必然的な事態にほかならない。

> よく言われるように、統治するとは予見することであり、政治家は不測の事態について言い訳することはできない。しかるに、予見不可能なものが存在する。これこそ悲劇である。(HT 25/25)

　最後に、見通し概念の導入が果たした役割を示しておこう。第一に、複数の主体が異なる未来の見通しの下で行為することが示されたために、歴史における対立・闘争の記述が可能となった。第二に、主体は予見不能な未来の両義的な見通しに基づいてしか行為できないことが明らかになり、誤った見通しや不首尾に終わった行為を記述する余地が生じた。次に、悲劇がどのように経験されるかを検討しよう。

第三節　歴史的責任と社会的な生の悲劇

前節では未来の両義的な見通しに着目してブハーリンの「歴史的偶然性の悲劇」を検討した。しかし、悲劇にはもう一つの側面がある。メルロ＝ポンティはそれと名指していないが、本節ではこれを「社会的な生の悲劇」として考察してみたい。

この側面は複雑な構造をもつため、三つの契機に分けて見ていく。すなわち、（一）他人に見られた自己の姿に課される「歴史的責任」、（二）他人から見た自己の姿を引き受ける「客体的道徳性」、（三）にもかかわらず自己自身にとっての自己が残ることによる「人間と人間自身の分裂」と、その表現としての「アイロニー」である。

歴史的責任

歴史的責任はブハーリン論において重要な役割を果たす概念である（Cooper 1979: 56–76; Hubeny 2005）。まず、メルロ＝ポンティにおいて歴史とは何だろうか。それは前節で見たような時間的側面をもつが、他方では第一節で考察したような間主体的な場でもある。言い換えれば歴史とは、すべての人々が自己自身に対してだけでなく他人に対しても姿を見せざるをえない場である。『ヒューマニズムとテロル』によれば、ブハーリンらの生きた革命や戦争という局面は、この間主体的な場の暴力性を顕在化する。

［9］詳細はS・F・コーエンによる伝記（Cohen 1971）の第九章を参照。

「多人数での生活にかけられた呪いのようなものがあるのではなかろうか。少なくとも危機の時期には、各々の自由は他の数々の自由に侵食するのではなかろうか」（HT 30/32）。

以上を踏まえると、歴史的責任の理解も容易になろう。メルロ＝ポンティのマルクス主義理解によれば、特に革命のような局面では他人から見た姿だけが問題となる。私自身にとって私が何者であるかは問われない。「〔…〕革命家にとっては、私たちは隅から隅まで他人にとって、他人との諸関係の中で私たちがそうであるところのものである」（HT 61/71）。他人から見た私の姿、すなわち他人との関係の中で私が知ってか知らでか演じる役割は、私の「歴史的役割」と呼ばれる（HT 61/71）。

歴史的責任は歴史的役割についてのみ問われる。「歴史的責任は、自分がそのようなものだと感じている通りの個人を、彼がそこに自分の姿を認めることのないある役割や幻影に置き換える〔…〕」（HT 73/88）。たとえ誰かがある役割を演じていたことを自覚しておらず、またその行為が他人に与えた影響を知らないとしても、歴史的責任は免れない。それは私たちの想像的な対他存在について外から問われるからである。要するに、私たちの歴史的責任は「他人たちから見た私たちの責任」（HT 64/74）にほかならない。

客体的道徳性

他人から見た歴史的役割のかどで裁かれるというだけでも酷な経験であるが、メルロ＝ポンティが悲劇と呼ぶものはさらに二つの契機を含む。次に理解すべきはブハーリンが自らに課した道徳の内実である。

前節で述べたようにモスクワ裁判は通常の裁判を装った革命的行為であり、被告は歴史的責任の原理によって裁かれる。この点はフランスの対独協力派の粛清裁判にも通じるものであるが、メルロ＝ポンティは両裁判の間に差異を認める。本書にとって重要な相違点は、モスクワ裁判の被告たちは「自分自身の告発者」であることである（HT 74/89）。

なぜ彼らは自分を告発するのか。メルロ＝ポンティはその理由をマルクス主義者たちの特殊な道徳に求める。これは主観的な動機を重視するカント的な道徳と対比される[10]。

〔…〕カント主義者の「いかなる場合にも……してはならない」をルバショフに抗して持ち出すことは、単に問題を前にして退却し、清廉潔白な意識とパリサイ主義的道徳に閉じこもることを証示するにすぎない。客体的役割についての共産主義者の関心、自分を外部から、歴史の中で眺めたいとの意志、まずはそれを道徳として承認せねばならない。（HT 56-57/65）

括弧つきで「客体的道徳性」（HT 57/65）と呼ばれるこの道徳は、自分自身を他人の目で見ること、歴史

〔10〕これは「道徳主義」や「自由主義」とも呼ばれるが、メルロ＝ポンティによるその批判はやや戯画的で妥当性を欠くとの指摘がある（Kruks 1981: 67-68, 73-74）。また、ここでカント主義的道徳と共産主義者の道徳として対比されているものは、別のところではM・ウェーバーに言及しつつ「帰結がどうであれ、諸価値の無条件な尊重のうちに善を位置づける」心情倫理と「意図によってではなく、行為の帰結によって裁く」責任倫理の対立として論じられている（HT 31-32/34）。ウェーバー自身は主にキリスト教倫理を心情倫理として想定しているが、メルロ＝ポンティはR・アロンの解釈に従ってカント主義も心情倫理の一種とみなしている。

的役割のみに即して自らを裁くことを命じる。この道徳を備えているという点では、ケストラーの小説『真昼の暗黒』（ケストラー 二〇〇九、仏訳題『零と無限』）の主人公ルバショフはそのモデルとなったブハーリンに重なる。後者もまた「歴史の中で自分をまなざし、自分に対する断罪を歴史的に動機づける〔…〕」（HT 89/110）からである。それゆえ、客体的道徳性は他人から見た私に付される歴史的役割を引き受けることに存する。ブハーリンが反革命的な裏切り者であると自認したことがこれにあたる。「小説と形而上学」で提示された「自分の生の客体的な姿」（SNS 43/48）という論点（第十章参照）が、ここで歴史の平面において取り上げ直されているわけである（Landes 2013: 131）。

分裂とアイロニー

しかしながら、ブハーリンの悲劇は、客体的道徳性に従って歴史的責任を引き受けることに尽きるものではない。悲劇を構成する最後の契機は、ルバショフとブハーリンの間にメルロ＝ポンティが見出す決定的な差異に関わる。一方のルバショフは、「ヨガの行者」と「人民委員」の間の、つまり内面生活のみを重んじる主観的道徳と歴史的役割を全面的に引き受ける客体的道徳の間の「振動」によって特徴づけられ、そこでは二つの態度が同時に両立しないとされる。他方のブハーリンには「弁証法的連関」があり、同一の人間が歴史的責任を引き受けると同時に名誉を守ろうとするという矛盾した試みが見られる（HT 89/110）。このうち真の悲劇と呼べるのはブハーリンの経験だけである。

同一の人間が、自分は自らの行為の客体的な姿を否認できず、歴史の文脈の中では自分は他人たちにとってそうであるところのものだが、にもかかわらず、自らの行為の動機は自分が直接的に感じた人間的な価値であり続けるということ、これらすべてを同時に理解したとき、真の悲劇は始まる。（HT 89/110）

「人民委員」ルバショフのように、自己自身にとっての自己を他人から見た自らの姿によって置換し、抹消することができたならば、そこに悲劇はない。ブハーリンはたしかに他人から見た彼の姿について問われた歴史的責任を引き受けているが、同時にその行為の動機にいまだ価値を認めてもいる。

メルロ＝ポンティによれば、この矛盾した境地がブハーリンの奇妙な陳述の由来である。ブハーリンは反革命的な裏切り者であることを認めながらも、スパイ行為や妨害運動など告発された事実への関与は否定する。ただし、この振舞いにおいて彼が擁護しているのは「人格的名誉」ではなく「革命的名誉」であることに注意せねばならない（HT 11/5）。ルバショフとは異なり、ブハーリンにとって内面的な道徳意識や感情は問題ではない。革命的名誉が関わるのは、彼が「人間的な価値」をそこに認めた反対派という見通しである。つまりブハーリンは、（一）権力を握った裁き手の見通しに従って自分自身を告発すると同時に、（二）歴史的にはもはや正当化できない反対派の見通しの革命的名誉を擁護しようとするのである。メルロ＝ポンティによれば、悲劇はこの分裂にこそ存する。

その場合には〔自らの指導は誤りだったと確信した反対派においては〕、単に運命――意志を打ち砕く外的な力――だけが存在するのではなく、真の悲劇――外的な力と格闘しながら、秘密裏にその共犯者

> である人間――も存在する。というのも反対派は、権力を握った指導部に賛成することも、全面的に反対することもできないからである。分裂はもはや人間と世界の間にあるのではなく、人間と人間自身の間にある。（HT 92/113）

悲劇的な分裂は指導部と反対派の間ではなく、ブハーリン自身のうちにある。しかも、それは対他と対自の分裂でさえない。歴史的責任と革命的名誉はいずれもブハーリンにとっての彼自身に属しているからである。むしろ、対他の浸透した対自が分裂していると考えねばならない。ブハーリンは、異なる見通しをもつ他人から見た姿に付された責任を認めているにもかかわらず、その行動に人間的な価値を与える彼自身の歴史への見通しを捨てられないまま、法廷に立っているのである。

しかし、マルクス主義者ブハーリンには、歴史の上ではすでに否定された革命的名誉を正面から擁護することはできない。そこで彼の用いる手段が「アイロニー」である（HT 77/93）。つまり、自分には銃殺刑に値する有罪性があると明言しながら、告発された個々の行動については論争を吹っかけたり微妙な言い方をしたりすることによって、ブハーリンは自身の分裂をそのまま表現しようとする。言い換えれば、「同一の人間が二つの平面上で自己を実現しようと試みる」（HT 89/110）。このように、人間と人間自身の分裂がアイロニカルな自白によって表現されるとき、社会的な生の悲劇は頂点に達するのである。

こうしてメルロ＝ポンティは、対他の浸透した対自という『知覚の現象学』以来の考えを用いつつ、ブハーリンの自白のもつ間主体的構造を精細に分析することで、歴史における責任とその引き受けに関する倫理学を展開した[11]。その中で、私たちはブハーリンが客体的道徳性によって歴史的責任を引き受けていることを確認した[12]。自分自身の意図を超えた、偶然的なものと想像的なものの入り混じった歴史的な姿を自分のものとして認めることに「真の道徳」が見出されるのである[13]。

第四節　プロレタリアートの道徳的理想化

政治家たちの客体的道徳性が高く評価される一方で、ブハーリンのアイロニーは悲劇として記述されている。これは、『招かれた女』のフランソワーズたちの試みに真の道徳が見出されながらも、結末は悲

---

［11］これに比べて、たとえば『ヒューマニズムとテロル』を受けて『聖ジュネ』でブハーリンを論じるサルトルは、（一）ブハーリンの試みはアプリオリに客観的現実によって退けられていたとして歴史的偶然性の問題を見落とし、（二）革命的名誉と人格的名誉の間に程度の差異しか認めず、ブハーリンの答弁を生存のための努力と解することによって、革命的名誉と歴史的責任の対を主観的なものと客観的なものの対に、あるいは内面と外面の対に単純化してしまう（Sartre 1952: 655-662/II-312-321）。

［12］高橋は、メルロ＝ポンティの哲学に「他者への責任としての倫理を語る固有の言葉がありうるのだろうか」（高橋　一九九二：一三二―一三三）と問い、メルロ＝ポンティの哲学を「〈根源的自然におけるコミュニオン〉（「相互包摂」）に訴えて、あらゆる悪を二次的なものにしてしまうような発想」（高橋　一九九二：一三九）と捉えているが、本書で見てきたようにメルロ＝ポンティは彼なりに責任を語っているし、歴史的状況にある悪に対して、自然に逃避するのではなく歴史の中で善を生み出そうとする行為に道徳を見出している。それに、メルロ＝ポンティが悪を人間的世界に関してしか語っていないとしても、それを二次的と呼んで片付けるべきだろうか。そこに見て取るべきは、人間的世界に固有な現象を直視して記述しようとする努力ではないだろうか。

［13］「真の道徳性は、私たちの考えることや意志することではなく、私たちの行うことに関わるのであり、私たち自身についても歴史的な見方をすることを義務づける」（HT 123/152）。

劇的であったことにある程度は通じていよう。しかし、この時期のメルロ＝ポンティはつねに道徳と悲劇を結びつけていたわけではない。むしろ、悲劇的でないあり方が想定されているからこそ、それに照らしてブハーリン裁判は悲劇とみなされたと言えるかもしれない。前期メルロ＝ポンティの倫理学には、明らかに一つの理想が存在する。

それは、階級意識に目覚めたプロレタリアである。ソ連の進路を読み誤ったとされたことで悲劇に陥ったブハーリンとは対照的に、プロレタリアは「歴史の意味の担い手」（HT 134/168）である。「プロレタリアの自発的実存」こそが「歴史そのものによって引かれた点線」であって、党の行動はこの線を辿るものでなければならないとされる（HT 133/167）。プロレタリアは「与えられた状況の論理そのものによって特定の諸価値へと偏極した力」であるため、その自発的な行動は「道徳性を目指すことなく、道徳性を獲得する」（HT 141-142/179）。党がプロレタリアートの自発的行動を拡張するように進む限りでは、指導者が人々を手段として動員しているとは言えず、道徳的に善い関係が成立しているとされる。目的が正しければどんな手段を用いてもいいのかという問題も、革命の過程がつねに正当であることで乗り越えられるとメルロ＝ポンティは述べる（HT 142/180）。

プロレタリアートになぜこれほどの意義が認められるのか。プロレタリアートの権力が増大した先にあるのが「階級なき社会」であり、そこで「人間と人間の和解」が達成されると考えられているからである（HT 144/182）。「プロレタリア」は、「ブルジョア」や「フランス人」といった他の性質とはまったく異なる。他の人々が自分を単なる人間という普遍的存在とみなすことができるのは抽象的な内省においてのみであるのに対して、「現実に、自分の生活の運動そのものによって特殊性から自分を引きはがす」（HT 132/166）ことがプロレタリアの条件とされる。ただプロレタリアートだけが、「マルクスにとって人間の定義である自由と普遍性についての十全な経験」（HT 131/163）をなしうる存在であり、それゆえに自由、真理、普遍性、客観性といった「自由主義的ヒューマニズム」の諸価値の「具体的担い手」（HT 140/177）たりうるというのである。

他人との関係について見ると、階級なき社会は「真の共存の活きた観念」（HT 129/162）であり、プロレタリアートは「唯一の真正な間主体性」（HT 133/166）だとされる。なぜなら、プロレタリアにおいては「個体性または自己意識と階級意識とが絶対的に同一である」（HT 132/165）ために、つまり対自と対他が一致しているために、自他の間でも疎外が生じえないからである。

プロレタリアにとっては、他人から見た自分の姿を引き受ける客体的道徳性も、ブハーリンにおけるように苛烈なものではないことになり、歴史的責任も悲劇的な分裂を引き起こすことはないだろう。このようなプロレタリアートの理論を中心とする限り、マルクス主義は「反道徳主義」ではなく、「徳と道徳を人間の共存の中で考えようという決断」であり、「現実主義の諸要請と道徳の諸要請の間のあらゆる対立」を乗り越えていると評価される（HT 140/177）。マルクス主義は前期メルロ＝ポンティの政治哲学だけでなく倫理学にも食い込んでおり、プロレタリアートは特に歴史における交流に関して道徳的な理想の位置を占めていると言わざるをえない。

本書はこの点を、前期倫理学を決定的に損なうものとしてではなく、一つの限界として解釈したい。道徳的理想としてのプロレタリアートの概念は、本書がこれまで追ってきた議論とは異なり、現象の記述から出発して練り上げられたものではなく、マルクス主義から外挿されている。それはマルクス主義を「歴史哲学そのもの」（HT 163/208）とみなすことに由来する発想であって、間主体性や社会的なものをめぐる現象学的考察と齟齬を来しつつも強引に継ぎ合わされたものである。プロレタリアートの道徳的理想化において、メルロ＝ポンティは現象学的倫理学の姿勢を崩してしまったという印象は拭いがたい。

しかし、それ以外の点についてまで、メルロ＝ポンティの倫理学からマルクス主義の影響を消去する必要はないだろう。行為の実効性を重視することや人間の物質的なものへの依存を認めることといった倫理学の特徴は、メルロ＝ポンティの現象学的考察から引き出されたものであると同時に、彼がマルクス主義に見出す意義でもある。これらは本書でも重視してきた点であり、今さら否定するべくもない[14]。本書が前期倫理学の限界とみなすのは、マルクス主義と現象学の接合そのものではなく、プロレタリアートの道徳的理想化だけである。これはプロレタリアートの理論そのものに対する論評ではない。それは世界にもっとも大きな影響を与えた理論の一つであって、その評価は本書の射程をはるかに超えている。

よく知られているように、メルロ＝ポンティは朝鮮戦争を機に共産主義への態度を変更し、『弁証法の冒険』（一九五五）では自己批判を展開し、『ヒューマニズムとテロル』におけるプロレタリアートの理論を捨てることになる（金田 一九九六：二一〇-二二六；松葉 二〇一〇：八四-九八）[15]。そうした政治哲学上の変化に合わせて、中期ではプロレタリアートの理論が用いられなくなる。前期の限界がどのように克服されるのかを最後に確認しよう。

第五節　表現による呼びかけ

歴史における交流に関して、中期の議論の特徴は表現という現象を鍵として歴史概念を論じ直している点にある[16]。歴史を事実の単なる集積とみなす考えと、経験的歴史の背後に大文字の精神のような超越的存在の動きを置く発想の両方を乗り越えるために、「間接的言語と沈黙の声」では絵画のような表現においてどのように歴史が形成されるのかが考察される。メルロ＝ポンティによれば、「ある作品から別の作品に向かう絵画の歴史は、それ自身に根づいており、いずれも表現の努力であるという唯一の事実によって収束する私たちの努力の女像柱によってのみ支えられている」（S 86/I-106）。つまり「表現の継続的な試みが唯一の歴史を創設する」（S 87/I-107）。ある制作行為は過去の行為を引き継ぐとともに、

〔14〕『ヒューマニズムとテロル』のヒューマニズムからマルクス主義的色彩を抜いて「可能的なあらゆる他者に配慮するような、人間関係を築き上げること」（杉本 二〇〇二：八四）とみなし、これを現象学そのものと解釈すると、こうしたマルクス主義と現象学の重なりを無視することにつながるため、本書ではその方向を採らない。ただし、一九四九年の講演「マキアヴェリ覚え書」にはそのようなヒューマニズム観を支持するとも解せる論述がある（S 282-283/II-120-121）。

〔15〕「錯覚はただ、歴史の全体的意味をプロレタリアートの誕生と成長という一つの歴史的事実へ貶め、歴史が自分自身の回復を組み立てていると信じ、プロレタリアートの権力はプロレタリアート自身の止揚、否定の否定となるだろうと信じたことにある。〔…〕それゆえ、老衰したのは弁証法ではなく、歴史の終わりや永久革命において弁証法を停止させるという主張、自分自身への異議申し立てである以上もはや外部から異議を申し立てられる必要がなく、要するにもはや外部をもたないような体制において弁証法を停止させるという主張なのである」（AD 284-285/284）。

〔16〕「もし人が、歴史の概念を芸術や言語の例に基づいて形成することに慣れれば、おそらくこの概念をその真の意味において見出し直すことになるだろう」（S 91/I-112）。この発想は「意識と言語の獲得」講義（一九四九-一九五〇年度）ですでに提示されている（CS 85-87/124-126）。

自分の試みが未来において捉え直されることを要求する。永続することはまったく保障されておらず、誰がどのように引き継ぐかも事前には不明であるようなこの継続の運動こそが歴史であり、その外部には何もないとされる。

このように考えられた表現的な歴史性は、個別性と普遍性の問題、そして対自と対他の問題を、プロレタリアートの理論なしに解決するものである。それは「画家を、かつてこの世界で描かれたすべてに一挙に合流させるが、そのために画家は自分の場所や時代、祝福されかつ呪われたその仕事から離れる必要はない」(S 79/I-96) ような歴史性である。また表現的な行為とは「内的なものが外的なものとなる瞬間であり、私たちが他人や世界に入り込み、他人や世界が私たちに入り込む回転または方向転換である」(S 90/109)。第九章でも見たように、表現においては対自と対他が一致し、私と他人も容赦なく結びつけられるため、客体的道徳性が悲劇を強いることもない。

この論文の終盤で、メルロ＝ポンティは「政治家」の「歴史の裁きへの呼びかけ」(S 92)[17] について、芸術家のそれと比しながら次のように述べている。

> 他人たちは私がなしたことについて判断〔裁き〕を下す。というのも、私は見えるものの中で描き、耳のある人々に対して語ったからである。しかし、芸術も政治も、彼らに気に入られ、彼らにへつらうことに存するわけではない。彼らが芸術家や政治家から期待しているのは、自分たちが後になってのみそこに自分たちの価値を認めるような諸価値へと彼らを連れていくことである。画家または政治家は、他人たちに従うどころか、他人たちを形成するのであり、彼の目指す公衆とは所与の

ものではなく、まさにその作品・活動（œuvre）が生み出すであろう人々である〔…〕。（S 92/I-112–113）

政治家が行動を通じて呼びかけるのは、共時的に存在する人々に向かってではなく、好かれたり共感を得たりするためでもない。創造的な呼びかけは、そこに含まれる価値を認める人々をいずれ作り出すが、そのために未来のフォロワーがどのような人々であるかを具体的に想像しておく必要はない。「あまりにも意識的に求められたものは得られない」（S 104/I-128）。作家が「正直に自分の作品を作る」（S 92/I-113）ように、政治家が「自発的な源を解放する」（S 104/I-128）とき、人々を導く価値が表現されるのである。[18]

『ヒューマニズムとテロル』における革命は、過去と現在の状況から提示されている意味を読み取り、プロレタリアの自発的運動を拡張する方向へと推し進めることによって搾取性を回避しようとしていた。これに対して中期の表現による呼びかけは、「やがて誰かに聞かれざるをえない」（S 93/113）ことを言ったという確信とともに、人々がいつか応答することを待つ祈りのようなものとして構想されることで非

［17］「間接的言語と沈黙の声」はサルトルの『文学とは何か』への応答であり、その面でも「呼びかけ」は鍵となる概念である。この点については赤阪（二〇一五）を参照。サルトルの呼びかけ概念については澤田（二〇〇二）を参照。

［18］自発的な表現による未来の人々の形成というメルロ＝ポンティの考えは、世人の規範から逸脱して自分自身を基準とする生き方をする者が人々の「前例」となり、新たな共同存在の可能性を開くという池田喬のハイデガー解釈（池田 二〇一八）にも通じるだろう。

倫理性を免れていると言えよう。

しかしながら、中期においても価値が歴史の意味としてしか実現しえないものとみなされていることも事実である。それゆえ、歴史そのものに倫理に反する要素を認める立場からすれば、こうした前期から中期へのメルロ＝ポンティ倫理学の進展にもそれほどの意義はないことになるだろう。たとえば『ヒューマニズムとテロル』をモスクワ裁判の正当化として厳しく批判したカミュは、『反抗的人間』（一九五二）において、歴史と自然、革命と反抗をそれぞれ対置し、歴史と革命は必ず暴力と殺人を伴うとみなして、歴史に還元されない人間の肉体的苦しみによって行為の限界を定めた（Camus 1951）。こうした反抗のモラルからすれば、メルロ＝ポンティの中期倫理学も歴史に依拠する点で恐怖政治と大差ないことになろう。

あるいは本章第一節で見たようにメルロ＝ポンティを「根本的歴史性」の哲学者とみなすレヴィナスは、『全体性と無限』（一九六一）第三部において、主体を三人称的な存在に還元し、全体性を形成せんとする「可視的なもの」において下される「歴史の裁き」に「神の裁き」を対置し、歴史によって侮辱された他者の顔に応答して無限の責任を引き受けることで倫理的主体としての自我が成就される次第を論じている（Levinas 1971: 272–275/436–442）[19]。歴史の裁きへのこうした根底的批判は当然『ヒューマニズムとテロル』に向けられるものだが、可視化のはたらきである表現を通じた歴史の裁きへの呼びかけを論じる「間接的言語と沈黙の声」も、やはりその射程から外れているわけではない。

これらの歴史批判はいずれも正当であって、解釈如何によってメルロ＝ポンティの思想をそこから逸らせる見通しは本書にはない。可能なのはただ、バトラーがメルロ＝ポンティの異性愛主義を乗り越えるためにフェミニスト現象学・クィア現象学による性の新たな記述を呼び求めたのと同様に（Butler 1989）、歴史における呼びかけと応答が実際にどのようになされているかをよく見ることだけだろう。その作業は本書の範囲を超えるものだが、たとえば現代アメリカの著作家R・ソルニットによる次のような記述がある。

> 二〇一七年二月、ダニエル・エルズバーグとエドワード・スノーデンが、民主主義、透明性、内部告発などについて公開の対談を行なった。その過程で、スノーデンは（もちろんモスクワからのスカイプで）、エルズバーグというお手本がいなかったら、自分は国家安全保障局（NSA）が何百万人もの普通の人びとをスパイしていることまで暴露しなかっただろうと言った。それは、驚くべき告白だった。ということは、一九七一年にエルズバーグが最高機密のペンタゴン・ペーパーズを公開したことの影響は、ニクソン大統領の座や一九七〇年代のベトナム戦争にとどまらなかったということになる。その影響を受けたのは、当時生きていた人だけではなかった。スノーデンは、エルズバーグが道義のために自分の将来をリスクにかけた一二年後に生まれたのだから、彼の行為は何十年たったあとでも人びとに影響を与えたことになる。（ソルニット 二〇二〇：二一四）

［19］ただし、『全体性と無限』では「作品」を介した過去との関係を非倫理的な欠席裁判としてのみ捉えていたのに対して、後期レヴィナスは自分の作品を他者に差し出すことに倫理をも見出しており、歴史というものに対する態度に変化が見られる（石井 二〇二二）。

スノーデンのような未来の他者の手本になることは、ベトナム戦争に関する機密文書を新聞社に持ち込んだときにエルズバーグが意図していたことではなかっただろう。直接的に意図されていたことを超える間接的な帰結というものがあることを、ソルニットは他にも事例を挙げながら描き出しているのだが、それらはいずれも国家や大資本、あるいは多数派のものではなく、そうした力に抗する人々のケースである。

メルロ＝ポンティの考えがどうあれ、歴史における呼びかけと応答は全体性に対抗する運動においても無数に生じているのだし、構造的な暴力との闘いを導く諸価値もそうした捉え直しの中で練り上げられ、社会運動の方法や差別禁止法などの形で制度化されてきたものであろう。そうした制度化なしに、社会批判が実効性をもつことは想定しがたい。あらゆる行為が歴史においてなされるとしても、すべてが全体性に資すると考えなければならないわけではないのである。

終章　メルロ＝ポンティの倫理学の意義

第一節　本書のまとめ

本書の目的は、メルロ＝ポンティ自身の構想に従って倫理学を再構成することにあった。序章で述べたように、これまでのメルロ＝ポンティ研究全般においては、基本的に倫理学は存在しないものとして見過ごされてきた。また、数少ないメルロ＝ポンティ倫理学の先行研究は、メルロ＝ポンティが倫理学を構想していなかったとみなすか、構想はしたが展開しなかったとみなすかのいずれかの立場から、各研究者の視点からメルロ＝ポンティのテクストに基づいて倫理学を構築するものであった。

これに対して本書では、まず序章においてメルロ＝ポンティ自身が倫理学を構想していた事実を複数のテクストに依って示し、さらに再構成のヒントを「小説と形而上学」の結びの一文から得た。一九四五年の時点では、倫理学は『知覚の現象学』の哲学に基づいて構想されており、その延長線上に展開されていったというのが本書の見立てであった。この見立てに沿って、本書は二部構成となった。第一部では倫理学の基礎をなす『知覚の現象学』の哲学を、第二部では倫理学そのものを主題とした。

第一部は、メルロ＝ポンティの方法論を確認することから開始された。第一章において、彼の目的が伝統的な哲学の諸概念を改訂することであり、その方法は心理学など人間諸科学の批判的検討によって知覚や運動の経験を理解することであることを見た。第二章では、『知覚の現象学』第一部・第二部において人間諸科学からどのような知見が取り出されたかを検討した。その結果、第一部では所与の状況から身を引き離す主体の力が、第二部では自然的世界と身体の原初的なつながりが、それぞれ見出されていることが明らかになった。同書第三部の課題は、一見すると相反するこれらの側面が人間主体に備わっていることの謎を解明することにある。第三章では、メルロ＝ポンティがどのようにこの課題に取り組んだかについて、誕生という出来事が謎の核心にあるという見方を提示した。「私は私自身に与えられている」という誕生の定式において、離脱と密着、表現と沈黙、分散と統一といった主体性の対照的契機が統一される。

誕生論のヴァリエーションは、主体論の一部としての自由論にも見られる。第四章で見たように、メルロ＝ポンティ自身の自由概念として、動機づけられた自由（実効的自由）だけでなく、中断の自由（逃走の自由）が語られているのである。このように、誕生を核心に据えることで、メルロ＝ポンティの倫理学の基礎としての主体論を統一的に理解することが可能になった。

続いて、主体論とともに倫理学の基礎をなす他者論と間主体性論を検討した。第五章では、他人の知覚について、『知覚の現象学』を中心に考察した。私が他人を知覚するとはどういうことかという問いに対して、メルロ＝ポンティは自他合一的な共感でも、絶対的な隔たりでもなく、自他の区別を前提にしながらそれを乗り越えようとする交流という発想によって答えた。そこでもやはり、二つの対照的な一般性が主体に備わっていることが誕生の定式によって示されていた。第六章では、社会の中で他人たちとともに生きるとはどういうことかという問いに取り組んだ。間主体性と社会的なものに関する論述を検討することで、対他存在や社会的性質といった契機が前景化し、主体には自分自身の意のままになりきらない社会性が備わっていることが示された。

以上のように、『知覚の現象学』では、人間諸科学の検討に基づく哲学的概念の改訂という方法によって、主体性と間主体性に関する見解が提示された。同書最終章「自由」以降、メルロ＝ポンティはこれを基礎として倫理学を展開していく。

第二部第七章ではまず導入として、メルロ＝ポンティの倫理学全般に見られる六つの特徴を説明した。実質的な特徴は、主にカント的な既存の倫理学理論に対する批判として理解できるものであった（原則主義批判、内面性批判、自律批判、形式主義批判）。方法的な特徴は、メルロ＝ポンティの哲学と共通していた（具体的倫理学、現象学的倫理学）。

倫理学の一般的な構えを確認した上で、第八章以降は、自己自身との交流、他人との交流、歴史における交流の順にメルロ＝ポンティの倫理学の展開を辿った。第八章では、「セザンヌの懐疑」を倫理学的な自由論として、つまり自己自身との自由な交流のあり方をセザンヌに見る論考として読解した。第四章で見た二つの自由が統合的に論じ直されるとともに、コンプレックスに見られるような自分の過去を創造的に捉え直す行為に自由が見出された。

第九章では、『知覚の現象学』を中心に、他人の知覚としての愛について倫理学的に考察した。第五章で検討した同書の他人知覚論は、その結びにおいて交流の例として愛を記述しており、そこでの見方が同書以後のテクストにおいて取り上げ直され練り上げられていく。性質への愛と性質を介する愛との対比を通じて、メルロ＝ポンティは他人をありのままに愛することの困難と可能性を論じていた。

第十章では、「小説と形而上学」の読解を通して、実践としての愛について、そして責任ある行為について考察した。自他合一の幻想を信じるのでもなく、自己自身との直接的接触に閉じこもるのでもなく、可能な限りの誠実さをもって交流を試みる行為において価値が創造される。また、二つの自由が倫理学的に捉え直され、中断の自由が反道徳主義を、実効的自由が責任ある行為の可能性を基礎づけることも確認した。事実的状況の捉え直しとしての超越が、倫理学においても決定的な重要性をもつことが明らかになった。

第十一章では、歴史、政治、社会といった人間的世界の諸側面が問題になる場面における道徳的交流について、「戦争は起こった」および『ヒューマニズムとテロル』に即して考察した。戦争や革命といった非常時に関する記述によって、メルロ＝ポンティは人間が特定の性質や言動へと疎外されることの不可避性を指摘しながらも、なお歴史的な責任を引き受け、未来の人々へと呼びかける行為のあり方を探究していた。

第二節　メルロ＝ポンティの倫理学の行方

本書では、『知覚の現象学』、『ヒューマニズムとテロル』、『意味と無意味』の三著作を主なテクストとして取り上げてきた。その結果、一九四〇年代の著作において、『知覚の現象学』を基礎として、相互に緊密に結びついた倫理学的考察が展開されていたことを明らかにできたと思われる。これまでの研究では一般に言語論（表現論）や政治論の時期としてまとめられてきたこの年代について、倫理学という新たな観点を提供し、前期倫理学の展開として考察したことで、本書の目的は一応達せられた。

ただし、時期を絞って検討したために、メルロ＝ポンティのその後の思想において倫理学がどのような位置を占めるのか、また倫理学そのものはどのように変容していくのかといった点については、十分に検討することができなかった[1]。率直に言えば、特に一九五〇年代後半以降の時期（いわゆる後期）における倫理学の位置づけに関して、現時点では明確な見通しを示すことが難しい。ここでは、本書で検討した時期に隣接する一九五〇年代前半（いわゆる中期）について述べるに留めざるをえない。

序章で述べたように、中期メルロ＝ポンティの課題は、表現の現象を鍵として真理を論じることである。ゲルー宛文書と「資格と業績」では、知覚経験が真理へと生成していく次第を捉えるために、知覚的論理、絵画におけるロゴス、言語使用、他人との交流を通じた思考の交換、そして文化や歴史における真理の沈殿と取り上げ直しといった諸次元を考察すると述べている。実際、「人間と逆行性」（一九五二）は身体、対人関係、言語、政治の次元における表現による偶然性の乗り越えを論じているし、中期の諸論文――「間接的言語と沈黙の声」、「言語の現象学について」、「哲学者と社会学」（一九五一）、「哲

［1］また、本書ではメルロ＝ポンティが生前に公刊したテクストを中心に、すでに出版されているテクストだけを扱った。本書と同時期に Mimesis 社から二巻本として出版される予定の『未完草稿（一九四五‐一九五〇）』（*Inédits* (*1945-1950*)）には本書と密接に関連する草稿群が含まれるが、その検討が行えなかったことも本書の限界の一つである。

学をたたえて」（一九五三）など――は、これらの次元を横断しつつ一貫して真理の問題に取り組んでいる[2]。

倫理的問題への言及は、こうした真理論としての哲学に比べると明らかに少ないが、中期に至ってその関心が消失したと考えるべきではない。ゲルー宛文書は、表現の現象に見出される「よき両義性」としての「自発性」への「驚きを確認すること」を「形而上学」と呼んでいるが、この確認は「同時にある道徳の原理をも与えるだろう」と述べている（PD 48/149）。ここから、真理が表現を通じて生成するのと類比的に、道徳的価値が表現において生じる次第を捉えることが、中期倫理学の課題ではないかと推測することができる。

前期における「小説と形而上学」のような、明示的に道徳を主題としたテクストは中期には見当たらない。しかし、中期の主論文と言ってよい「間接的言語と沈黙の声」には、価値をめぐる論述が含まれている。

> 一人の人間を判断する〔裁く〕のは、意図でもなければなされたこと〔事実〕でもなく、その者が諸価値を諸事実の中に入り込ませたかどうかである。入り込ませた場合、行為の意味は、その機会となった状況の中で汲み尽くされないし、何らかの漠然とした価値判断の中で汲み尽くされもしない。その行為は、範例的なものとして残り続け、他の諸状況において、別の見かけの下で生き延びるだろう。その行為は一つの領野を開き、それればかりかときには一つの世界を制度化する。いずれにせよそれは、一つの未来を描くのである。（S 90-91/I-110）

ここで価値を事実に入り込ませる行為と呼ばれているものが一種の表現であることは明らかだろう。それゆえ、上で推測した通り、表現を通じた価値の生成、あるいは価値の制度化という考えが中期倫理学の核をなすと考えられる。そしてこの価値の理論は、その姿が垣間見える程度にしか展開されなかったとはいえ、真理の理論と並行する仕方で練り上げられるものとして構想されていた。

本書の第九章と第十一章では、表現の概念を用いた中期の議論が、前期倫理学の不足を補い、限界を克服しうるものであることを、知覚としての愛と歴史上の交流というトピックに即して確認した。特に後者では、未来の他人たちとの交流としての呼びかけや、新たな価値を創設する行為といった、中期倫理学において鍵となるであろう発想を垣間見た。

［2］「歴史へのこの純粋な呼びかけは真理への祈願であって、真理は、けっして、歴史に書き込まれることで作り出されるのではなく、真理として、歴史に書き込まれることを要求するのである」（S 93/I-113）。「一つの真理が存在すると言明することは、私の追遂行が古い企てまたは他人の企てに出会ったとき、また表現が成功して、ずっと変わらず存在の中に囚われたままでいたものが解放されたとき、人格的および間人格的な時間の厚みの中に一つの内面的な交流が確立され、それによって私たちの現在が他の一切の認識事象の真理となる、とこう言明するに等しい」（S 120/I-150）。「歴史が私たちすべてを包み込んでいるとしても、私たちの所有しうる真なるものは歴史的内属に逆らってでなく、まさにそれを通じて獲得されるということそれ自体を了解するのは、逆に私たちの役目だ。皮相に考えると、歴史的内属は一切の真理性を破壊するように見えるが、根本的に考えつめると、歴史的内属は真理についての一つの新しい思想を設立するものだ」（S 137/I-175–176）。「哲学はあらゆる事実やあらゆる経験に接しながら、ある意味がおのれを自覚するようになる稔り豊かな諸瞬間を文字通りつかまえようと試みるのであり、また哲学は、ただ一つの歴史とただ一つの世界の存在を予想するものでありながら逆にそのことを成り立たせている〈真理の生成〉を回復し、あらゆる制限を越えてそれを推し進めるのである」（EP 58–59/245–246）。また廣瀬は一九五四－一九五五年度の制度化と受動性をめぐる講義が「いずれも真理論の再考をうながしていたこと」を強調している（廣瀬 二〇一八：二七七）。

しかし、中期倫理学をより包括的な仕方で考察するためには、本書の第一部で『知覚の現象学』について行ったような仕方で、まずその基礎となる『真理の起源』というプロジェクトを再構成することが必要であろう。また、「言語の文学的用法の研究」講義などの『世界の散文』に関連する草稿にも、自己や他人との交流に関する考察が含まれており、倫理学としての読解も可能であろう（佐野（二〇一九）第六章を参照）。こうした作業には前期倫理学の研究以上の困難が予想されるが、けっして不可能ではないだろう。

第三節　メルロ＝ポンティの倫理学の現代的意義

主流の倫理学への批判

最後に、本書で見てきた限りでのメルロ＝ポンティの倫理学の意義について、現代の哲学・倫理学の動向に照らして検討する。

まず、哲学においても倫理学においても、メルロ＝ポンティの目的は、経験の理解を歪める諸概念を改訂することにあった。倫理学においては、自由、責任、行為の意味といった諸概念が経験に即したものになるよう改鋳された。現象学のこのような用法は、あらゆる学問の基礎づけを目指したフッサールのそれとは少なからず異なっている。フッサールの超越論的現象学は、対象の存在を意識の可能な連関にほかならないとみなした上で、あらゆるタイプの対象性について、それを本来的に与える作用のタイプを示す作業である構成分析に存する（八重樫　二〇一七：八八－九八）。この作業を通して諸学問の基礎づけを企図するフッサールと、人間諸科学や芸術や政治の動向に潜在的な哲学を見出し、その意味を顕在化させようとするメルロ＝ポンティとでは、哲学観において大きな隔たりがあると言える。

　ボーヴォワールの『第二の性』（一九四九）は、経験の記述に基づいて支配的な考えを改訂するというメルロ＝ポンティ的な現象学を、「女とは何か」（Beauvoir 1986b: 16/I-9）という問いに対して活用し、現象学をフェミニズム的な社会批判へと展開させた倫理学の著作である。第一部「事実と神話」では、一元論的に女性を説明する学説（生物学、精神分析、史的唯物論）を退けた上で、歴史の中でどのように男性が実権を握り、女性を従属する他者としてきたのか、そして女性についての神話がいかに男性から希望と恐れを投影され、男性による女性の抑圧に役立つように形成されているかを明らかにしている。この部が女性であることについての理解を歪める考えの由来を示すのに対して、第二部「生きられた経験」は、女性が人生の諸相においてもつさまざまな経験の記述を通して、そうした理解を覆す試みである。ただし、それは女性の「不変の本質」や「永遠の真理」を与えるものではない（Beauvoir 2003: 9/II-7）。ボーヴォワールが明らかにしようとしているのは、「個々の女性的実存全体に共通の基盤」（Beauvoir 2003: 9/II-7）であって、強固に構造化されてはいるが、社会の変革によって変わりうるものである。支配的な概念の批判的な改訂のために現象学を用いるという方向性は、『第二の性』によって圧倒的な説得力とともに推し進められたと言える。

　『第二の性』を嚆矢としつつ、「女の子みたいに投げる」（一九八〇）をはじめとするI・M・ヤングの諸研究（Young 2005）以来、現代現象学においてきわめて重要な潮流をなしてきたフェミニスト現象学も、この方向へと現象学を拡張するものである。フッサール現象学的な構成分析を性差の問題に関して遂行することをフェミニスト現象学の任務とみなす立場も存在するが（Heinämaa & Rodemeyer 2010）、メルロ＝ポンティやボーヴォワールの姿勢を受け継いで、哲学・倫理学の諸概念や社会通念の改訂を通して、女性の抑圧をはじめとする諸問題に取り組むことこそフェミニスト現象学の仕事だという主張もある（Stawarska 2018）。フェミニスト現象学者の多くは後者に与しており、日本で出版された入門書も後者の立場を取っている（稲原ほか 二〇二〇）。このように、本書で明確にしてきたメルロ＝ポンティ的な現象学のあり方は、現代でも多くの研究者が賛同するものであり続けている。

　次に、第一部前半で見たメルロ＝ポンティの主体論は、自分の来歴を忘却した主知主義的な主体概念を批判し、誕生という出来事や自分の過去、周囲の他人との関係、そして社会的なものを引き受けることに人間という実存のあり方を見出していた。第三章第四節で述べたように、その議論は、リベラリズムが前提としてきた自律的な主体像に対する現代の批判に合流する。たとえば、Ｅ・Ｆ・キテイやＭ・Ａ・ファインマンのようにフェミニズムの立場から、他者への依存を人間にとって本質的なものとみなし、主として女性である依存労働を担う人々のための平等を求める議論や、マッキンタイアのようにアリストテレス的な徳倫理学の観点から脆弱性と依存を人間の条件とみなし、依存の承認に関する徳の開花を重視する議論などが挙げられる（Kittay 1999; Fineman 2004; MacIntyre 1999）。メルロ＝ポンティの主体論は、誕生したばかりの人間が他人に依存せざるをえず、その依存先の偏りにジェンダーが作用しているという論点を看過している点で不十分ではあるものの、リベラルな主体像では捨象される人間の事実性を重視しており、正義や平等をすべての人に実質的に保障するための政治哲学を構想する上で、その前提となる主体観を再検討する際の重要な参照項となりうる。

また、メルロ＝ポンティの倫理学は、道徳性に関する支配的な考え方において前提となっている線引きに逆らう点でも、フェミニズム的な倫理学による批判に合流すると思われる。たとえばJ・C・トロントは、ケアの倫理が力をもつことを阻んでいる「道徳の境界」として、（一）道徳と政治を人間の生の異なる領域とみなす「道徳と政治の境界」、（二）道徳判断は利害関係のない普遍的で理性的な視点から下されるべきとし、情動や具体的な文脈を下位のものとみなす「道徳的観点の境界」、（三）女性が身につけている道徳的な特性や見方を家庭などの私的領域に閉じ込め、公的な議論から排除する「公私の境界」の三つを挙げ、ケアの倫理を道徳・政治理論の中心に置くことでこれらの境界を引き直している（Tronto 1993: 6–11; 冨岡 二〇二一）。

メルロ＝ポンティの倫理学は、フェミニズム的な観点を備えているわけではないが、これらの境界を揺るがす試みとして読むことができる[3]。（一）第十一章で見たように、メルロ＝ポンティは「私たちの道徳を私たちの政治と突き合わせる」（HT 183/236）ことを重視しており、政治家による歴史的責任に客体的道徳性を見出していた。倫理を純粋に内面的な意図や意志の問題とみなすことも、政治を純粋に外面的な交渉や衝突とみなすことも拒否し、制御不可能な帰結とその責任をめぐる独自の倫理学を展開したのである。（二）状況から具体性を剥ぎ取って形式的な判断を下す主体像を主知主義的な精神として批判し、知覚、想像、情動といった前述定的なはたらきが作動する水準に定位して、具体的な他人との関

［3］メルロ＝ポンティの身体論や知覚論がケアの倫理にとってどのように有用かを考察した研究としては Hamington（2008）がある。

係や政治的状況を引き受ける実践に道徳的価値を見出した。（三）自他の関係に関して「政治的生活」と「私的生活」の間に倫理学上の区別を設けず（HT 128/159）、いずれにおいても他人から見た姿をいかに引き受けるかを問題とした。[4] また、ボーヴォワールが描いた親密なトリオの関係におけるフランソワーズの行動に道徳を見出した。このようにメルロ＝ポンティの倫理学は、倫理学や社会一般において支配的な枠組みや発想を批判し、より開かれたものへと変容させる試みとして理解することができる。[5]

記述倫理学

第七章や第十章で述べたように、メルロ＝ポンティの倫理学では既存の倫理原則や規則を遵守することで安寧を得ようとすることが批判され、自分の置かれている状況をよく見ること自体に倫理的な意義が見出された。このような姿勢は、現代の応用倫理学においても一定の意味をもつと思われる。たとえば村上は、医療の臨床実践において倫理問題を含む困難な事例に対処する場合、自律や善行といった倫理原則を適用して判断を下す以前に、その状況に直面し、事実をよく見ること自体が倫理的に重要であると述べている。

> そして答えが分からなければ分からないほど、その状況は直面を要請します。看護師による直面に支えられることで、患者と家族がみずからの運命を引き受けられるようになることもありうるでしょう。あるいは答えを探しつづけることのみが答えであるかのような、そのような場合もあるのでしょう。

> これは、「どうするべきか」という判断や合意形成の手前で問われる倫理です。状況に直面して答えを探しつづけることを、現象学は倫理として取り出します。すべての医療的な判断が倫理的なものになりうるためには、「どう対応していいのかが分からない」状況への直面ということが基盤となるのでしょう。（村上 二〇一八：二二五）

村上はこの点に関してメルロ＝ポンティを参照しているわけではないが、やはり現象学的な記述を通して「小説と形而上学」と同様の見解に達している。これは、生命倫理学の教科書にあるような決疑論やナラティヴ・アプローチによる原則主義批判とは異なる水準に位置する論点であり、実際の倫理問題の経験を記述することで気づかれる類のポイントであろう。メルロ＝ポンティは、こうした現象学的倫理学独自の強みを最初期に打ち出した一人だと言えるだろう。

最後に、倫理学の仕事についても、メルロ＝ポンティから示唆を得られるように思われる。メルロ＝ポンティの倫理学は、何らかの規範を設定して、それに照らしてどのように行為すべきかを論じるものではなかった。それは、対象となる行為とそれを取り囲む状況や文脈を記述し、そこでどのような価値が実現されているかを考察するという方法を採用していた。論者によっては、前者のような規範倫理学

［4］『ヒューマニズムとテロル』で元共産党員の思考をパートナーと別れた男性のそれに比した箇所では、そうした公的生活と私的生活の比較は「何ら軽薄なことではない」（HT 170/217）と述べている。

［5］デリーはメルロ＝ポンティの倫理学を規範倫理学の基礎として位置づけているが、そこからどのような成果が生じるかを明確化していない（Daly 2016: 266–267）。

だけを倫理学をみなすが（児玉 二〇二〇：八）、後者のような記述倫理学も倫理学の一部門として認める立場もある（品川 二〇一五：九）。N・ハマライネンによれば、記述倫理学は「人々がそのもとで生きており、また生きてきた道徳的な状況、価値、徳、規範について、人間本性についての関連する知識とともに、豊かで正確な描像を提供する」（Hämäläinen 2016: 1）。メルロ＝ポンティの倫理学は自由や人間性を規範的な価値として論じているとも解せるため、全面的に記述的であるかどうかは議論の余地があるが、その重要な一部として記述の作業が含まれていることは確かである[6]。

記述倫理学に対しては、現に存在する規範を記述するだけでは保守的な道徳を追認することしかできず、批判ができないのではないかという疑念が向けられる（品川 二〇一七：四三）。現象学者の吉川孝は、この疑念に対して、これまでの信念に変容を迫るような場面、つまり「自らの信念の批判が生じる現場」を記述することで記述倫理学も批判の機能を果たしうると述べている（吉川 二〇一七：五七）。「小説と形而上学」に顕著だが、メルロ＝ポンティも既存の規範に従うことなく、新たに道徳的な価値を生み出す行為を記述することで、古い道徳への批判を行っていた。「セザンヌの懐疑」でも、自分の過去を捉え直すことで自己を変容させる創造的な行為が記述されていた。メルロ＝ポンティの倫理学は現象学的な記述倫理学であるが、既存の道徳の追認に尽きない批判的な倫理学なのである。

さらに言えば、そもそも規範や価値に言及しなくとも、もっと手前のところで記述倫理学は支配的な道徳を批判できると思われる。たとえば「小説と形而上学」は、結婚を道徳的に正しい愛の形とみなす者からすれば不道徳に見える『招かれた女』のトリオについて、彼女たち自身はその関係をどのように生きているのかという観点から見直す試みである。また『ヒューマニズムとテロル』のブハーリン論も、ケストラーの『真昼の暗黒』がブハーリンをルバショフとして戯画化することでソ連への悪印象を煽ったのに対して、共産主義を理論的に擁護するのに先立って、実際のモスクワ裁判を記述し直すことで、ケストラーの作ったイメージが偽りであることを示している。何が道徳的によいかについての判断に先立って、どのような観点から当該の事象を見るかというレベルの問題がある。どう答えるかよりも先にどう問うかが問題となると言ってもいい。判断に対する知覚の優位を説くメルロ＝ポンティは、倫理学においても、道徳判断を下す際にはすでに作動している観点や問いのレベルに注目していると解釈できる。[7]

記述におけるそうしたレベルへの注目は、倫理学において重要な貢献を果たしうる。たとえば、胎児の道徳的地位を中心として議論されていた人工妊娠中絶の問題に対して、S・シャーウィンのようなフェミニスト倫理学者は、胎児は尊重されるべき人格（パーソン）であるという判断の是非に先立って、胎児は人格か否かという問いの立て方自体が、妊娠中の女性に対してまったく注意を払っていないことを

[6] この点については、マキアヴェリ論での次のような発言も注目に値する。「ひとがどんな原理を選ぶかを知ることだけが重要なのでは断じてなく、その原理を誰が、どんな力が、どんな人が適用するかということも重要である」（S 278-279/II-115）。他の選択肢が実質的に存在しない状況で同意させることが自律の尊重と呼ばれることもあるように、どのような原則も解釈や適用によってまったく姿を変えてしまう以上、どの原則が優れているかを議論するだけでは不十分であり、適用の実態を記述する必要がある。

[7] こうした発想は、倫理学の主題が行為の選択に集中しすぎていることを批判し、そもそも世界がどのように見えているかに倫理の問題があるとして「見方の倫理」を提唱したI・マードックの議論にも通じるかもしれない（Hepburn & Murdoch 1956; 佐藤 二〇二一：八三-九四）。

まず批判した[8]。胎児の道徳的地位をめぐる問いは男性中心の学界における理論的な関心から発せられており、中絶するかどうかという問題を生きている女性の観点からすれば、そのような問いが議論の中心を占めていることがまず不当なのである。

　現象学がこうした意味での記述倫理学となる可能性は、倫理学の外ですでに示唆されているように思われる。たとえば、現象学を知的源泉の一つとするエスノメソドロジーの視点からポルノグラフィをめぐる議論を考察した小宮友根は、「表現の自由」をめぐる議論空間が、ポルノグラフィ規制の是非についての判断に先立って、ポルノグラフィは表現か行為かという問いを立てることで、その被害を「女性の被害」から「ある個人が他の個人に対して与える危害や影響」に変えてしまい、その結果「ポルノグラフィについて語る権利」が「性別に関して対称化」され、女性がポルノグラフィの被害経験を語る権利についての訴えが無効化される次第を分析している（小宮 二〇一一：二八〇-二八二）。このように、規範的な議論が行われる枠組みや問いの立て方に注目し、そこで何が暗に行われているかを明示することで、現象学的な記述倫理学は主流の倫理学が不問に付してきたことを問題化し、倫理学を批判的に拡張することができるだろう[9]。

[8]「ほとんどの非フェミニストの議論では、女性は中心的なものとされないだけでなく、実質的に視界から消されてしまっている。非フェミニストの理論では、中絶を選択する女性の権利を支持するものであれ反対するものであれ、その注意のほとんどは生育中の胚や胎児に向けられている」(Sherwin 1991: 328/250)。

[9] もちろん、鷲田清一や池田が主張するように、記述に際して前反省的に何らかの枠組みや観点を取らざるをえないため、現象学者もたえず自己反省を求められる。「現象学的記述の作業も、何ものかを記述の対象として主題化する際に、(他の対象をではなく)その対象を選択したかぎりにおいて、そこに一種の規範的な方向づけが働いていたはずである。言いかえると、記述の学問的な作業規範、ならびにその記述の主題化作業そのものが含んでしまわざるをえない隠れた共同的規範というものが、そこに働いていたと考えざるをえない。ここにおいて現象学は、記述の対象である世界に向けてのおのれの視線そのものが歴史的に媒介されているという事態に直面する。現象学そのものの、あるいは規範についての哲学的論議そのものの、歴史性への反省という問題である」(鷲田 一九九五:一三〇-一三一)。「無知や偏見が生活のなかから生じる以上、それらをできるだけなくすことは日々の努力を要する事柄である。現象学的倫理学は、ケアの倫理の論者たちとともに、自らの無知を省みずに一般論を振りかざすような倫理学者に、さらには、無知や偏見に簡単に陥ってしまう一人の人間としての自分自身に、この努力は「倫理学をすること」の一部として要求されると主張する」(池田 二〇一七:六三-六四)。

あとがき

本書は、二〇一六年一二月に大阪大学大学院文学研究科に提出した博士論文に大幅な加筆修正を加え、全体の構成も変更して成ったものである。博士論文提出後に執筆した諸論文[1]を踏まえて大きく修正した章や、また本書のために新たに書き下ろした章もあり、博士論文とは実質的に別物となった。

とはいえ、まずは学部三年生からの指導教員であった浜渦辰二先生に感謝の言葉を申し上げたい。先生には哲学書の読み方や論文の書き方だけでなく、論文執筆のペースや研究費獲得の心得など、研究者として生きていく上で必要なことを数限りなく教わった。学位取得から単著出版まで時間を要してしまったことで、先生には多大なご心配をおかけしたが、その間も共同研究に誘っていただくなど、温かく見守っていただいた。本書がまがりなりにも学術書として成立しているとしたら、それは先生のおかげ

[1] 「『ヒューマニズムとテロル――共産主義の問題に関する試論』――道徳と政治の突き合わせ」松葉祥一・本郷均・廣瀬浩司［編］『メルロ＝ポンティ読本』法政大学出版局、二〇一八年、一〇〇‐一一〇頁。「メルロ＝ポンティにおける道徳論の試み」『倫理学研究』第四八号、二〇一八年、一〇一‐一一二頁。「知覚の本性から主体の本性へ――前期メルロ＝ポンティのプログラム」『メタフュシカ』第四九号、二〇一八年、八五‐九八頁。「傷つきやすさと実効的自由――メルロ＝ポンティ的アプローチ」『臨床哲学』第二〇号、二〇一九年、六八‐八二頁。「文学作品を用いた現象学的倫理学の可能性」『現象学年報』第三六号、二〇二〇年、三‐一三頁。「メルロ＝ポンティの倫理学とボーヴォワール」『メルロ＝ポンティ研究』第二四号、二〇二〇年、五五‐七一頁。

である。ありがとうございました。

博士後期課程まで所属していた大阪大学臨床哲学研究室の先生方にもたいへんお世話になった。中岡成文先生には、哲学書を自分なりに引き受けて「読み抜く」姿勢を教わった。ほんまなほ先生には、授業や読書会で長きにわたってメルロ＝ポンティの読み方を（フランス語とともに）教えていただいた。家高洋先生には、学部二年生時の指導教員として哲学の手ほどきを受けた。大北全俊先生には倫理学・政治哲学的なものの見方を教わった。稲原美苗先生は、障害の哲学やフェミニスト現象学といった新しい観点を教えてくださった。本書はメルロ＝ポンティ研究であるが、先生方の体現していた、確立した分野としての哲学・倫理学に閉じこもることなく、現実の諸問題に寄り添って研究を行うスタイルから大きな影響を受けていることは、ここまで読んでこられた読者にはよくお分かりのことと思う。また、同時期に博士論文を執筆した正置友子さんや中西チヨキさんとの読書会は、自分なりのメルロ＝ポンティの読み方を身につける上で不可欠の場所だった。不遜な若者に最後まで付き合ってくださったお二人に感謝したい。

博士論文審査の際、副査の労を取ってくださった大阪大学大学院人間科学研究科の村上靖彦先生には、他研究科の院生だった私をゼミに温かく迎えていただいた。村上ゼミでの『知覚の現象学』講読は、本書のいくつかの論点の源泉である。同じく副査を務めてくださった立命館大学の加國尚志先生には、最初の学会発表時からお世話になっているだけでなく、「文学的言語の用法」講義録の講読に加えていただいた。第五章でのヴァレリーに関する議論は、国内の代表的な研究者である加國先生とメルロ＝ポンティを読む機会なしにはありえなかったと思う。

日本メルロ＝ポンティ・サークルの先生方にもお礼を申し上げたい。最初の査読付論文となった「社会的な生の悲劇――メルロ＝ポンティにおける社会性の問題」（『メルロ＝ポンティ研究』第一八号）に対して同学会よりメルロ＝ポンティ研究奨励賞をいただいたことは、研究を続けていく上で大きな励みとなった。松葉祥一先生、本郷均先生、廣瀬浩司先生をはじめ、先生方からさまざまな場面でいただいたコメントへの応答が本書の一部をなしている。また、澤田哲生さんと八幡恵一さんには、気さくに接していただきながら、メルロ＝ポンティの新しい読み方を教えていただいた。本書がこれらの学恩に応えてメルロ＝ポンティ研究に貢献できていることを願う。

また、本書のアイディアのうちのいくつかは、「ケアの現象学」研究会で発表させていただいたものである。まだ院生だった私を寛大に受け入れてくださり、拙い発表を熱心に聞いてくださった西村ユミ先生、榊原哲也先生をはじめとする先生方に感謝します。

本書は同世代の研究者との切磋琢磨の産物でもある。とりわけ佐野泰之さんと酒井麻依子さんとは、関西のメルロ＝ポンティ研究者として十年近く交流を続け、お互いに意識し合って研究を進めてきた。お二人の著作（『身体の黒魔術、言語の白魔術――メルロ＝ポンティにおける言語と実存』ナカニシヤ出版、『メルロ＝ポンティ　現れる他者／消える他者――「子どもの心理学・教育学」講義から』晃洋書房）と本書は、一緒に読むことで相互の理解が深まる面があると思うので、ぜひ併読されたい。お二人と同時期にキャリアを開始できたことは幸運だった。博士課程修了後に國領佳樹さんらと立ち上げたメルロ＝ポンティ哲学研究会の方々からもつねに刺激を受けている。

専門は違えど、主に関西の若手研究者たちにはたいへんお世話になった。小倉拓也さん、藤高和輝さん、鈴木崇志さん、松田智裕さん、樋口雄哉さん、松葉類さん、西村知紘さん、石井正巳さん、赤阪辰太郎さん、小川歩人さん、古怒田望人さんをはじめとする学友のみなさんに感謝したい。また、本書にはレヴィナス研究会関西班での学びも活かされている。レヴィナスの読み方を教えてくださった藤岡俊博さんにお礼を申し上げたい。

本書に先立って『フェミニスト現象学入門――経験から「普通」を問い直す』（ナカニシヤ出版）を刊行したが、その経験が本書にも活かされている。中澤瞳さん、宮原優さん、池田喬さん、小手川正二郎さん、佐藤静さん、髙井ゆと里さん、冨岡薫さんにはフェミニスト現象学やフェミニスト倫理学、現象学的倫理学について多くを教わっている。

博士課程修了後、ご縁があって研究倫理学の研究にも従事し始めたが、その知見は本書にも密かに流れ込んでいる。路頭に迷いかけていた私を拾ってくださり、研究倫理を一から教えてくださった松井健志先生、曾澤久仁子先生、土井香先生にお礼を申し上げる。現職場で現場の医療倫理学者の仕事を見せてくださっている門岡康弘先生にも感謝したい。

お礼を言うべき方々のお名前をすべて挙げられたわけではないが、それでも日本語の書籍にしては過剰な謝辞と思われたかもしれない。本書で示唆してきたように、研究はけっして個人の仕事ではない。もちろん本書に関する責任はすべて私にあるが、本書が他の研究者たちとの共同作業の産物であることは動かない。本書が右記の方々のお仕事とともに書店や図書館に並び、未来の諸研究に少しでも役立てることを願ってやまない。

日本学術振興会から受けたいくつかの科学研究費[2]のおかげで、本書のための研究は可能となった。また、本書は熊本大学学術出版助成を受けて出版される。研究を支えるこうした制度を運用してくださる事務職員の方々にも感謝したい。

ナカニシヤ出版の由浅啓吾さんには、博士論文提出前から長きにわたってお世話になった。いつまでも進まない私の仕事に寛容にお付き合いいただいたことに心より感謝する。倫理学の老舗であるナカニシヤ出版から本書を刊行できることは私の誇りである。

最後に、家族にお礼を言いたい。あらゆる面で晴香さんに依存しなければ本書は完成しなかったし、晴香さんと光くんと葵くんから教わった多くのことが書き込まれている。いつも本当にありがとう。

川崎唯史

---

［2］二〇一四-二〇一七年度科学研究費（特別研究員奨励費）「人間性の現象学的研究——身体性と間主体性の観点から」（課題番号 14J00177）。二〇一六-二〇一九年度科学研究費（基盤研究（B））「北欧現象学者との共同研究に基づく人間の傷つきやすさと有限性の現象学的研究」（課題番号 16H03346）。二〇一九-二〇二二年度（継続中）科学研究費（国際共同研究強化（B））「子育ての現象学：フィンランド・ネウボラをフィールドに」（課題番号 19KK0003）。二〇二〇-二〇二三年度（継続中）科学研究費（基盤研究（C））「いわく言いがたいものの現象学：「フランス現象学」の生成と発展に関する研究」（課題番号 20K00034）。

新田昌英（2016），『アラン、魂の医術』中央公論新社.

浜渦辰二（1991），「第二章　他者」柏田康史・浜渦辰二・末吉康幸・広川明『哲学するために』北樹出版，45-97 頁.

———（1995），『フッサール間主観性の現象学』創文社.

藤高和輝（2018），『ジュディス・バトラー――生と哲学を賭けた闘い』以文社.

フロイト，S.（2009），高田珠樹・甲田純生・新宮一成・渡辺哲夫［訳］『フロイト全集 11』岩波書店.

松浦優（2020），「メランコリー的ジェンダーと強制的性愛――アセクシュアルの「抹消」に関する理論的考察」『Gender & Sexuality』15：115-137.

宮原優（2020），「妊娠とは、お腹が大きくなることなのだろうか？――妊娠のフェミニスト現象学」稲原美苗・川崎唯史・中澤瞳・宮原優［編］『フェミニスト現象学入門――経験から「普通」を問い直す』ナカニシヤ出版，24-33 頁.

村上靖彦（2013），『摘便とお花見――看護の語りの現象学』医学書院.

———（2018），『在宅無限大――訪問看護師がみた生と死』医学書院.

———（2021），『子どもたちがつくる町――大阪・西成の子育て支援』世界思想社.

森一郎（2008），『死と誕生――ハイデガー・九鬼周造・アーレント』東京大学出版会.

八重樫徹（2017），『フッサールにおける価値と実践――善さはいかにして構成されるのか』水声社.

山上浩嗣（2014），『パスカルと身体の生』大阪大学出版会.

吉川孝（2017），「現象学的倫理学における記述・規範・批判――品川哲彦氏からのコメントへの応答」『倫理学論究』4(2)：44-59.

ラプランシュ，J.・ポンタリス，J.=B.（1977），村上仁［監訳］『精神分析用語辞典』みすず書房.

鷲田清一（1995），『人称と行為』昭和堂.

ケストラー，A.（2009），中島賢二［訳］『真昼の暗黒』岩波書店.
児玉聡（2020），『実践・倫理学――現代の問題を考えるために』勁草書房.
小手川正二郎（2015），『甦るレヴィナス――『全体性と無限』読解』水声社.
小宮友根（2011），『実践の中のジェンダー――法システムの社会学的記述』新曜社.
近藤和敬（2011），『構造と生成Ⅰ　カヴァイエス研究』月曜社.
佐藤岳詩（2021），『「倫理の問題」とは何か――メタ倫理学から考える』光文社.
澤田直（2002），『〈呼びかけ〉の経験――サルトルのモラル論』人文書院.
品川哲彦（2015），『倫理学の話』ナカニシヤ出版.
―――（2017），「「現象学的倫理学に何ができるか？――応用倫理学への挑戦――」コメント」『倫理学論究』4(2)：34-43.
杉山直樹（2020），「フランス・イデアリスムの生成――ラシュリエとその周辺から」『フランス哲学・思想研究』25：27-38.
鈴木崇志（2021），『フッサールの他者論から倫理学へ』勁草書房.
スピーゲルバーク，H.（2000），立松弘孝［監訳］『現象学運動（下）』世界書院.
ソルニット，R.（2020），渡辺由佳里［訳］『それを、真の名で呼ぶならば』岩波書店.
ソ連邦司法人民委員部・トロツキー［編著］（1972），鈴木英夫他［訳］『ブハーリン裁判』鹿砦社.
田口茂（2010），『フッサールにおける〈原自我〉の問題――自己の自明な〈近さ〉への問い』法政大学出版局.
千々岩靖子（2014），『カミュ――歴史の裁きに抗して』名古屋大学出版会.
柘植尚則（2010），『プレップ倫理学』弘文堂.
ディアンジェロ，R.（2021），貴堂嘉之［監訳］，上田勢子［訳］『ホワイト・フラジリティ――私たちはなぜレイシズムに向き合えないのか？』明石書店.
渡名喜庸哲（2021），『レヴィナスの企て――『全体性と無限』と「人間」の多層性』勁草書房.
冨岡薫（2021），「Joan C. Tronto, *Moral Boundaries: A Political Argument for an Ethic of Care*, Routledge, 1993 年」『*Tokyo Academic Review of Books*』24, https://doi.org/10.52509/tarb0024
中真生（2021），『生殖する人間の哲学――「母性」と血縁を問い直す』勁草書房.
中村大介（2017），「第一章　一つの哲学的生成――ブランシュヴィックからカヴァイエスへ」上野修・米虫正巳・近藤和敬［編］『主体の論理・概念の倫理――二〇世紀フランスのエピステモロジーとスピノザ主義』以文社，25-43 頁.

を議論したか』勁草書房，2011，249-269 頁〕
Stawarska, B.（2018），« Subject and Structure in Feminist Phenomenology: Re-reading Beauvoir with Butler », S. C. Shabot & C. Landry（eds.），*Rethinking Feminist Phenomenology: Theoretical and Applied Perspectives*, Rowman & Littlefield.
Tronto, J. C.（1993），*Moral Boundaries: A Political Argument for an Ethic of Care*, Routledge.
Valéry, P.（1957），*Œuvres*, I, J. Hytier（éd.），Gallimard, coll. « Bibliothéque de la pléiade ».〔恒川邦夫・今井勉［訳］『レオナルド・ダ・ヴィンチ論 全三篇』平凡社，2013〕
———（1960），*Œuvres*, II, J. Hytier（éd.），Gallimard, coll. « Bibliothéque de la pléiade ».
Wahl, J.（1932），*Vers le concret: Études d'histoire de la philosophie contemparaine*, Vrin.〔水野浩二［訳］『具体的なものへ――二十世紀哲学史試論』月曜社，2010〕
Young, I. M.（2005），*On Female Body Experience: "Throwing Like a Girl" and Other Essays*, Oxford University Press.
池田喬（2017），「品川哲彦氏からのコメントへの応答――倫理学とは，規範を示すとは，現状の改革とは」『倫理学論究』4(2)：60-69.
———（2018），「順応と逸脱，あるいは道徳性の自然な捉え方――ハイデガー『存在と時間』におけるダス・マン論の再読解と新展開」『現代思想』46(3)：111-125.
石井雅巳（2021），「レヴィナスにおける反－歴史論の展開と変遷」『倫理学年報』70：147-160.
市野川容孝・宇城輝人［編］(2013),『社会的なもののために』ナカニシヤ出版.
稲原美苗・川崎唯史・中澤瞳・宮原優［編］(2020),『フェミニスト現象学入門――経験から「普通」を問い直す』ナカニシヤ出版.
岡野八代（2012），『フェミニズムの政治学――ケアの倫理をグローバル社会へ』みすず書房.
奥田太郎（2012），『倫理学という構え――応用倫理学原論』ナカニシヤ出版.
小倉拓也（2018），『カオスに抗する闘い――ドゥルーズ・精神分析・現象学』人文書院.
金森修（2008），「現代フランスの主知主義的伝統」金森修［編著］『エピステモロジーの現在』慶応義塾大学出版会，1-19 頁.
金子晴勇（1995），『マックス・シェーラーの人間学』創文社.
北川忠明（1995），『レイモン・アロンの政治思想』青木書店.

45(1): 45-61.

Kittay, E. F. (1999), *Love's Labor: Essays on Women, Equality, and Dependency*, Routledge.〔岡野八代・牟田和恵［監訳］『愛の労働あるいは依存とケアの正義論』白澤社, 2010〕

LaChance Adams, S. (2014), *Mad Mothers, Bad Mothers, and What a Good Mother Would Do: The Ethics of Ambivalence*, Columbia University Press.

Lefort, C. (1976), *Un homme en trop: réflexions sur "l'archipel du goulag,"* Seuil.

Levinas, E. (1971), *Totalité et l'infini. Essai sur l'extériorité*, 1961, LGF, Le livre de poche, coll. « Biblio-essais ».〔藤岡俊博［訳］『全体性と無限』講談社, 2020〕

——— (1987), *Humanisme de l'autre homme*, 1972, LGF, Le livre de poche, coll. « Biblio-essais ».〔小林康夫［訳］『他者のユマニスム』書肆風の薔薇, 1990〕

——— (1990), *Autrement qu'être ou au-delà de l'essence*, 1974, LGF, Le livre de poche, coll. « Biblio-essais ».〔合田正人［訳］『存在の彼方へ』講談社, 1999〕

MacIntyre, A. (1999), *Dependent Rational Animals: Why Human Beings Need the Virtues*, Open Court.〔高島和哉［訳］『依存的な理性的動物――ヒトにはなぜ徳が必要か』法政大学出版局, 2018〕

Pascal, B. (1954), *Œuvres complètes*, J. Chevalier (éd.), « Bibliothèque de la pléiade », Gallimard.〔塩川徹也［訳］『パンセ（中）』岩波書店, 2015〕

Sartre, J.-P. (1947), *Situations, I. Essais critiques*, Gallimard.〔佐藤朔ほか［訳］『シチュアシオンⅠ』人文書院, 1965〕

——— (1952), *Saint Genet, comédien et martyr*, Gallimard.〔白井浩司・平井啓之［訳］『聖ジュネ――演技者と殉教者（Ⅰ・Ⅱ）』人文書院, 1966〕

——— (1976), *L'être et le néant. Essai d'ontologie phénoménologique*, 1943, Gallimard, coll. « Tel ».〔松浪信三郎［訳］『存在と無――現象学的存在論の試み（Ⅰ・Ⅱ・Ⅲ）』筑摩書房, 2007-2008〕

——— (1986), *L'imaginaire. Psychologie phénoménologique de l'imagination*, 1940, Gallimard, coll. « Folio essais ».〔澤田直・水野浩二［訳］『イマジネール――想像力の現象学的心理学』講談社, 2020〕

Sherwin, S. (1991), « Abortion through a Feminist Ethics Lens », *Dialogue* 30(3): 327-342.〔江口聡［訳］「フェミニスト倫理学のレンズを通して見た妊娠中絶」, 江口聡［編・監訳］『妊娠中絶の生命倫理――哲学者たちは何

哉・加國尚志［訳］『触覚、ジャン＝リュック・ナンシーに触れる』青土社，2006〕

——— (2016), *La voix et le phénomène. Introduction au problème du signe dans la phénoménologie de Husserl*, 1967, P.U.F., coll. « Quadrige ».〔林好雄［訳］『声と現象』筑摩書房，2005〕

Fineman, M. A. (2004), *The Autonomy Myth: A Theory of Dependency*, The New Press.〔穐田信子・速水葉子［訳］『ケアの絆——自律神話を超えて』岩波書店，2009〕

Fink, E. (1930), « Vergegenwärtigung und Bild: Beiträge zur Phänomenologie der Unwirklichkeit », *Jahrbuch für Philosophie und phänomenologische Forschung* 11: 239-309.

——— (1939), « Das Problem der Phänomenologie Edmund Husserls », *Revue Internationale de Philosophie* 1(2): 226-270.〔新田義弘［訳］「エトムント・フッサールの現象学の問題」，新田義弘・小池稔［訳］『フッサールの現象学』以文社，1982，117-171 頁〕

Foucault, M. (1985), « La vie: l'expérience et la science », *Revue de métaphysique et de morale* 90(1): 3-14.〔廣瀬浩司［訳］「生命——経験と科学」，小林康夫・石田英敬・松浦寿輝［編］『フーコー・コレクション 6——生政治・統治』筑摩書房，2006，420-443 頁〕

Gupta, K. (2015), « Compulsory Sexuality: Evaluating an Emerging Concept », *Signs: Journal of Women in Culture and Society* 41(1): 131-154.

Hämäläinen, N. (2016), *Descriptive Ethics: What does Moral Philosophy Know about Morality?* Palgrave Macmillan.

Heidegger, M. (1927), *Sein und Zeit*, Max Niemeyer, 19 Aufl., 2006.〔細谷貞雄［訳］『存在と時間（上下）』筑摩書房，1994〕

Heinämaa, S. & Rodemeyer, L. (2010), « Introduction to Feminist Phenomenologies », *Continental Philosophy Review* 43(1): 1-11.

Hepburn, R. W. & Murdoch, I. (1956), « Symposium: Vision and Choice in Morality », *Proceedings of the Aristotelian Society, Supplementary Volumes* 30: 14-58.

Husserl, E. (1977), *Cartesianische Meditationen. Eine Einleitung in die Phänomenologie*, 1950, E. Ströker (éd.), Felix Meiner〔浜渦辰二［訳］『デカルト的省察』岩波書店，2001〕

Hyppolite, J. (1938), « Vie et prise de conscience de la vie dans la philosophie hégélienne d'Iéna », *Revue de métaphysique et de morale*

1997〕
Beauvoir, S. de (1944), *Pyrrhus et Cinéas*, Gallimard.〔杉藤雅子氏による翻訳『ピュロスとシネアス』(http://beauvoir2011.web.fc2.com/) を参考にさせていただいた (2021年11月21日最終アクセス).
——— (1963), *L'invitée*, 1943, Gallimard.〔川口篤・笹森猛正［訳］『招かれた女 (上下)』新潮社, 1956〕
——— (1986a), *La force de l'âge*, 1960, Gallimard, coll. « Folio ».〔朝吹登水子・二宮フサ［訳］『女ざかり (上下)』紀伊國屋書店, 1963〕
——— (1986b), *Le deuxième sexe, I. Les faits et les mythes*, 1949, Gallimard, coll. « Folio essais ».〔井上たか子・木村信子［監訳］『決定版 第二の性——I 事実と神話』新潮社, 1997〕
——— (2003), *Le deuxième sexe, II. L'expérience vécue*, 1949, Gallimard, coll. « Folio essais ».〔中嶋公子・加藤康子［監訳］『決定版 第二の性——II 体験』新潮社, 1997〕
Beauchamp, T. L., & Childress, J. F. (2013), *Principles of Biomedical Ethics*, 7th edition, Oxford University Press.
Berger, G. (1941), *Le cogito dans la philosophie de Husserl*, Aubier.〔北村浩一郎［訳］『フッサールのコギト』せりか書房, 1977〕
Brake, E. (2018), « Do Subversive Weddings Challenge Amatonormativity?: Polyamorous Weddings and Romantic Love Ideals », *Analize: Journal of Gender and Feminist Studies* 11: 61-84.
Brunschvicg, L. (1922), *L'expérience humaine et la causalité physique*, Alcan.
——— (1927), *Le progrès de la conscience dans la philosophie occidentale*, tome 2, Alcan.
Camus, A. (1942), *L'étranger*, Gallimard.〔窪田啓作［訳］『異邦人』新潮社, 1954〕
——— (1951), *L'homme révolté*, Gallimard.〔佐藤朔・白井浩司［訳］『反抗的人間』新潮社, 1956〕
Cassirer, E. (1929), *Philosophie der Symbolischen Formen, III, Phänomenologie der Erkenntnis*, Bruno Cassirer.〔木田元・村岡晋一［訳］『シンボル形式の哲学 (三) 認識の現象学 (上)』岩波書店, 1994〕
Cohen, S. F. (1971), *Bukharin and the Bolshevik Revolution: A Political Biography, 1888-1938*, Oxford University Press.〔塩川伸明［訳］『ブハーリンとボリシェヴィキ革命——政治的伝記・1888〜1938年』未來社, 1979〕
Derrida, J. (2000), *Le toucher, Jean-Luc Nancy*, Galilée.〔松葉祥一・榊原達

箱石匡行（1992），「メルロ＝ポンティと倫理学の可能性——共感の倫理学のために」『現象学年報』8：35-49.
檜垣立哉（1992），「〈沈黙のコギト〉についての試論——メルロ＝ポンティにおける主体性の問題」『哲學』42：217-227.
廣瀬浩司（2002），「後期メルロ＝ポンティと精神分析」『フランス哲学・思想研究』7：40-58.
——（2008），「行為の夢幻的発明と「社会的なもの」の知覚——メルロ＝ポンティの制度化の思想」『現代思想』36(16)：108-124.
——（2012），「実存・無意識・制度——メルロ＝ポンティの正夢論の意義」『メルロ＝ポンティ研究』16：75-86.
——（2018），「『制度化、受動性』——歴史のこだまのなかで目覚めるために」松葉祥一・本郷均・廣瀬浩司［編］『メルロ＝ポンティ読本』法政大学出版局，267-278 頁.
船木亨（2000），『メルロ＝ポンティ入門』筑摩書房.
松葉祥一（2010），『哲学的なものと政治的なもの——開かれた現象学のために』青土社.
——（2018），「メルロ＝ポンティの生涯とその時代」松葉祥一・本郷均・廣瀬浩司［編］『メルロ＝ポンティ読本』法政大学出版局，1-17 頁.
松葉祥一・本郷均・廣瀬浩司［編］(2018)，『メルロ＝ポンティ読本』法政大学出版局.
宮原優（2011），「見られるものとしての身体——サルトルの現実とメルロ＝ポンティの希望」『現象学年報』27：131-139.
八幡恵一（2011），「共存の他者論——メルロ＝ポンティにおける他者の問題(1)」『フランス哲学・思想研究』16：52-61.
——（2012），「メルロ＝ポンティとフィンク——「現象学の現象学」をめぐって」『年報地域文化研究』16：218-239.
——（2015），「間主観性と形而上学——メルロ＝ポンティ「小説と形而上学」について」『年報地域文化研究』19：137-154.
横山奈那（2012），「描かれた知覚論——メルロ＝ポンティのセザンヌ解釈」『ユリイカ』44(4)：198-205.
鷲田清一（1983），「メルロー＝ポンティ——善悪の彼岸」深谷昭三・寺崎俊輔［編］『善の本質と諸相』昭和堂，276-290 頁.

3　その他の参考文献

Alain（1921），*Quatre-vingt-un chapitres sur l'esprit et les passions*, Camille Bloch.〔小林秀雄［訳］『精神と情熱とに関する八十一章』東京創元社，

ロ＝ポンティの著作における人間学的な問題』」『メタフュシカ』45：169-174.
クワント，R. C.（1976），滝浦静雄・竹本貞之・箱石匡行［訳］『メルロー＝ポンティの現象学的哲学』国文社.
合田正人（1984），「メルロ＝ポンティとレオン・ブランシュヴィック」『人文学報』165：113-132.
河野哲也（1989），「メルロ＝ポンティにおける物の超越性」『哲学』（三田哲学会）89：25-46.
國領佳樹（2014），「メルロ＝ポンティの身体意識論」『現象学年報』30：99-106.
———（2018a），「『行動の構造』——行動主義批判と内観について」松葉祥一・本郷均・廣瀬浩司［編］『メルロ＝ポンティ読本』法政大学出版局，32-42 頁.
———（2018b），「『知覚の現象学』における愛の理論」『東北哲学会年報』34：105-118.
酒井麻依子（2020），『メルロ＝ポンティ 現れる他者／消える他者——「子どもの心理学・教育学」講義から』晃洋書房.
榊原達哉（2018），「『知覚の現象学』第三部——身体はいかに時間を分泌するのか？」松葉祥一・本郷均・廣瀬浩司［編］『メルロ＝ポンティ読本』法政大学出版局，77-87 頁.
佐藤勇一（2008），「メルロ＝ポンティにおける真のキリスト教と無神論——シェーラー、マルブランシュ、マリタン」『倫理学研究』38：123-134.
佐野泰之（2019），『身体の黒魔術，言語の白魔術——メルロ＝ポンティにおける言語と実存』ナカニシヤ出版.
澤田哲生（2010），「主著解題『ヒューマニズムとテロル』」『KAWADE 道の手帖 メルロ＝ポンティ』河出書房新社，43-45 頁.
———（2012），『メルロ＝ポンティと病理の現象学』人文書院.
———（2020），『幼年期の現象学——ソルボンヌのメルロ＝ポンティ』人文書院.
杉本隆久（2002），「現象学はヒューマニズムである」『哲学誌』44：67-86.
高橋哲哉（1992），『逆光のロゴス——現代哲学のコンテクスト』未來社.
谷口佳津宏（1999a），「サルトルとメルロ＝ポンティ」『アカデミア』人文・社会科学編 69：209-246.
———（1999b），「メルロ＝ポンティのサルトル批判——『知覚の現象学』を中心として」『メルロ＝ポンティ研究』 5：19-34.
円谷裕二（2014），『知覚・言語・存在——メルロ＝ポンティ哲学との対話』九州大学出版会.

volée.
——— (2013), « Pour une littérature(-)pensée. Avant-propos », M. Merleau-Ponty, *Recherches sur l'usage littéraire du langage. Cours au Collège de France: notes, 1953*, Métis Presses, pp. 9-51.
Zahavi, D. (2002), « Merleau-Ponty on Husserl: A Reappraisal », T. Toadvine & L. Embree (eds.), *Merleau-Ponty's Reading of Husserl*, Kluwer Academic Publishers, pp. 3-29.
赤阪辰太郎 (2015),「サルトルを読むメルロ＝ポンティ――『文学とは何か』をめぐって」『メルロ＝ポンティ研究』19：45-57.
家高洋 (2013),『メルロ＝ポンティの空間論』大阪大学出版会.
岩崎陽子 (2001),「自由・創造・生――メルロ＝ポンティ『セザンヌの疑惑』より」『待兼山論叢 美学篇』35：29-51.
ヴァン・ブレダ, H. L. (1972), 前田耕作［訳］「モーリス・メルロ＝ポンティとルーヴァンのフッサール文庫」『現象学研究』1：98-123.
大森史博 (2012),「間ロゴスと応答可能性――M・メルロ＝ポンティ現象学による倫理学序説」吉川孝・横地徳広・池田喬［編］『生きることに責任はあるのか――現象学的倫理学への試み』弘前大学出版会, 83-110 頁.
加賀野井秀一 (2009),『メルロ＝ポンティ――触発する思想』白水社.
――― (2018),「『道程 一九三五－一九五一』(『知覚の本性』)――メルロ＝ポンティの原点」松葉祥一・本郷均・廣瀬浩司［編］『メルロ＝ポンティ読本』法政大学出版局, 20-31 頁.
加國尚志 (1998),「世界の記憶と時のマグマ――接木された現象学のために」『理想』661：93-103.
――― (2002),『自然の現象学――メルロ＝ポンティと自然の哲学』晃洋書房.
――― (2004),「感情の制度化――メルロ＝ポンティの一九五四－一九五五年講義より」『立命館文学』587：313-323.
――― (2007),「彼に触れないこと, メルロ＝ポンティ――デリダのメルロ＝ポンティ読解をめぐって」『メルロ＝ポンティ研究』11：59-75.
――― (2012),「メルロ＝ポンティにおける文学と両義性」『立命館文学』625：90-103.
――― (2014),「メルロ＝ポンティとフロイト――1954-1955 年講義「受動性」を中心に」『メルロ＝ポンティ研究』18：89-97.
――― (2017),『沈黙の詩法――メルロ＝ポンティと表現の哲学』晃洋書房.
金田耕一 (1996),『メルロ＝ポンティの政治哲学――政治の現象学』早稲田大学出版部.
川崎唯史 (2014),「〈文献紹介〉エティエンヌ・バンブネ『自然と人間性 メル

Ponty and Phenomenology of Perception, Routledge.

Saint Aubert, E. de (2004), *Du lien des êtres aux éléments de l'être. Merleau-Ponty au tournant des années 1945-1951*, Vrin.

——— (2005), *Le scénario cartésien. Recherches sur la formation et la cohérence de l'intention philosophique de Merleau-Ponty*, Vrin.

——— (2006), *Vers une ontologie indirecte: sources et enjeux critiques de l'appel à l'ontologie chez Merleau-Ponty*, Vrin.

——— (2013), *Être et chair. Du corps au désir: l'habilitation ontologique de la chair*, Vrin.

Simon, A. et Castin, N. (éds.) (1997), *Merleau-Ponty et le littéraire*, Presses de l'École normale supérieure.

Smyth, B. A. (2014), *Merleau-Ponty's Existential Phenomenology and the Realization of Philosophy*, Bloomsbury.

Toadvine, T. (ed.) (2006), *Merleau-Ponty: Critical Assessments of Leading Philosophers*, vol. 3, Routledge.

Toadvine, T. (2009a), « Natural Time and Immemorial Nature », *Philosophy Today* 53: 214-221.

——— (2009b), *Merleau-Ponty's Philosophy of Nature*, Northwestern University Press.

Waldenfels, B. (2006), « Responsivity of the Body: Traces of the Other in Merleau-Ponty's Theory of Body and Flesh », J. Hatley, J. McLane & C. Diehm (Eds.), *Interrogating Ethics: Embodying the Good in Merleau-Ponty*, Duquesne University Press, pp. 91-106.

Weiss, G. (ed.) (2008), *Intertwinings: Interdisciplinary Encounters with Merleau-Ponty*, State University of New York Press.

Welsh, T. (2013), *The Child as Natural Phenomenologist: Primal and Primary Experience in Merleau-Ponty's Psychology*, Northwestern University Press.

Whiteside, K. H. (1988), *Merleau-Ponty and the Foundation of an Existential Politics*, Princeton University Press.

Wrathall, M. A. (2004), « Motives, Reasons, and Causes », T. Carman & M. B. N. Hansen (eds.), *The Cambridge Companion to Merleau-Ponty*, Cambridge University Press, pp. 111-128.

Zaccarello, B. (2012), « Le doute de Valéry. Pensée, existence, écriture dans les *Recherches sur l'usage littéraire du langage* », E. Alloa et A. Jdey (dir.), *Du sensible à l'œuvre. Esthétiques de Merleau-Ponty*, La Lettre

Hubeny, A. (2005), « « Jouer un rôle »: action politique et responsabilité historique », R. Bonan (éd.), *Merleau-Ponty: de la perception à l'action*, Publications de l'université de Provence, pp. 65–91.

Johnson, G. A. (1993), « Phenomenology and Painting: "Cézanne's Doubt" », G. A. Johnson (ed.), *The Merleau-Ponty Aesthetics Reader: Philosophy and Painting*, Northwestern University Press, pp. 3–13.

Johnson, G. A. & Smith, M. B. (eds.) (1990), *Ontology and Alterity in Merleau-Ponty*, Northwestern University Press.

Kruks, S. (1981), *The Political Philosophy of Merleau-Ponty*, The Harvester Press.

Landes, D. A. (2013), *The Merleau-Ponty Dictionary*, Bloomsbury.

Langer, M. (1990), « Merleau-Ponty and Deep Ecology », G. A. Johnson & M. B. Smith (eds.), *Ontology and Alterity in Merleau-Ponty*, Northwestern University Press. pp. 115–129.

Maclaren, K. (2006), « Merleau-Ponty's Embodied Ethics: Rethinking Traditional Ethics », C. Daigle (ed.), *Existentialist Thinkers and Ethics*, McGill-Queen's University Press, pp. 142–166.

Madison, G. B. (1973), *La phénoménologie de Merleau-Ponty: une recherche des limites de la conscience*, Klincksieck.

Mazis, G. A. (2016), *Merleau-Ponty and the Face of the World: Silence, Ethics, Imagination, and Poetic Ontology*, State University of New York Press.

McLane. J. (2008), « Entering the Place We Already Live: A Phenomenology of Female Voice », G. Weiss (ed.), *Intertwinings: Interdisciplinary Encounters with Merleau-Ponty*, State University of New York Press, pp. 189–201.

Noble, S. A. (2014), *La conscience perceptive: la philosophie de Merleau-Ponty au tournant des années 1940*, suivi de présentation de textes inédits de et sur Merleau-Ponty, Zeta Books.

Olkowski, D. (2006), « Only Nature Is Mother to the Child », D. Olkowski & G. Weiss (eds.), *Feminist Interpretations of Maurice Merleau-Ponty*, The Pennsylvania State University Press, pp. 49–70.

Reynolds, J. (2002), « Merleau-Ponty, Levinas, and the Alterity of the Other », *Symposium* 6(1): 63–78.

Revault d'Allonnes, M. (2001), *Merleau-Ponty: la chair du politique*, Michalon.

Romdenh-Romluc, K. (2011), *Routledge Philosophy Guidebook to Merleau-*

Macmillan.
Dillon, M. C. (1988), *Merleau-Ponty's Ontology*, Indiana University Press.
Dufourcq, A. (2005), « Institution et imaginaire. La réflexion merleau-pontyenne sur les illusions amoureuses », *Chiasmi international* 6: 303-342.
Dupond, P. (2000), « Temps, nature et histoire dans la *Phénoménologie de la perception* », *Études phenomenologiques* 31-32: 3-33.
——— (2004), *La réflexion charnelle: la question de la subjectivité chez Merleau-Ponty*, Ousia.
Garcia, E. (2010), « Vie et œuvre: 1908-1961 », M. Merleau-Ponty, *Œuvres*, C. Lefort (éd.), Gallimard, pp. 27-97.
Geraets, T. F. (1971), *Vers une nouvelle philosophie transcendentale. La genèse de la philosophie de Maurice Merleau-Ponty jusqu'à* la Phénoménologie de la perception, Martinus Nijihoff.
Haar, M. (1992), « Peinture, perception, affectivité », *Merleau-Ponty: phénoménologie et expériences*, textes réunis par M. Richir et E. Tassin, Million, pp. 101-122.
Hamington, M. (2008), « Resources for Feminist Care Ethics in Merleau-Ponty's Phenomenology of the Body », G. Weiss (ed.), *Intertwinings: Interdisciplinary Encounters with Merleau-Ponty*, State University of New York Press, pp. 203-220.
Hamrick, W. S. (2002), « Maurice Merleau-Ponty: 'Ethics' as an ambiguous, embodied logos », J. Drummond & L. Embree (eds.), *Phenomenological Approaches to Moral Philosophy*, Kluwer Academic Publishers, pp. 289-310.
Hatley, J. (2006), « Introduction: Interrogating Ethics », J. Hatley, J. McLane & C. Diehm (Eds.), *Interrogating Ethics: Embodying the Good in Merleau-Ponty*, Duquesne University Press, pp. 1-35.
Hatley, J., McLane, J. & Diehm, C. (Eds.) (2006), *Interrogating Ethics: Embodying the Good in Merleau-Ponty*, Duquesne University Press.
Hirose, K. (1993), « L'institution de l'œuvre chez Merleau-Ponty », *Maurice Merleau-Ponty: Le philosophe et son langage, Recherches sur la philosophie et le langage*, no. 15, Vrin, pp. 153-167.
——— (2004), *Problématique de l'institution dans la dernière philosophie de Maurice Merleau-Ponty*, Numéro spécial *des Etudes de Langues et de Cultures*, no. 2.

Perception, Routledge.

Barbaras, R. (1991), *De l'être du phénomène. Sur l'ontologie de Merleau-Ponty*, Millon.

——— (1998), *Le tournant de l'expérience. Recherches sur la philosophie de Merleau-Ponty*, Vrin.

Bernet, R. (1992), « Le sujet dans la nature: Réflexions sur la phénoménologie de la perception chez Merleau-Ponty », *Merleau-Ponty: phénoménologie et expériences*, textes réunis par M. Richir et E. Tassin, Million, pp. 57-77.

Bimbenet, É. (2004), *Nature et humanité. Le problème anthropologique dans l'œuvre de Merleau-Ponty*, Vrin.

Bonan, R. (2001), *Le problème de l'intersubjectivité dans la philosophie de Merleau-Ponty: la dimension commune*, vol. 1, L'Harmattan.

——— (2003), « Le souci de l'autre: y a-t-il une éthique merleau-pontienne? », *Chiasmi International* 5: 311-329.

Bruzina, R. (2002), « Eugen Fink and Maurice Merleau-Ponty: The Philosophical Lineage in Phenomenology », T. Toadvine & L. Emblee (eds.), *Merleau-Ponty's Reading of Husserl*, Kluwer Academic, pp. 173-200.

Butler, J. (1989), « Sexual Ideology and Phenomenological Description: A Feminist Critique of Merleau-Ponty's *Phenomenology of Perception* », J. Allen & I. M. Young (eds.), *The Thinking Muse: Feminism and Modern French Philosophy*, Indiana University Press, pp. 85-100.

Cassou-Noguès, P. (1998), « Le problème des mathématiques dans la philosophie de Merleau-Ponty », M. Merleau-Ponty, *Notes de cours sur L'origine de la géométrie de Husserl suivi de Recherches sur la phénoménologie de Merleau-Ponty* sous la direction de R. Barbaras, P.U.F., pp. 369-404.〔伊藤泰雄［訳］「メルロ＝ポンティにおける数学の問題」，加賀野井秀一・伊藤泰雄・本郷均［訳］『フッサール『幾何学の起源』講義——付・メルロ＝ポンティ現象学の現在』法政大学出版局，2005，495-538 頁〕

Cooper, B. (1979), *Merleau-Ponty and Marxism: from Terror to Reform*, University of Toronto Press.

Davis, D. H. (ed.) (2001), *Merleau-Ponty's Later Works and Their Practical Implications: The Dehiscence of Responsibility*, Humanity Books.

Daly, A. (2016), *Merleau-Ponty and the Ethics of Intersubjectivity*, Palgrave

La prose du monde, texte établi et présenté par Claude Lefort, 1969, Gallimard, coll. « Tel », 1992.〔滝浦静雄・木田元［訳］『世界の散文』みすず書房，1979〕

Le primat de la perception et ses conséquences philosophiques, Verdier, 1996.〔「知覚の本性に関する研究計画」「知覚の本性」，加賀野井秀一［編訳］『知覚の本性――初期論文集』法政大学出版局，1988，1-21 頁；菊川忠夫［訳］『メルロ－ポンティは語る――知覚の優位性とその哲学的帰結』御茶の水書房，1981〕

Parcours. 1935-1951, Verdier, 1997.〔「キリスト教とルサンチマン」，合田正人［訳］『ヒューマニズムとテロル』みすず書房，2002，252-286 頁；「幼児の対人関係」，滝浦静雄・木田元［訳］『眼と精神』みすず書房，1966，97-172 頁〕

Parcours deux. 1951-1961, Verdier, 2000.〔松葉祥一［訳］「資格と業績――教育計画」『現代思想』36(16)：8-25；「メルロ＝ポンティの一未公刊文書」，滝浦静雄・木田元［訳］『言語と自然――コレージュ・ドゥ・フランス講義要録』みすず書房，1979，133-149 頁；「人間の科学と現象学」，滝浦静雄・木田元［訳］『眼と精神』みすず書房，1966，3-95 頁；「実存の哲学」，加賀野井秀一［編訳］『知覚の本性――初期論文集』法政大学出版局，1988，91-118 頁〕

Psychologie et pédagogie de l'enfant. Cours de Sorbonne 1949-1952, Verdier, 2001.〔木田元・鯨岡峻［訳］［意識と言語の獲得――ソルボンヌ講義 I］みすず書房，1993〕

L'institution/La passivité. Notes de cours au Collège de France (1954-1955), Préface de C. Lefort, Belin, 2003.

Recherches sur l'usage littéraire du langage. Cours au Collège de France: notes, 1953, texte établi par B. Zaccarello et E. de Saint Aubert, annotations et avant-propos de B. Zaccarello, Métis Presses, 2013.

2　メルロ＝ポンティに関する文献

Abram, D. (1996), *The Spell of the Sensuous: Perception and Language in a More-Than-Human World*, Vintage Books.

Andrews, J. (2006), « Vision, Violence, and the Other: A Merleau-Pontean Ethics », D. Olkowski & G. Weiss (eds.), *Feminist Interpretations of Maurice Merleau-Ponty*, The Pennsylvania State University Press, pp. 167-182.

Baldwin, T. (ed.) (2007), *Reading Merleau-Ponty: On* Phenomenology of

参考文献

1　メルロ＝ポンティのテクスト

La structure du comportement, 1942, Presses Universitaires de France, coll. « Quadrige », 2009.〔滝浦静雄・木田元［訳］『行動の構造』みすず書房，1964〕

Phénoménologie de la perception, Gallimard, 1945.〔竹内芳郎・小木貞孝［訳］『知覚の現象学 I』みすず書房，1967；竹内芳郎・木田元・宮本忠雄［訳］『知覚の現象学 II』みすず書房，1974〕

Humanisme et terreur. Essai sur le problème communiste, Gallimard, 1947.〔合田正人［訳］『ヒューマニズムとテロル』みすず書房，2002〕

Sens et non-sens, 1948, Éditions Gallimard, 1996.〔滝浦静雄・粟津則雄・木田元・海老坂武［訳］『意味と無意味』みすず書房，1983〕

Éloge de la philosophie, 1953, Gallimard, coll. « Folio essais », 1989.〔「哲学をたたえて」，滝浦静雄・木田元［訳］『眼と精神』みすず書房，1966，193-250 頁〕

Les aventures de la dialectique, 1955, Gallimard, coll. « Folio essais », 2000.〔滝浦静雄・木田元・田島節夫・市川浩［訳］『弁証法の冒険』みすず書房，1972〕

Signes, Gallimard, 1960.〔竹内芳郎［監訳］『シーニュ I』みすず書房，1969；竹内芳郎［監訳］『シーニュ II』みすず書房，1970〕

L'Œil et l'esprit, Gallimard, 1964.〔「眼と精神」，滝浦静雄・木田元［訳］『眼と精神』みすず書房，1966，251-301 頁〕

Le visible et l'invisible, suivi de Notes de travail, texte établi par C. Lefort accompagné d'un avertissement et d'une postface, 1964, Gallimard, coll. « Tel », 1979.〔滝浦静雄・木田元［訳］『見えるものと見えないもの』みすず書房，1989〕

Résumés de cours. Collège de France 1952-1960, Gallimard, 1968.〔滝浦静雄・木田元［訳］『言語と自然――コレージュ・ドゥ・フランス講義要録』みすず書房，1979〕

L'union de l'âme et du corps chez Malebranche, Biran et Bergson, Notes prises au cours de Maurice Merleau-Ponty à l'École Normale Supérieure (1947-1948), recueilles et rédigées par J. Deprun, Vrin, 1968, nouvelle édition, 1978.〔滝浦静雄・中村文郎・砂原陽一［訳］『心身の合一――マールブランシュとビランとベルクソンにおける』筑摩書房，2007〕

な行

は行

ま行

や行

ら行

わ

た行

さ行

事 項 索 引

わ行

ま行

や行

ら行

さ行

人 名 索 引

著者紹介

川崎唯史（かわさき ただし）

1989 年生まれ。大阪大学大学院文学研究科博士後期課程修了。博士（文学）。国立循環器病研究センター研究員などを経て、現在、熊本大学大学院生命科学研究部助教。専門は哲学・倫理学（特に現象学、研究倫理学）。共編著に『フェミニスト現象学入門』（ナカニシヤ出版、2020 年）、共著に『メルロ＝ポンティ読本』（法政大学出版局、2018 年）など。

メルロ＝ポンティの倫理学
誕生・自由・責任

2022 年 3 月 30 日　　初版第 1 刷発行

著　者　川崎唯史
発行者　中西　良
発行所　株式会社ナカニシヤ出版
〒606-8161　京都市左京区一乗寺木ノ本町 15 番地
Telephone　075-723-0111
Facsimile　075-723-0095
Website　http://www.nakanishiya.co.jp/
Email　iihon-ippai@nakanishiya.co.jp
郵便振替　01030-0-13128

印刷・製本＝創栄図書印刷／装本＝間奈美子

ISBN978-4-7795-1655-9　C3010